DAS GEHEIMNIS EINER ERFOLGREICHEN KARRIERE IM AUSLAND
ARBEITEN IN EUROPA
EIN INSIDER-HANDBUCH

„ *Es ist nicht die stärkste Lebensform, die überlebt, auch nicht die intelligenteste, sondern die, die am besten auf Veränderungen reagiert."*

Charles Darwin

DAS GEHEIMNIS EINER ERFOLGREICHEN KARRIERE IM AUSLAND
ARBEITEN IN EUROPA
EIN INSIDER-HANDBUCH

Herausgeberin: Anne-Marie Boels
Vorwort von Professor André Laurent INSEAD

Bene Factum Publishing
in Zusammenarbeit mit
Coutts Consulting Group

© 2000 Coutts Consulting Group

Publiziert in 2000 in Deutsch, Französisch und Englisch, in Zusammenarbeit mit Coutts Consulting Group durch
Bene Factum Publishing Ltd
11a Gillingham Street
GB-London SW1V 1HN
Tel: +44-207 630 8616
Fax: +44-207 630 5202
www.benefactum.co.uk

ISBN 1-903071-01-1

Design und Schriftsatz: Pardoe Blacker Ltd, Lingfield, GB-Surrey (2237)
Druck: Interprint Ltd, Malta

Alle Rechte der Verbreitung, auch durch Funk, Fernsehen, fotomechanische Wiedergabe, Tonträger jeder Art und auszugsweisen Nachdruck, sind vorbehalten an Coutts Consulting Group, New Zealand House, 85 Haymarket, GB-London EC2M 4TP

INHALT

Unser Dank gilt...	10
Vorwort	12
Einleitung	14
Globalisierung – Es könnte so einfach sein	19
Die Entscheidung liegt bei Ihnen	19
Wo anfangen?	19
Welches Land?	20
Die Sprache des Gastlandes	20
Heimatkontakt	21
Der Job Ihres Lebens	21
Allein oder in Begleitung?	21
... mit oder ohne Kinder	22
Wohin?	23
In jedem Land gelten bestimmte Grundregeln	23
Beschäftigungschancen	23
Bereiten Sie sich gut vor	24
Bin ich auslandstauglich?	24
Allgemeine Informationen	27
Westeuropa	27
Europäische Union	27
Weitere Informationen	28
Euroland	29
Das Schengener Abkommen	30
Europäische Bildungs- und Ausbildungsprogramme	30
Arbeitserlaubnis	31
Arbeitssuche	32
Anerkennung von Qualifikationen	33
Sozialversicherungsleistungen	33
Lebensqualität	33
Arbeiten in einem anderen Land	34

Mögliche „Fettnäpfchen" (und wie man sie vermeidet)	35
Anredeformen	35
Vornamen	35
Adressen	36
Zahlen, Punkte und Kommas	36
Geographische Bezeichnungen	36
Fahrstil	36
Passen Sie sich an	37
Zeigen Sie Respekt	37
Geschichte	37
Clubs	37
Sprachliche Stolpersteine	37
Partner	38
Kinder	38
Essen	39
Religion	39
Zeit	39
Vielleicht müssen Sie alle Ihre bisherigen Vorstellungen revidieren	39
Stellensuche im Ausland?	40
Verhandeln mit europäischen Gesprächspartnern	43
International verhandeln liegt bei weitem nicht jedem	43
Spielen kulturelle Unterschiede wirklich eine Rolle?	44
Den Blick freimachen von kulturellen Stereotypen	44
Was verleiht kulturellen Unterschieden solche Prominenz?	45
Unberechenbarkeit	45
Grundlegende Missverständnisse bezüglich des Inhalts der Abmachung	47
Der kulturelle Fauxpas	49
Verhalten ist kontextspezifisch	49

Wichtige kulturelle Taktiken in Europa	50
Der internationale Verhandlungsführer	50
Der ideale internationale Verhandlungsführer	51
Der „umsichtige internationale Verhandlungsführer"	51

Landesspezifischer Verhandlungsstil   54

Nachdenken	54
Erkennen	54
Wichtigste Taktiken	54
So verhandeln Sie mit …	55
Belgien	55
Dänemark	56
Deutschland	56
Finnland	57
Frankreich	57
Griechenland	58
Großbritannien	58
Irland	59
Italien	59
Luxemburg	60
Niederlande	60
Norwegen	61
Österreich	61
Portugal	62
Schweden	62
Schweiz	63
Spanien	63

Westeuropa   64

Belgien	66
Dänemark	71
Deutschland	74

Finnland	79
Frankreich	82
Griechenland	90
Großbritannien	93
Irland	100
Island	104
Italien	106
Luxemburg	112
Niederlande	116
Norwegen	123
Österreich	126
Portugal	130
Schweden	134
Schweiz	139
Spanien	145
Andere Länder	**150**
Andorra	150
Gibraltar	150
Kanalinseln und Isle of Man	150
Liechtenstein	151
Monaco	151
San Marino	151
Vatikanstadt	151
Zentral- und Osteuropa	**152**
Einleitung	154
Leben und Arbeiten	154
Weitere Informationen	155
Arbeiten in Zentral-/Osteuropa – ja oder nein?	155
Vorteile	155
Nachteile	156
Einige Warnhinweise	156

Andere europäische Länder	157
Weitere Lektüre	157
Albanien	158
Bosnien-Herzegovina	159
Bulgarien	160
Estland	163
Kroatien	164
Lettland	165
Litauen	167
Malta	169
Mazedonien	170
Moldawien	171
Polen	172
Rumänien	175
Russland	178
Serbien und Montenegro	182
Slowakei	183
Slowenien	185
Tschechien	188
Türkei	190
Ukraine	193
Ungarn	196
Weißrussland	198
Zypern	199
Nützliche Informationen	**202**
Websites	203
Adressen	205
Telefonnummern	207
Zahlen und Fakten	208
Coutts Consulting Group	**216**

UNSER DANK GILT:

- **Anne-Marie Boels**, die Herausgeberin, verfügt über fundierte Erfahrung in Bezug auf das Arbeiten in Europa. Sie war jahrelang als Journalistin tätig und leitet jetzt eine erfolgreiche Marketing- und PR-Firma, die mittelständische Unternehmen in strategischen und betrieblichen Fragen berät. Sie ist viel in Europa gereist, beherrscht fünf europäische Sprachen fließend und hat sich vor kurzem in Gesprächen mit Geschäftsführern und Führungskräften in allen europäischen Ländern mit den aktuellen Fragen und Anliegen befasst, die unsere sich schnell verändernde Arbeitswelt prägen.
- **André Laurent** beschäftigt sich im Rahmen seiner Lehr-, Forschungs- und Consultingtätigkeit vor allem mit den prägenden Effekten von Managementkulturen und Organisationsprozessen und ihrer Bedeutung für multinationale Konzerne. Vor seiner Arbeit für INSEAD (Institution Européenne d'Administration des Affaires, Fontainebleau) war er in Westafrika für Péchiney und für das Sozialforschungsinstitut der University of Michigan tätig. Er promovierte an der Universität von Paris im Fachbereich Psychologie und absolvierte ein Managementstudium in Harvard.
- **Alan Ogden** verfasste und redigierte den Abschnitt über Zentral- und Osteuropa. Er war viele Jahre als leitender Mitarbeiter im PR-Bereich tätig und konnte in dieser Rolle umfassende internationale Erfahrungen sammeln. Er ist weit in Zentral- und Osteuropa gereist und hat zwei Reisebücher geschrieben - über Bulgarien und Rumänien. Er ist noch immer als freier Mitarbeiter für seine frühere Firma tätig und arbeitet derzeit an seinem dritten Buch.
- **Gerti Hoffmann** begann ihre Übersetzertätigkeit zunächst in München und lebt und arbeitet jetzt in London.
- **Doris Eckert**, Europa-Sekretärin ESA, sammelte Erfahrungen in international tätigen Unternehmen und orientierte sich 1993 in Richtung Unternehmens- und Personalberatung. 1995 startete sie ihre Karriere zunächst in der deutschen Coutts-Zentrale und arbeitet seit 1999 für Coutts Consulting Group auf internationaler Ebene als Global Accounts Manager. Sie übernahm die „Endabnahme" aus deutscher Sicht und steuerte eigene Erfahrungen bei.
- Die Artikel auf Seite 43 bis 63 „Verhandeln mit europäischen Gesprächspartnern" und „Landesspezifischer Verhandlungsstil" wurden mit freundlicher Genehmigung der Autoren **Andrew Gottschalk** und **Lisa Newson** von Group AG abgedruckt.

- In dieses Buch sind zahlreiche Informationen der Europäischen Gemeinschaft eingeflossen, die vom Büro für offizielle Veröffentlichungen der Europäischen Gemeinschaft herausgegeben und über die entsprechenden Websites veröffentlicht werden.
- Die Tabelle „Freizeit in den 90-er Jahren" auf Seite 214 stammt aus dem „Lifestyle Pocket Book" und wurde mit freundlicher Genehmigung von NTC Publications Ltd. abgedruckt.
- Die Tabellen „Europäisches Städtewachstum" und „Regionalentwicklung" auf Seite 213 und 215 stammen aus den europäischen Regionalprospekten 1999 und wurden mit freundlicher Genehmigung von Cambridge Electronic abgedruckt.

UNSER DANK GILT

Die Stärke dieses Buches liegt darin, dass es die Erfahrungen und das Wissen zahlreicher Menschen enthält. Wir bedanken uns bei:

- Andrew McRae, Chief Executive Officer – Coutts Consulting Group, für den Auftrag ein solches Buch zusammenzustellen und für seine Motivation und Unterstützung.
- Stuart R. Walkley, verantwortlich für den Bereich International Development bei Coutts Consulting Group, für die Initiierung und Koordination.

Den europäischen Coutts Country Managern für die Unterstützung:
- Lillian Bissett-Farrell, Managing Director PHI Transition Limited, Irland
- Jean-Luc Buridans, Chairman, Garon-Bonvalot, Frankreich
- Jayne Carrington, Managing Director Corecare, Großbritannien
- Paul Charlesworth, Managing Director Coutts Career Transition Partnership, Großbritannien
- Jean-Michel Court, Managing Director Garon-Bonvalot, Frankreich
- Lynn Coutigny, Managing Director Coutts Alternative s.a , Curriculum Plus s.a., Scan-In s.a. in Belgien und Managing Director Coutts Alternative s.a. in Luxemburg
- Maggie Docker, Managing Director Coutts Career Consultants Ltd., Großbritannien
- Matthias Kjellberg, Partner, Antenn, Schweden
- Christina Künzle, Managing Director Coutts Career Consultants AG, Schweiz
- Jaap Lambeck, Managing Director Coutts Alternative BV, Niederlande
- Edoardo Misciatelli Delle Ripe, Managing Director Alternative-Coutts, Italien
- Gianfranco Quadro, President Alternative srl, Italien
- Luis Ruiz de Arcaute Medina, President Coutts Career Consultants, Spanien
- Jorge Salinas, Managing Director Coutts Career Consultants, Spanien
- Reinhard Witek, Managing Director Coutts Career Consultants, Deutschland

Für die Unterstützung bei der Zusammenstellung der Informationen:
- Fanny Barbier (Frankreich)
- Frédéric Brillet (Frankreich)
- Yvonne Dechering (Luxemburg)
- Massimo Fagiani (Italien)
- Birgitte Lubahn (für das Kapitel über Dänemark)
- Cheryl Keen (Großbritannien)
- Kersten de Ligny (Niederlande)
- Maria Lindh (Schweden)
- Ray Shanks (Irland)
- Jean-Pierre Van Belle (für das Kapitel über Griechenland)
- Mike Wyatt (Großbritannien)

Research und Text:
Allgemeine Informationen und Westeuropa: Anne-Marie Boels
Ost- und Zentraleuropa: Alan Ogden
Deutsche Ausgabe: Doris Eckert und Gerti Hoffman

VORWORT

Leser, die allgemeine Richtlinien für die Arbeit in einer Weltregion namens Europa erwarten, werden von diesem Buch enttäuscht sein. Wo liegt Europa? Was ist Europa? Wo können wir es finden – in Island? Portugal? In der Ukraine? Der Türkei? In Großbritannien? Können wir davon ausgehen, dass zwischen Finnen und Griechen irgendwelche Gemeinsamkeiten bestehen? Das vorliegende Buch enthält nützliche, ausführliche Informationen über mehr als 40 vollkommen unterschiedliche Länder und verschiedene Kleinstaaten, die zusammen Europa bilden. Es zollt damit dem ureigensten Charakter Europas Tribut – einem bunten Mosaik aus individuellen Ländern und Kulturen. Diese Vielfalt bringt einerseits Wettbewerbsvorteile durch Zusammenarbeit mit sich, birgt jedoch auch ein erhebliches Problempotential aufgrund von Konflikten in sich. Der feine Unterschied liegt häufig darin, wie gut wir Unterschiede verstehen und zu würdigen wissen.

Dieses Buch ist nützlich für alle, die einen beruflichen Auslandsaufenthalt in einem oder mehreren europäischen Ländern planen. Es enthält interessante Informationen über das Bildungswesen, die Wirtschaftsverhältnisse, Steuersituation, Politik, Sprache, Lebensart und viele andere Besonderheiten der einzelnen Länder. Es liefert damit eine wichtige und notwendige Starthilfe, die größte – und lohnendste – Herausforderung bleibt jedoch dem Leser überlassen: eigene Erfahrungen mit fremden Kulturen zu sammeln, sie verstehen zu lernen und an ihnen teilzuhaben.

Beim Arbeiten in anderen Kulturen ist es unvermeidlich, dass wir Verhaltensweisen und Praktiken begegnen, die uns seltsam, bizarr, unpassend oder ineffektiv erscheinen. Wenn wir uns mit solchen Gefühlen konfrontiert sehen, ist es besonders wichtig, dass wir uns einen wichtigen Punkt ins Gedächtnis rufen – dass wir selbst es sind, die andersartig sind. Wir sind die Fremden in einer anderen Kultur, die Abweichung von der Norm. Nicht umsonst nennen wir Menschen, die nicht unserer Kultur angehören, "Fremde". Es sollte uns daher nicht überraschen, dass wir Fremde als "fremd" empfinden. Dies liegt beinahe in der Natur der Sache. Wichtig ist jedoch, wie wir mit diesen Gefühlen umgehen.

Die Gefahr ist, dass wir glauben, manche Verhaltensweise sprächen für sich selbst und ließen sich unabhängig von ihrem Kontext verstehen und beurteilen. In unserer eigenen Kultur können wir uns diesen Luxus tatsächlich manchmal leisten, da man hier von gemeinsamen Normen und Erwartungen ausgehen kann. Bei der Arbeit in anderen Kulturen ist jedoch nichts mehr selbstverständlich. Unterschiedliche Verhaltensweisen und Gepflogenheiten sind dabei nur die Spitze des Eisbergs. Zu versuchen, sie anhand unserer eigenen kulturspezifischen Präferenzen, Wertvorstellungen und Annahmen zu beurteilen, kann verwirrend sein.

Um in einem anderen kulturellen Umfeld effektiv arbeiten zu können, müssen wir lernen, auf ein Urteil über alles, was wir sehen, systematisch zu verzichten. Wir müssen uns immer wieder die gleiche grundlegende Frage stellen, die Kleinkindern so leicht über die Lippen kommt: Warum? Warum? Warum? Wir müssen uns von der Arroganz frei machen, uns als "Verhaltenswissenschaftler" zu verstehen, die in unserer eigenen Kultur alles auf den ersten Blick erfassen. Eine gewisse Bescheidenheit, die Erkenntnis, dass wir nicht wirklich verstehen, ist eine notwendige Voraussetzung für unsere interkulturelle Reise.

Verhaltensweisen und Lebensarten beziehen ihre Bedeutung aus tieferliegenden Kulturebenen, die sich der Beobachtung entziehen: aus Überzeugungen, Werten und Annahmen, die für eine bestimmte kulturelle Gruppe selbstverständlich sind. Diese Ebenen sind für den Ausländer nicht direkt zugänglich. Er läuft daher Gefahr, alltägliche Ereignisse nach seinen eigenen kulturellen Kategorien einzustufen, die im lokalen Kontext nicht unbedingt relevant sind. Im Umgang mit anderen Kulturen müssen wir unsere Erfahrungen und spontanen Interpretationen bewusst dekonstruieren. Die Feststellung, dass wir etwas nicht wissen, macht uns neugierig, Antworten zu finden. Was bedeutet dies oder jenes? Woher stammen diese Verhaltensmuster? Wie kann ich den Sinn von etwas verstehen, das auf den ersten Blick sinnlos erscheint? Eine solche offene Einstellung schafft die Grundlage für ein neues Verständnis. Gepflogenheiten und Gebräuche, die uns ursprünglich fremd oder bedeutungslos erschienen, gewinnen zunehmend an Bedeutung. Jetzt können wir unsere Erfahrung auf der Grundlage der neuen Interpretation neu konstruieren.

Im Laufe dieser interkulturellen Reise werden wir uns schließlich bewusst, inwieweit wir "Produkte unserer Kultur" sind. Je mehr unsere Werte und Annahmen durch eine andere Kultur in Frage gestellt werden, umso mehr werden wir uns ihrer bewusst. Wir entdecken unsere eigene Kultur im Spiegel fremder Kulturen. Wir beginnen, unsere eigene Einzigartigkeit und die anderer zu erkennen. Und erst dann sind wir an dem Punkt unserer Reise angelangt, an dem wir den entscheidenden Schritt tun können – den Schritt vom Verständnis hin zur Würdigung und zum Lernen. Ein gutes Verständnis ist eine wesentliche Voraussetzung für eine effektive kulturübergreifende Zusammenarbeit, und das Gleiche gilt noch viel mehr für das Lernen von anderen Kulturen. Voraussetzung ist, dass wir die kulturellen Unterschiede zu würdigen wissen, die in uns den Wunsch wecken, von anderen Kulturen zu lernen und uns dadurch neue Fertigkeiten anzueignen. Die wertvollste Einsicht, die wir dabei gewinnen können, ist vielleicht die: Je mehr wir über andere Kulturen zu wissen scheinen, desto stärker werden wir uns unserer eigenen Unwissenheit bewusst.

Das Arbeiten in Europa bietet alle diese Chancen.

André Laurent
Emerierter Professor für Organisationsverhalten, INSEAD

„ Man gewinnt immer, wenn man erfährt, was andere von uns denken"

Johann Wolfgang von Goethe

Einleitung

ARBEITEN IN EUROPA

ARBEITEN IN EUROPA – EIN INSIDER-HANDBUCH

Das Geheimnis einer erfolgreichen Karriere im Ausland

„Die kulturellen Unterschiede zwischen Firmen sind oft größer als die zwischen Ländern."
Manfred Kets de Vries

Viele der Veränderungen, die sich in unserer heutigen Arbeitswelt vollziehen, kommen Personen mit Auslandserfahrung zugute. Gleichzeitig ist die jüngere Generation mobiler geworden und hat dank des breiteren und einfacher zugänglichen Reiseangebots vielfach andere Länder und Lebensarten kennen gelernt. Kein Wunder also, dass ein Aufenthalt in einem anderen Land und Kulturkreis heute als wichtiger Karriereschritt gilt und den Wert auf dem Arbeitsmarkt erhöht.

Nationale und internationale Firmen, die grenzüberschreitend tätig sind, sind zunehmend an Mitarbeitern interessiert, die Auslandserfahrungen verweisen können – und auch bereit, solche Erfahrungen entsprechend zu honorieren. Doch auch hier ändern sich die Zeiten. Während Firmen ihre im Ausland tätigen Mitarbeiter früher mit umfangreichen Hilfspaketen unterstützten, steht heute mehr die eigendynamische Initiative im Vordergrund. Gefragt sind Mitarbeiter, die bereit sind, auf eigenes Risiko und ohne zusätzliche Vergütung Zeit im Ausland zu verbringen.

Eine solche Entwicklung macht Sinn, vor allem da der Abbau der bürokratischen Schranken in Europa den Umzug von einem Land ins andere erleichtert hat und keinen Rückschritt auf der Karriereleiter oder Abstriche bei der Lebensqualität mehr bedeutet.

Stattdessen ist heute genau das Gegenteil der Fall. Ein Auslandsaufenthalt macht sich gut im Lebenslauf. Unter dem Aspekt der Karriereplanung und der ‚Beschäftigungsfähigkeit' ist eine kürzere oder längere Tätigkeit in einem oder mehreren fremden Ländern dem Marktwert nur zuträglich. Sie zeigt einem potentiellen Arbeitgeber klar, dass der Stellenbewerber flexibel, anpassungsfähig und zupackend ist und ein gesundes Maß an emotionaler Intelligenz mitbringt.

Somit ist Arbeitgebern, die nach Mitarbeitern mit erfolgreicher internationaler Laufbahn suchen, ebenso wie Stellenbewerbern, bestens gedient.

Dieses Handbuch soll Ihnen dabei helfen, Wege zu einer erfüllten Karriere in Europa zu finden.

Wir wünschen Ihnen viel Spaß bei der Lektüre.

EINLEITUNG

„Wenn wir Menschen sehen, die anders sind als wir selbst,
sollten wir in uns gehen und uns prüfen."
– Konfuzius

Ein Schlagwort, dem wir in Wirtschaft, Politik, Kultur und Gesellschaft immer wieder begegnen, ist die „Globalisierung". Es suggeriert, dass uns die ganze Welt zu Füßen liegt – doch in dieser Welt tatsächlich Fuß zu fassen, ist nicht immer so einfach. Oft müssen wir feststellen, dass zwischen theoretischer Globalisierung und dem praktischen Leben in einer globalen Welt erhebliche Unterschiede bestehen.

GLOBALISIERUNG – ES KÖNNTE SO EINFACH SEIN
Die Medien gaukeln uns vor, dass wir in jedem beliebigen Augenblick rund um die Uhr zu Weltbürgern werden können, indem wir uns einfach in die entsprechenden Systeme einklicken. Die Wirklichkeit sieht ganz anders aus. In erster Linie sind wir Bürger unseres direkten Umfeldes. Eher profane Dinge wie Nachbarn und Mitbürger, Verkehrsstaus auf dem Weg zur Arbeit, die Sorge um den Arbeitsplatz, der Kampf mit Formularen und Bürokratie sind es, die unser tagtägliches Leben prägen und die es schwierig machen, uns als Weltbürger zu fühlen.

Trotzdem wissen wir, dass dort draußen eine ganze Welt voller Rätsel und neuer Erfahrungen auf uns wartet – eine Welt, die viele von uns vielleicht gerne kennen lernen würden. Um solche Träume verwirklichen zu können, müssen wir jedoch eine gewisse Vorarbeit leisten: Wir müssen uns klar werden, was wir im Leben wirklich wollen, uns Ziele setzen, Entscheidungen treffen und uns dann auf neue Erfahrungen einlassen.

DIE ENTSCHEIDUNG LIEGT BEI IHNEN
Mit dem Kauf dieses Buchs haben Sie gezeigt, dass Sie Ihre Träume realisieren möchten. Sie möchten wissen, wie es ist, die Grenzen Ihres bisherigen Lebens zu überschreiten und etwas Neues Anderes auszuprobieren – etwas, das Ihnen vielleicht neue Erfahrungen und neue Horizonte erschließt.

Die Entscheidung für das Leben und Arbeiten in einem anderen Land ist jedoch nicht einfach. Zahlreiche Aspekte spielen hierbei eine Rolle, und Sie müssen möglichst viele Faktoren in Ihre Entscheidung einbeziehen. Selbst ein relativ kurzer Aufenthalt im Ausland ist nämlich ein größerer Schritt – ohne eine gehörige Portion Entschlossenheit könnte er sich als schwierig erweisen.

WO ANFANGEN?
An dieser Stelle könnten wir einfach sagen: Wählen Sie Ihr Land aus, lernen Sie die Sprache und legen Sie los – ganz einfach.

Aber ist es tatsächlich so einfach?

Damit Sie von Ihrem Auslandsaufenthalt wirklich profitieren, gilt es, noch eine ganze Reihe anderer Faktoren zu berücksichtigen.

WELCHES LAND?

Dass das Leben von Stadt zu Stadt und von Dorf zu Dorf sehr unterschiedlich sein kann, wissen Sie sicher aus eigener Erfahrung. Das gilt sogar für Städte und Dörfer, die nur wenige Kilometer voneinander entfernt sind. Vielleicht haben Sie auch schon die Erfahrung gemacht, dass man sich selbst in anderen Gegenden des eigenen Landes als Fremder fühlen und äußerlich als solcher erkannt werden kann. Die möglichen Unterschiede sind vielgestaltig – angefangen beim Dialekt, der die gleiche Sprache zu einem unverständlichen Kauderwelsch machen kann, über das Klima bis hin zur unterschiedlichen Offenheit und Freundlichkeit der örtlichen Bevölkerung. In manchen Ländern können die Kontraste zwischen den Regionen noch dramatischer ausfallen, wenn man sich beispielsweise an eine neue Sprache, eine andere Atmosphäre oder an veränderte Lebens- und Wohnbedingungen gewöhnen muss.

Deshalb sollten Sie sich vor dem Umzug in ein anderes Land genau über die Region informieren, die Sie ins Auge gefasst haben. Möglicherweise unterscheidet sie sich grundlegend von anderen Gegenden des Landes. Vielleicht ist Ihre Vorstellung von einem herrlichen Strandurlaub im Süden geprägt, während das Arbeitsleben in der Hauptstadt des gleichen Landes ganz anders aussieht und eher dem in Ihrem eigenen Land als Ihren Urlaubserinnerungen entspricht. Neben kulturellen und geographischen Unterschieden ist auch zu bedenken, dass jede Region ihren ganz eigenen Bedarf an Arbeitskräften hat und dass oft Personen mit speziellen Kenntnissen gesucht werden.

DIE SPRACHE DES GASTLANDES

Einer der wichtigsten Ratschläge – so selbstverständlich dies auch klingen mag – ist: Lernen Sie die Sprache des Gastlandes, aber nicht so wie Sie sie vielleicht für einen Urlaub lernen würden. Bemühen Sie sich, sie wirklich zu sprechen und zu verstehen. Nur so werden Sie im Gastland akzeptiert und werden Ihre Auslandserfahrung voll auskosten können. Doch so gut Sie die Sprache auch beherrschen, Sie werden immer sofort als Ausländer identifiziert werden. Überlegen Sie einmal, wie Sie Ausländern im eigenen Land gegenüber stehen – vielleicht hilft Ihnen diese Vorstellung, Ihre eigene Haltung zu überdenken.

Neben der Belegung eines Sprachkurses empfiehlt es sich, sich bereits daheim möglichst umfassend in die Sprache des Gastlandes einzulesen und einzuhören. Fernsehprogramme, Filme und Videos, Zeitungen und Zeitschriften in der Landessprache vermitteln Ihnen nicht nur Sprachkenntnisse, sondern auch einen Eindruck von der Atmosphäre und Kultur des Landes.

Die beste sprachliche Vorbereitung ist jedoch, eine Person aus dem zukünftigen Gastland zu finden und möglichst viel mit ihr zu sprechen.

Im Ausland angekommen, sollten Sie nicht erwarten, dass Ihnen jemand für Ihre Sprachkenntnisse Komplimente macht. Bedanken Sie sich vielmehr bei anderen, dass sie sich Ihre sprachlichen Bemühungen geduldig anhören und über Ihre linguistischen Unvollkommenheiten hinwegsehen. Schließlich hat niemand Sie eingeladen, warum sollte man Ihnen also sprachlich entgegenkommen?

HEIMATKONTAKT

Wenn Sie sich für einen zeitlich begrenzten Auslandsaufenthalt entschieden haben, brechen Sie nicht die Brücken hinter sich ab. Ein vorübergehender Abschied von der vertrauten Umgebung ist unter Umständen der beste Weg, um ihre positiven Seiten schätzen zu lernen. Vielleicht werden Sie froh darüber sein, zumindest für kurze Zeit ins eigene Land zurückkehren zu können. Halten Sie den Kontakt zu Freunden und Familie. Laden Sie sie zum Besuch in Ihrem Gastland ein, oder fahren Sie heim, um Zeit in gewohnter Umgebung zu verbringen. Dies ist ein guter Weg, um Ihr persönliches Gleichgewicht zu finden.

DER JOB IHRES LEBENS

Vielleicht handelt es sich bei Ihrem Arbeitgeber um einen multinationalen Konzern, der zu einer vorübergehenden Auslandstätigkeit bereiten Mitarbeitern Vorteile bietet. In diesem Fall ist meist umfassend für Ihr Wohl gesorgt, und alle nötigen Einzelheiten sind in Ihrem Vertrag festgeschrieben.

Ihr Ausgangspunkt kann auch die Jobsuche in einem multinationalen Unternehmen sein. Betonen Sie bei der Bewerbung, dass Sie sich keineswegs vor einem beruflichen Auslandsaufenthalt scheuen. Oft ist es für Firmen schwierig, die richtigen Mitarbeiter für die Besetzung von Stellen in ausländischen Geschäftsbereichen zu finden. Die Bekundung eines diesbezüglichen Interesses kann ein Plus sein.

Daneben gibt es andere Gründe für die Stellensuche im Ausland:

- *Sie haben bereits eine gute Position, versprechen sich von einem Auslandsaufenthalt jedoch ein rascheres Fortkommen auf der Karriereleiter.*
- *Sie haben gerade Ihre Schul- oder Universitätsausbildung abgeschlossen und erhoffen sich von der beruflichen Auslandserfahrung bessere Karrierechancen für eine Zukunft im eigenen Land.*
- *Sie studieren noch und suchen einen längeren Ferienjob, bei dem Sie Erfahrung in Ihrem Interessensgebiet sammeln können, oder wollen die Ferien dazu nutzen, eine Fremdsprache zu lernen, während Sie arbeiten (verlassen Sie sich nicht allzu sehr darauf).*
- *Sie möchten Ihren Horizont erweitern und mehr über das Leben in anderen Ländern und Kulturen erfahren.*

Ganz gleich, wie Ihre Motive sind – machen Sie sich immer zuerst mit den Arbeitsbedingungen im Gastland vertraut und stellen Sie fest, wie Ihre Chancen stehen, Arbeit in Ihrem Bereich zu finden. Oft ist ein umgekehrter Ansatz vorteilhafter: Bringen Sie in Erfahrung, wo in Europa Arbeitnehmer mit Ihren Qualifikationen gesucht werden, statt auf gut Glück ein Land zu wählen und dann feststellen zu müssen, dass Vertreter Ihrer Sparte hoch oben auf der Liste der Arbeitslosen stehen.

ALLEIN ODER IN BEGLEITUNG?

Es ist natürlich ein großer Unterschied, ob Sie allein oder mit (Ehe)Partner und/oder Kindern ins Ausland gehen.

Allein ist es oft einfacher, Kontakte mit Einheimischen zu knüpfen, ungewöhnliche Erfahrungen zu sammeln oder die richtige Wohnung zu finden. Außerdem müssen Sie nur einen Job finden, nicht zwei.

Wer mit einer Begleitperson ins Ausland geht, findet oft eine wesentlich schwierigere Situation vor. Das beginnt damit, dass Sie sich auf ein Land und eine Gegend einigen müssen, und geht damit weiter, dass Sie sowohl die eigenen Wünsche und beruflichen Chancen als auch die des Partners berücksichtigen müssen. Wenn beide Partner in verschiedenen Bereichen tätig sind, in denen sich im Ausland nicht die gleichen Beschäftigungschancen bieten, kompliziert dies die Lage oft weiter.

Gehen Sie nicht automatisch davon aus, dass sich das Problem beheben lässt, indem einer der beiden Partner im Ausland nicht arbeitet. Bei einer ungewollten – oder auch gewollten – Umsiedlung ins Ausland ist es für den nicht arbeitenden Partner oft schwer, Fuß zu fassen. Er muss sich allein orientieren, neue Freundschaften knüpfen und lernen, die stille und oft einsame Zeit über die Runden zu bringen, während der Partner seiner Arbeit nachgeht.

An manchen Orten ist dies weniger schwierig, wenn man sich einer Gruppe anderer „Ausländer" aus dem Mutterland anschließen kann. Gleiche Herkunft bedeutet jedoch nicht unbedingt gleiche Interessen und den Wunsch, Freundschaft zu schließen.

... MIT ODER OHNE KINDER

Wenn Kinder mit ins Ausland kommen, sind natürlich noch mehr Punkte zu beachten. Wollen Sie sie auf eine örtliche Schule schicken, an der in der Landessprache unterrichtet wird? Dies könnte bedeuten, dass sie die Schule oder Universität mit Noten und Qualifikationen verlassen, die nur in diesem Land gelten. Die Alternative ist eine internationale Schule, die in der Muttersprache unterrichtet und deren Abschlüsse im Heimatland anerkannt werden. Das größte Hindernis dabei können die Schulgebühren sein. Denken Sie auch daran, dass es nicht überall internationale Schulen gibt und dass Sie vielleicht in einer Gegend landen, wo weit und breit keine derartige Einrichtung zu finden ist.

Die Anpassung an die neue Umgebung ist für Kinder oft besonders schwierig. Sie haben nicht nur ihr gewohntes Umfeld, Freunde und vielleicht Haustiere zurückgelassen – oft empfinden sie auch die Atmosphäre des Gastlandes als abweisend. Mangelhafte Sprachkenntnisse können dazu führen, dass sie in der Schule ins Abseits geraten, nur schwer neue Freundschaften schließen und Ihnen vielleicht vorwerfen, dass Sie sie aus ihrer früheren Ausbildung und ihren Gewohnheiten herausgerissen haben. Andererseits kann der Kontakt mit anderen Kulturen oder Ländern eine echte Bereicherung ihres weiteren Lebens darstellen.

Bevor Sie mit einem Partner ins Ausland gehen, sollten Sie darüber sprechen, welche Hoffnungen und Erwartungen Sie beide in den Auslandsaufenthalt setzen, damit jeder die Gedanken und Gefühle des anderen in Bezug auf die Arbeit im Ausland genau versteht. Treffen Sie Ihre Entscheidung erst, wenn Sie sicher sind, dass sich Ihre Erwartungen decken.

EINLEITUNG 23

Wenn Sie allein ins Ausland gehen, kann es natürlich vorkommen, dass Sie dort den (die) Partner(in) fürs Leben kennen lernen. Vergessen Sie nicht, dass es passieren kann, dass Sie den Rest Ihres Lebens mehr oder weniger freiwillig in dem betreffenden Land bleiben müssen. Viele Fragen, die sich hierbei ergeben, sind ähnlich wie bei einem vorübergehenden Aufenthalt, und je abenteuerlustiger Sie sind, umso mehr sollten Sie darüber nachdenken.

WOHIN?
Um Ihren geographischen Horizont zu erweitern, fangen Sie am besten mit einem Land auf dem gleichen Kontinent an. Innerhalb Europas sind die Wege kürzer, und Sie sind nie allzu weit weg von zu Hause. Die Umstellung auf neue Lebensgewohnheiten kann ebenfalls weniger drastisch sein – verlassen Sie sich aber nicht darauf! Europa hat ein breites Spektrum an Möglichkeiten, Lebensarten und Atmosphären zu bieten. Die enorme kulturelle Vielfalt und die unterschiedliche Entwicklung, die Nationen mit sehr ähnlicher Geschichte im Laufe der Jahre genommen haben (z.B. Besatzer und Besetzte), bieten ungeahnte Möglichkeiten, völlig neue Erfahrungen zu sammeln. Denken Sie auch daran, dass Sie erste Eindrücke, die Sie bei einem Urlaubsaufenthalt im Land gewonnen haben, als Mitglied der arbeitenden Bevölkerung vielleicht von Grund auf revidieren müssen!

IN JEDEM LAND GELTEN BESTIMMTE GRUNDREGELN :

DAS SOLLTEN SIE TUN:
- *Entwickeln Sie ein echtes Interesse an Land, Leuten und Traditionen.*
- *Bemühen Sie sich, die Sprache so gut wie möglich zu lernen und Ihre Sprachkenntnisse aktiv zu erweitern.*
- *Respektieren Sie die Symbole und Werte des Gastlandes.*

UND DAS SOLLTEN SIE LIEBER LASSEN:
- *Erzählen Sie keine Witze auf Kosten des Gastlandes.*
- *Kritisieren Sie das Land und seine Gepflogenheiten nicht, wenn Sie als Ausländer akzeptiert werden wollen.*
- *Verkünden Sie nicht bei jeder Gelegenheit, dass Sie aus dem Ausland stammen.*
- *Brüsten Sie sich nicht damit, dass Sie bessere/andere Bedingungen gewohnt sind.*

BESCHÄFTIGUNGSCHANCEN
Ein beruflicher Aufenthalt im Ausland verbessert Ihre Aussichten, bei der Rückkehr einen – vielleicht besser bezahlten – Job zu finden. Sie haben nicht nur wertvolle internationale Erfahrung vorzuweisen, sprechen eine andere Sprache und sind mit fremden Gebräuchen und Gepflogenheiten vertraut – alles wichtige Pluspunkte in den Augen eines potentiellen Arbeitgebers. Sie bringen auch andere Qualitäten mit, die Arbeitgeber heute mehr und mehr zu schätzen wissen: Die Anpassungsfähigkeit an neue, unbekannte Situationen, die Bereitschaft, sich neue Fertigkeiten anzueignen, und die Fähigkeit, aus Erfahrungen zu lernen, machen Sie in vielen Situationen zum idealen Bewerbungskandidaten.

Im kommenden Jahrtausend werden immer mehr Firmen Mitarbeiter suchen, die solche Qualitäten, Erfahrungen und Qualifikationen vorzuweisen haben. Ihre Auslandserfahrung ist daher ein wichtiges Plus auf dem Arbeitsmarkt.

BEREITEN SIE SICH GUT VOR
Eine gute Vorbereitung auf den Umzug ins Ausland ist unerlässlich. Vielleicht stellen Sie im Laufe der Vorbereitungen sogar fest, dass es mit Ihrem Enthusiasmus doch nicht so weit her ist. Auch eine solche Erkenntnis ist positiv, da Sie neue Erfahrungen gesammelt und sich näher mit Ihren Träumen und den Erwartungen an Ihr Leben auseinander gesetzt haben. Wenn Sie irgendwelche Zweifel oder Bedenken haben, lassen Sie sich Zeit. Unternehmen Sie vielleicht vorab eine Reise in das jeweilige Land. Wenn Ihr Enthusiasmus davon wieder angefacht wird, gut. Wenn nicht, sollten Sie vielleicht noch ein wenig warten, bevor Sie sich ins Ausland wagen - oder ein anderes Land ins Auge fassen.

Seien Sie ehrlich. Zwingen Sie sich nicht, Arbeit im Ausland zu suchen, wenn Sie glauben, dass Ihnen dies nicht wirklich liegt.

Wenn der Gedanke an einen Auslandsaufenthalt Sie jedoch reizt und Ihnen Ihr berufliches Fortkommen wichtig ist, verbessern Sie durch eine Tätigkeit im Ausland mit Sicherheit Ihre Aufstiegschancen und erweitern durch die gewonnenen internationalen Kontakte Ihren Horizont.

BIN ICH AUSLANDSTAUGLICH?
Professor Manfred Kets de Vries von INSEAD schlägt eine Eigenbewertung anhand der folgenden Checkliste vor, um festzustellen, wie Ihre Chancen auf eine erfolgreiche Karriere im Ausland stehen.

Stellen Sie anhand der Liste fest, wie es bei Ihnen um verschiedene wichtige Voraussetzungen für einen erfolgreichen Auslandsaufenthalt bestellt ist. Wenn Sie vorhaben, mit einem (einer) Partner(in) ins Ausland zu gehen, sollte er (sie) ebenfalls eine Selbstbeurteilung abgeben. Sie können sogar noch weiter gehen und eine gegenseitige Beurteilung vornehmen. Hierbei gibt es keine richtigen oder falschen Antworten, keine Punktzahl, die über Bestehen oder Nichtbestehen entscheidet. Das ganze ist lediglich als nützliche Übung gedacht, anhand derer Sie die Voraussetzungen für eine befriedigende Arbeit im Ausland verstehen lernen.

Eigenschaft
Strategisches Bewusstsein für die gesellschaftliche / wirtschaftliche / politische Situation
Fähigkeit und Wunsch, eine Fremdsprache zu sprechen
Starkes Eigenbewusstsein / Verwurzelung
Neugier auf und Bewusstsein für andere Kulturen
Aufgeschlossenheit gegenüber anderen ethnischen Gruppen
Integrität
Flexibilität
Geringe Neigung zu Frustration und Langeweile
Fähigkeit zur verbalen und non-verbalen Kommunikation
Lust am Abenteuer und Risikobereitschaft
Fähigkeit, mit unklaren Situationen fertig zu werden
Kein Hang zum Dogmatismus
Fähigkeit, zu lernen und sich anzupassen
Humor
Emotionale Stabilität
Soziale Intelligenz
Pragmatismus

ALLGEMEINES

„*Das einzige Gute ist Wissen, das einzige Schlechte Unwissenheit.*"
– Sokrates

Für dieses Handbuch haben wir Europa in zwei Teile untergliedert.

Auf der einen Seite stehen die „westeuropäischen" Länder, bestehend aus den fünfzehn Staaten der Europäischen Union (Belgien, Dänemark, Deutschland, Finnland, Frankreich, Griechenland, Großbritannien/Nordirland, Irland, Italien, Luxemburg, Niederlande, Österreich, Portugal, Schweden, Spanien), den restlichen Ländern des Europäischen Wirtschaftsraums (EWR) (Norwegen, Island, Liechtenstein) und der Schweiz. Mit Ausnahme der Schweiz gelten in allen diesen Ländern für ausländische Arbeitnehmer ähnliche Regeln und Bestimmungen.

Auf der anderen Seite stehen die „zentral- und osteuropäischen Länder": Albanien, Bosnien-Herzegowina, Bulgarien, Kroatien, Lettland, Litauen, Malta, Mazedonien, Moldawien, Polen, Rumänien, Russland, Serbien & Montenegro, die Slowakei, Slowenien, Tschechien, die Türkei, die Ukraine, Ungarn, Weißrussland (Belarus) und Zypern. Aus verschiedenen Gründen, wie beispielsweise der früheren Ostblockzugehörigkeit, sind die Unterschiede in diesen Ländern größer und die Bestimmungen für ausländische Arbeitnehmer manchmal komplizierter.

Bevor wir auf die Länder im Einzelnen eingehen, hier zunächst verschiedene allgemeine Informationen für die Arbeitssuche und Reise im Ausland.

WESTEUROPA

Bürger aus EU- und EWR-Staaten haben in Bezug auf das Leben und die Arbeit in anderen Mitgliedstaaten grundsätzlich die gleichen Rechte und Pflichten wie die Bürger des betreffenden Landes. Dies bedeutet beispielsweise, dass sie uneingeschränkt reisen, ihren Wohnort wählen, Bankkonten eröffnen, Arbeit suchen und Sozialleistungen und Arbeitslosenbezüge in Anspruch nehmen können und die gleichen örtlichen und nationalen Steuern entrichten müssen wie Einheimische.

Die einzige Voraussetzung, um sich im gewünschten Land für kürzere oder längere Zeit anmelden zu können, ist ein gültiger Personalausweis oder Pass, der Sie als Bürger eines EU- oder EWR-Staates ausweist.

Erwähnenswert ist noch ein weiterer Vorteil, den die EU-Zugehörigkeit mit sich bringt. Bürger eines EU-Landes, die in einem Nicht-EU-Land in Schwierigkeiten geraten und konsularischen Beistand benötigen, können sich an die Botschaft oder das Konsulat jedes beliebigen anderen Mitgliedstaates wenden, wenn keine Botschaft bzw. kein Konsulat des eigenen Landes erreichbar ist.

EUROPÄISCHE UNION

Als Bürger eines EU-Mitgliedstaates erleichtern Sie sich die Sache ungemein, wenn Sie sich bei der Arbeitssuche für ein anderes EU-Land entscheiden. Damit steht Ihnen nicht nur ein breites Informationsnetz zu den verschiedensten Themen offen, Sie kommen als EU-Bürger auch in den Genuss vieler Vorteile und Rechte.

In Wirtschafts- und Beschäftigungsfragen gelten in den Nicht-EU-Ländern des EWR (Norwegen, Island und Liechtenstein) die gleichen Regeln und Vorteile wie in den EU-Staaten.

Die Schweiz gehört keinem dieser beiden Zusammenschlüsse an, ist jedoch im Begriff, sich den europäischen Regelungen anzupassen, die die Mobilität von EU-Bürgern und den Austausch zwischen EU-Ländern fördern.

Besondere Erwähnung verdienen bestimmte „nicht kontinentale" oder „überseeische" Territorien der EU. Hierzu gehören die Azoren und Madeira (Portugal), die Kanarischen Inseln (Spanien), Französisch-Guayana, Guadeloupe, Martinique und Réunion (Frankreich). Für diese Territorien, für Gibraltar (Großbritannien), Helgoland und Büsingen (Deutschland), die nordafrikanischen Enklaven Cueta und Melilla (Spanien), Athos (Griechenland), die Åslands-Inseln (Finnland) sowie für Livigno, Campione d'Italia und die italienischen Gewässer des Luganer Sees (Italien) gelten teilweise von den allgemeinen EU-Bestimmungen abweichende Regeln.

Daneben wären die Kleinstaaten Andorra, Monaco und San Marino sowie die Kanalinseln (Jersey, Guernsey) und die Isle of Man zu nennen. Da sie weder der EU noch dem EWR angehören, ist es hier unter Umständen für Ausländer schwieriger, eine Aufenthaltsgenehmigung und Arbeitserlaubnis zu bekommen.

Für die nächsten Jahre ist der EU-Beitritt weiterer Länder geplant. Zu den Kandidaten gehören Estland, Lettland, Litauen, Polen, Tschechien, Slowakien, Ungarn, Slowenien, Rumänien, Bulgarien und Zypern. Andere Länder wie Malta, die Türkei und die Ukraine haben einen früher gestellten Mitgliedschaftsantrag bisher nicht weiterverfolgt bzw. sind noch nicht als EU-Kandidaten anerkannt.

Das Ziel ist es, einerseits in den zukünftigen Mitgliedstaaten die nötigen Voraussetzungen für einen EU-Beitritt zu schaffen und andererseits die EU auf die bevorstehende Erweiterung vorzubereiten. Die Geschwindigkeit dieses Prozesses hängt dabei von den Gegebenheiten und dem Vorbereitungsgrad der jeweiligen Anwärterstaaten ab. Als erste Länder für einen EU-Beitritt kommen voraussichtlich Zypern, Tschechien, Slowenien, Estland, Ungarn und Polen in Frage, die im Vergleich zu den EU-Ländern und den anderen Anwärterstaaten das höchste Bruttosozialprodukt (BSP) besitzen.

In der Zwischenzeit werden noch andere Vereinbarungen ausgearbeitet. Zypern, Malta und die Türkei unterhalten mit der EU so genannte Assoziationsabkommen, die allmählich zu einer Zollunion führen sollen.

Die EU unterhält außerdem Verbindungen zu den Maghreb-Staaten (Algerien, Marokko und Tunesien), den Mashreq-Ländern (Ägypten, Jordanien, Libanon, Syrien und den palästinensischen Gebieten) und zu Israel. Die Abkommen betreffen den Handel, die industrielle Zusammenarbeit und die technische und finanzielle Unterstützung.

WEITERE INFORMATIONEN

Hilfe bei der Jobsuche und allgemeine Informationen zur Arbeit in den EU-Ländern, Island und Norwegen finden Sie unter folgenden Internet-Adressen:

Nützliche Informationen und Stellenangebote:
- http://europa.eu.int/jobs/eures

Informationen zum Thema Wohnung, Studium, Kauf von Waren und Dienstleistungen:
- http://citizens.eu.int

Sie können auch die folgenden kostenlosen Broschüren zu bestimmten Themen anfordern:
- „Bürger Europas - Arbeiten"
- „Bürger Europas - Studium"
- „Bürger Europas - Wohnen"
- „Bürger Europas - Kauf von Waren und Dienstleistungen"

Alle genannten Informationsblätter sind in der Reihe „Dialog mit Bürgern und Unternehmen" erschienen und können bei der Vertretung der Europäischen Kommission in Ihrem Land bezogen werden.

EUROLAND

Seit 1. Januar 1999 verfügen elf EU-Länder über eine neue gemeinsame Währung: den Euro. Der Euro-Zone gehören Belgien, Deutschland, Finnland, Frankreich, Irland, Italien, Luxemburg, die Niederlande, Österreich, Portugal und Spanien an. Geplant ist eine dreijährige Übergangszeit, in der neben dem Euro auch die nationalen Währungen ihre Gültigkeit behalten. Das neue System bringt jedoch bereits jetzt erhebliche Erleichterungen für den internationalen Handel mit sich. Zur echten Einheitswährung wird der Euro am 1. Januar 2002, wenn auch die Euro-Banknoten und -Münzen in Umlauf kommen.

Innerhalb der Euro-Zone wurden die Umtauschgebühren abgeschafft. Zwischen den nationalen Währungen der Euro-Länder und dem Euro gelten feste Umtauschkurse. Die Umrechnung von einer nationalen Währung der Euro-Zone in eine andere erfolgt immer über den Euro. Direkte Umrechnungstabellen sind nicht mehr für den offiziellen Gebrauch zugelassen.

Es wird erwartet, dass bis zum Jahr 2002 weitere Länder wie Schweden, Dänemark, Griechenland und Großbritannien/Nordirland der Euro-Zone beitreten werden. Einige dieser Länder haben für ihre nationalen Währungen bereits „feste Schwankungsgrenzen" gegenüber dem Euro festgelegt. Daneben besteht ein fester Umrechnungskurs zwischen dem französischen Franc/Euro und den Währungen von 15 afrikanischen Ländern.

Der offensichtlichste Vorteil des Euro ist seine Rolle im internationalen Wirtschaftsgeschehen. Für viele multinationale Unternehmen bringt der Euro erhebliche Vorteile mit sich, da durch die Einheitswährung Kursschwankungen und hiermit verbundene Probleme wegfallen. Aber auch für die europäischen Bürger hat der Euro viele Pluspunkte. Er erleichtert den grenzüberschreitenden Preisvergleich und macht den Geldumtausch auf Reisen weniger kompliziert und teuer. Die Europäische Zentralbank trägt die Verantwortung für die Geldpolitik in der Euro-Zone, andere politische Entscheidungen, die die Wirtschaftssituation und den Haushalt der einzelnen Euro-Länder betreffen, liegen jedoch nach wie vor bei den jeweiligen Landesregierungen.

Interessant ist, dass der Euro auch EU-externen Währungen wie der norwegischen Krone und dem Schweizer Franken mehr Stabilität verleihen könnte.

In manchen europäischen Ländern ist der Euro aber auch Thema hitziger Debatten. Es wird befürchtet, dass die Einheitswährung eine zu starke Zentralisierung und den Verlust der nationalen Souveränität mit sich bringen könnte.

Die Association for the Monetary Union of Europe (AMUE) hat einen Führer herausgegeben, in dem verschiedene praktische Aspekte des Euro aus gewerblicher Sicht erklärt sind:

- Der Führer *„Guide Euro des Commerçants"* ist in fünf verschiedenen Sprachen (Französisch, Englisch, Italienisch, Spanisch und Portugiesisch) erhältlich und kann per Fax (+33-1-45 22 33 77) angefordert werden.
- Die gleichen Informationen sind im Internet unter http://www.amue.org in deutscher Sprache abrufbar.

DAS SCHENGENER ABKOMMEN

Am 1. Januar 1993 wurden die Zoll- und Steuerkontrollen von Gepäck und Waren an den Binnengrenzen zwischen den EU-Ländern abgeschafft. Reisende konnten fortan mit jedem beliebigen Verkehrsmittel – Auto, Flugzeug, Zug oder Schiff - die innereuropäischen Grenzen passieren, ohne Warenkontrollen auf sich nehmen zu müssen.

Das Schengener Abkommen, das am 26. März 1995 in Kraft trat, ging noch einen Schritt weiter und brachte auch die Freizügigkeit im Personenverkehr. Belgien, Deutschland, Frankreich, Luxemburg und die Niederlande hatten ursprünglich 1985 in der kleinen Stadt Schengen an der Grenze zwischen den Niederlanden, Deutschland und Belgien ein Abkommen unterzeichnet, durch das allmählich alle Kontrollen an den gemeinsamen Grenzen der fünf Länder aufgehoben und ein freier grenzüberschreitender Personenverkehr gewährleistet werden sollte. Bis das Abkommen schließlich in Kraft trat, hatten sich auch Italien, Spanien, Portugal und Griechenland angeschlossen. Österreich, Dänemark, Finnland und Schweden folgten. Das Schengener Abkommen wurde schließlich durch den Amsterdamer Vertrag ratifiziert.

Irland und Großbritannien/Nordirland gehören auf eigenen Wunsch nicht dem Schengen-Gebiet an, und in Schweden, Finnland und Dänemark wird das Abkommen noch nicht umgesetzt.

Das Nicht-EU-Land Schweiz hingegen hat seine Absicht erklärt, dem Schengener Abkommen beizutreten.

EUROPÄISCHE BILDUNGS- UND AUSBILDUNGSPROGRAMME

Ziel der europäischen Bildungs- und Ausbildungsprogramme ist die Förderung von theoretischen oder praktischen Ausbildungszeiten im Ausland – nicht nur in EU-Staaten, sondern auch in Ländern wie Zypern, Ungarn, Rumänien, Tschechien, der Slowakei, Polen, Norwegen und Island. Zum Programm gehören auch spezielle Ausbildungsinitiativen für Lehrer. Zwischen 2000 und 2004 werden 2,5 Millionen europäische Studenten in den Genuss von Stipendien kommen, die ihnen eine berufliche Ausbildung oder ein Studium im Ausland ermöglichen.

Die wichtigsten Programme auf einen Blick:

- „Socrates" bietet Stipendien für Auslandsstudien an. Das auf Universitätsstudenten zugeschnittene Dachprogramm „Socrates" schließt das Hochschul-Aktionsprogramm „Erasmus", das Fremdsprachenprogramm „Lingua" und das Programm „Comenius" für schulische Partnerschaften und Zusammenarbeit ein.
- „Leonardo da Vinci" unterstützt verschiedene Berufsbildungsinitiativen wie „Petra" (Erstausbildung), „Forte" (Weiterbildung), „Eurotecnet" (Innovation), „Comett" (Kooperation von Universitäten und Unternehmen im Bildungsbereich). Die Aktion soll durch Förderung von Sprachkenntnissen in der Wirtschaft die Kommunikation zwischen den Kulturen verbessern.
- „Jugend für Europa" (Youth for Europe) fördert den Jugendaustausch in Europa. Die Organisation untersteht den Behörden der einzelnen Länder.

Weitere Programme:

- Die „**Aktion Jean Monnet**" unterstützt Universitätsinitiativen zur Aufklärungsarbeit im Hinblick auf die europäische Integration.
- Der „**European Voluntary Service for young people**" fördert lang- und kurzfristige grenzüberschreitende Projekte für 18- bis 25-jährige sowohl innerhalb der EU als auch in Ländern der Dritten Welt.

Berufstätige und Arbeitslose profitieren von den Aktivitäten des „Europäischen Sozialfonds", die die Beschäftigungschancen von Arbeitnehmern und Arbeitssuchenden in ganz Europa fördern sollen.

Junge Universitätsabsolventen mit Interesse an den politischen Aspekten der Europäischen Kommission und des Europaparlaments können sich um ein Praktikum in einer der Institutionen oder Abteilungen bewerben.

Nähere Informationen hierzu im Internet unter:

- http://citizens.eu.int
- oder vom europäischen Ombudsman
  Jacob Söderman, 1 avenue du Président Robert Schumann,
  BP 403, F-67001 Strasbourg, Frankreich
- Sie können auch die Broschüre „Bürger Europas - Studium" aus der Reihe „Dialog mit Bürgern und Unternehmen" von der Generaldirektion XV der Europäischen Kommission anfordern:
  Europäische Kommission, GD XV
  Citizens First Response Service
  Postfach 1712, L-1017 Luxemburg

ARBEITSERLAUBNIS

Das Grundrecht auf Freizügigkeit erlaubt es Bürgern von EU- und EWR-Staaten, ohne Arbeitserlaubnis in anderen EU-/EWR-Ländern beruflich tätig zu werden.

Voraussetzung ist, dass Sie sich innerhalb von drei Monaten nach der Ankunft bei den örtlichen Behörden des Gastlandes anmelden und ihnen Ihre neue Anschrift und andere relevante Informationen mitteilen. Nachdem Sie eine Stellung gefunden haben, übernimmt der Arbeitgeber die Anmeldung bei den Steuer- und Sozialversicherungsbehörden.

Die Formalitäten sind von Land zu Land leicht unterschiedlich. Holen Sie daher alle nötigen Informationen ein und respektieren Sie die Gesetze und Vorschriften des Gastlandes.

ARBEITSSUCHE

Denken Sie daran, dass Sie im Ausland wahrscheinlich genauso einfach oder schwer Arbeit finden wie in Ihrem eigenen Land. Ausschlaggebend sind die individuelle Beschäftigungslage im Gastland sowie Ihre persönliche Eignung, Ihre Qualifikationen und Fertigkeiten.

Die Arbeitsmarktsituation kann von Region zu Region und von Sektor zu Sektor stark schwanken und sich rasch ändern. Die besten Chancen bestehen allgemein im Fremdenverkehr, im Dienstleistungssektor (Finanzdienstleistungen, Unternehmensberatung) und im Telekommunikationsbereich, im Bau, in der Informationstechnologie (IT) sowie in verschiedenen Bereichen des Gesundheitswesens.

In ganz Europa gibt es beispielsweise mindestens 500.000 offene Stellen in den Bereichen IT, Telekommunikation und in den audio-visuellen Medien. Wenn Sie an dieser Art von Arbeit interessiert sind und/oder die richtigen Qualifikationen mitbringen, sollten Sie immer noch prüfen, in welchem Land sich die besten Chancen bieten. Während in manchen Ländern Stellenbewerber händeringend gesucht werden und Interessenten sogar eine kostenlose Ausbildung erhalten, gibt es in anderen genug Studenten, um alle offenen Stellen in der betreffenden Sparte zu besetzen. Natürlich gibt es neben der IT- und Medienarbeit noch viele andere Bereiche, und in allen Berufen bestehen regionale Unterschiede. Industrielle Backbetriebe inserieren beispielsweise in weitem Umkreis, um offene Stellen mit ausgebildeten Bäckern zu besetzen.

Vergessen Sie nie, dass Sie einen Hochschulabschluss, fachspezifische Kenntnisse oder andere Qualifikationen brauchen, um im Ausland eine gute Stellung zu finden. Denken Sie auch daran, dass in der EU heute zwei von drei Stellen im Dienstleistungsbereich zu finden sind.

Einen Überblick über die Beschäftigungschancen und −bedingungen in 17 europäischen Ländern (EU, Norwegen und Island) finden Sie im Internet unter
- *http://europa.eu.int/jobs/eures*

Diese Website bietet Zugang zu über 10.000 Jobs. Zum Stöbern sind jedoch Sprachkenntnisse erforderlich, da Sie von der Eures-Seite über Links zu den nationalen Seiten öffentlicher Arbeitsvermittlungsdienste gelangen.

Weitere interessante europäische Suchmaschinen für die Jobsuche sind:
- www.jobware.net
- www.topjobs.net
- www.careermosaic.com
- www.monster.com
- www.jobuniverse.fr

In jedem Land gibt es auch spezielle Internet-Seiten für die Stellensuche, die über Links mit Personalagenturen und -beratern, Zeitungen, Zeitarbeitsfirmen usw. verknüpft sind. Ein guter Ausgangspunkt sind auch die Stellenangebote in der Wochenendausgabe von Zeitungen.

ANERKENNUNG VON QUALIFIKATIONEN

Eines der Haupthindernisse bei der Arbeitssuche kann die mangelnde Vergleichbarkeit von Qualifikationen sein. Innerhalb der EU bzw. des EWR gilt allgemein, dass Personen, die in einem EU-/EWR-Land in einem ‚geregelten' Beruf voll qualifiziert sind, diesen auch in jedem anderen EU-/EWR-Land ausüben können. Darüber, was unter einem ‚geregelten' Beruf zu verstehen ist, scheiden sich in den Mitgliedstaaten jedoch oft die Geister. Manche Länder schreiben daher zusätzlich einen Nachweis der Berufsausübung im Mutterland, eine Probezeit oder einen Eignungstest vor.

Je nach Beruf können auch gute Sprachkenntnisse verlangt werden.

Nähere Informationen zu Einzelfällen erhalten Sie von Ihrem örtlichen Euroberater (über das EURES-Netzwerk).

SOZIALVERSICHERUNGSLEISTUNGEN

Hierunter fallen vor allem die Kranken-, Arbeitslosen- und Rentenversicherung sowie manchmal Kinderzulagen, Urlaubsgeld, Hinterbliebenenrenten und andere Versorgungsleistungen. Die Sozialversicherungssysteme sind in ganz Europa relativ ähnlich. Natürlich finden Sie im Ausland die eine oder andere Abweichung von den Regelungen in Ihrem eigenen Land. Als EU-/EWR-Bürger genießen Sie jedoch stets die gleichen Rechte wie die Bürger des Gastlandes.

Die Sozialversicherungsbeiträge werden direkt vom Lohn oder Gehalt einbehalten. In manchen Ländern empfiehlt es sich, eine Zusatzversicherung abzuschließen, während in anderen die Sozialversicherungsleistungen durch Steuern getragen werden. Erkundigen Sie sich im Zweifelsfall bei den zuständigen Behörden oder bei einem der Informationszentren der Europäischen Union.

LEBENSQUALITÄT

Mit der Wahl des richtigen Landes ist es noch nicht getan. Jedes Land besteht aus verschiedenen Regionen, und die Lebensqualität und beruflichen Aussichten sind von Gegend zu Gegend oft sehr unterschiedlich.

Ein Vergleich des **Bruttoregionalprodukts** zeigt, dass die „Ile de France" (einschließlich Paris), der Großraum London und die Lombardei (Mailand/Turin) mit Abstand die wohlhabendsten Regionen Europas sind. Andere für ihren Wohlstand bekannte Gebiete sind das Rheinland, Bayern, Katalonien und Rhône-Alpes, die alle in etwa gleich gut abschneiden, jedoch nur ein Drittel des Wohlstands der führenden Regionen erwirtschaften. Die ärmsten Regionen liegen in Finnland (Ahvenanmaa-Aaland) und Griechenland (Voreio-Aigao). Interessanterweise sind die reichsten und ärmsten Regionen teilweise im gleichen Land zu finden. Die größte Kluft besteht in Deutschland und Großbritannien, am ausgewogensten ist die Lage in Schweden.

Unterschiede bestehen auch in Bezug auf die Kaufkraft (ein Maß dafür, was sich mit einem bestimmten Geldbetrag kaufen lässt). Die Luxemburger führen hier mit großem Vorsprung, während die Bewohner von Paris nur den fünften Platz belegen. Die Unterschiede in der Kaufkraft sind beträchtlich. Ein Hamburger bekommt für sein Geld zum Beispiel doppelt so viel wie ein Franzose im Languedoc. Die ärmsten

Bürger sind in der griechischen Region Epirus an der albanischen Grenze zu finden.

Interessant sind auch die Lohn- und Gehaltsunterschiede zwischen den höchsten und niedrigsten Einkommensgruppen innerhalb eines Landes. Europameister in puncto Lohngleichheit sind die Niederlande; hier ist das höchste Einkommen nicht einmal doppelt so hoch wie das niedrigste. In Dänemark, Schweden und Deutschland ergeben sich ähnliche Profile, während in Italien, Frankreich, Spanien und Luxemburg leitende Angestellte mindestens ein Vierfaches des Einkommens eines einfachen Arbeiters nach Hause bringen. Diese Zahlen sind bei der Beurteilung individueller Stellenangebote nützlich.

ARBEITEN IN EINEM ANDEREN LAND
Auch wenn vieles leichter geworden ist, setzt eine berufliche Tätigkeit im Ausland immer noch Motivation und Durchhaltevermögen voraus. Vor allem ist eine fließende Sprachbeherrschung wichtig. Auch das Arbeiten in einem andersartigen kulturellen Umfeld kann sich als schwierig erweisen. Persönliche Qualitäten und Entschlossenheit können daher unter Umständen wichtiger sein als berufliche Qualifikationen und Fähigkeiten. Andererseits wird Auslandserfahrung in der Arbeitswelt von morgen eine wichtige Rolle spielen und bereits heute hoch geschätzt.

Die Arbeit in einem vollkommen neuen Umfeld ist eine Erfahrung, die Ihr Leben von Grund auf verändern kann. Sie kann Sie anpassungsfähiger, engagierter und bewusster machen. Sie kann Ihre Fähigkeit zur Teamarbeit und Ihr Verständnis für menschliche Unterschiede fördern. Sie kann Ihnen zeigen, wie wichtig gute Kommunikation und zwischenmenschliche Beziehungen sind. Und rein praktisch gesehen wird die Erweiterung Ihrer Sprachkenntnisse, das Knüpfen neuer Kontakte und die eigenverantwortliche Gestaltung Ihrer Karriere eine wertvolle Bereicherung Ihres weiteren Lebens darstellen.

MÖGLICHE „FETTNÄPFCHEN"
(UND WIE MAN SIE VERMEIDET)

> *„Gesunder Menschenverstand ist bedeutend weniger verbreitet als man glauben möchte."*
> – Voltaire

In einem fremden Land zu leben und zu arbeiten bedeutet nicht nur, sich an kulturelle und sprachliche Unterschiede (und sei es nur die unterschiedliche Aussprache der gleichen Sprache) oder eine neue Lebensart zu gewöhnen. Respekt für örtliche Gepflogenheiten und die geltenden Umgangsformen ist ebenso wichtig wie die Fähigkeit, sich neuen Situationen anzupassen. Eine gewisse Reife ist eine wichtige Voraussetzung für den beruflichen oder geschäftlichen Erfolg im Ausland. Akzeptieren Sie Unterschiede, statt sich gegen sie aufzulehnen.

Die Regeln, die für die Arbeit im Ausland gelten, können auch auf Geschäftsreisen und für den Umgang mit Fremden, Kollegen und Kunden in anderen Ländern nützlich sein.

Oft sind es die kleinen Unterschiede in den Gepflogenheiten anderer Länder und Regionen, die am gewöhnungsbedürftigsten sind. Eine Beachtung eben dieser Regeln kann jedoch in den Augen der Einheimischen besonders wichtig sein. Wie bereitwillig Sie als Ausländer in ihrer neuen Umgebung – und das gilt sogar für internationale Großstädte mit verschiedenen Vierteln – akzeptiert werden, kann oft von Kleinigkeiten abhängen.

Die goldene Regel: Drängen Sie niemandem Ihre Gewohnheiten und Denkweisen auf. Sie als Ausländer sollten sich dem Gastland anpassen.

ANREDEFORMEN

Während sich in englischsprachigen Ländern das Problem der korrekten Anrede durch das allgemein gültige „you" erübrigt, verwenden die meisten europäischen Sprachen wie das Deutsche eine höfliche („Sie") und eine familiäre Anredeform („du"). Wann in einem Land die formelle oder informelle Anrede angebracht ist, finden Sie am besten durch sorgfältiges Zuhören heraus. Fragen Sie im Zweifelsfalle nach, um eine ungewollte Brüskierung zu vermeiden. In manchen Ländern sprechen Kinder ihre Eltern noch mit „Sie" an, während die Eltern gegenüber den Kindern meist das „Du" verwenden. Das gleiche gilt für Lehrer und Schüler. Die Anrede am Arbeitsplatz hängt stark von der Art des Betriebs ab.

VORNAMEN

Die Anrede mit Vornamen ist auf dem europäischen Kontinent noch immer weniger verbreitet als in englischsprachigen Ländern, auch wenn sich die Gewohnheiten hier rasch ändern. Fragen Sie immer zuerst, ob die andere Person etwas dagegen hat, Sie mit Vornamen anzureden (normalerweise sollte die Frage immer von der älteren oder „höher gestellten" Person kommen), und sprechen Sie niemanden mit Vornamen an, der Ihnen hierzu nicht ausdrücklich die Erlaubnis gegeben hat.

Nehmen Sie es nicht übel, wenn Ihr Angebot nicht erwidert wird. Es ist kein persönlicher Affront, sondern einfach Ausdruck nationaler Gepflogenheiten.

ADRESSEN

In der Schreibweise von Adressen gibt es von Land zu Land beträchtliche Unterschiede. Damit Ihre Briefe rechtzeitig ankommen und der Postbote Ihnen wohlgesonnen bleibt, sollten Sie folgende Punkte beachten:

- *Kommt die Hausnummer vor oder nach dem Straßennamen?*
- *Steht die Postleitzahl vor oder nach dem Ortsnamen?*
- *Schreibt man zuerst den Straßen- und dann den Ortsnamen oder umgekehrt?*

Briefe ins Ausland erreichen ihr Ziel schneller, wenn Sie dem Namen der Stadt den oder die offiziellen Landesbuchstaben voranstellen. Wenn die Postleitzahl vor dem Ortsnamen kommt, sieht dies beispielsweise so aus: B-1000 Brüssel.

Beachten Sie auch stilistische Besonderheiten beim Beschriften des Umschlags. In den meisten europäischen Ländern gilt der Name allein als unhöflich. Der Stil ist von Land zu Land sehr unterschiedlich, und in vielen Ländern gehören komplexe Höflichkeitsfloskeln noch immer zum guten Ton. Dies sollten Sie vor allem bei der Stellenbewerbung beachten.

ZAHLEN, PUNKTE UND KOMMAS

Die Konventionen für die Schreibung von Zahlen sind ebenfalls uneinheitlich. Wo im Deutschen und in vielen anderen europäischen Ländern ein Komma steht, findet sich im Englischen beispielsweise ein Punkt.

Die deutsche Zahl 12.356,78 würde in England 12,356.78 geschrieben, in wieder anderen Ländern 12'356,78.

Wichtig ist die richtige Schreibweise von Zahlen vor allem bei Zahlungen und anderen finanziellen Transaktionen wie der Eröffnung eines Bankkontos.

GEOGRAPHISCHE BEZEICHNUNGEN

Ortsnamen lauten in verschiedenen Sprachen oft ganz anders. Die Stadt Genf heißt im Französischen beispielsweise Genève, im Englischen Geneva – nicht zu verwechseln mit Genua (Genova, Genoa, Gênes). Auf einer französischen Karte können Sie auch lange nach Aachen suchen – dort heißt die Stadt nämlich Aix-la-Chapelle. Vergewissern Sie sich also grundsätzlich, wie der Name in der jeweiligen Sprache richtig lautet, um Verwechslungen zu vermeiden.

FAHRSTIL

Jedes Land hat seinen eigenen Fahrstil, der von Neuankömmlingen grundsätzlich als „der schlechteste" empfunden wird, den sie je erlebt haben. Bleiben Sie gelassen und nehmen Sie sich Zeit, sich der örtlichen Fahrweise anzupassen. Sie werden schon bald feststellen, dass sie gar nicht so falsch ist, zur Atmosphäre des Landes gehört, und dass Sie sich mit einem gewissen fahrerischen Geschick rasch den örtlichen Gewohnheiten anpassen können.

PASSEN SIE SICH AN

In jedem Land sind gewisse Dinge „heilig". Passen Sie sich an. Die Einhaltung der Siesta oder Sonntagsruhe, das Tragen von Jackett und Krawatte zu bestimmten Anlässen und die für Ihren Geschmack vielleicht frühere oder spätere Einnahme von Mahlzeiten sind nur einige Beispiele.

ZEIGEN SIE RESPEKT

Es empfiehlt sich auch, die Traditionen, Politik und Kultur und das Essen des Gastlandes zu respektieren. Wenn dort niemand eine gute Tasse Kaffee nach Ihrem Geschmack brauen kann, kochen Sie sie sich eben selbst – aber machen Sie sie nicht zum Thema. Mokieren Sie sich nicht über örtliche Beweise der Gastfreundschaft und Freundlichkeit, sondern respektieren Sie sie. Halten Sie sich auch aus nationalen Angelegenheiten wie der Politik heraus. Die politischen Grundströmungen verstehen nur Einheimische wirklich. Als Ausländer ist es allzu leicht, das Falsche zu sagen. Respektieren Sie den Standpunkt Ihrer Gastgeber.

GESCHICHTE

Vergessen Sie nie, dass das, was Sie im Geschichtsunterricht gelernt haben, aus der Sicht Ihres Gastlandes vielleicht ganz anders aussieht. Kaufen Sie sich vor dem Umzug ein gutes Geschichtsschulbuch, lesen Sie es sich sorgfältig durch und versuchen Sie, die großen Momente der Geschichte des Gastlandes im Gedächtnis zu behalten (auch wenn dies vielleicht die schwärzesten Tage in der Geschichte Ihres eigenen Landes waren!). Und verübeln Sie es anderen nicht, wenn Sie die großen Momente in der Geschichte Ihres Landes nicht kennen.

CLUBS

Natürlich kann es interessant, hilfreich und angenehm sein, in Clubs den Kontakt mit eigenen Landsleuten zu pflegen oder der Handelskammer oder anderen Vereinigungen des Mutterlandes beizutreten. Übertreiben Sie solche Aktivitäten jedoch nicht, oder Sie könnten rasch ins Abseits geraten. Natürlich könnten Sie sich ganz in den Kreis von Landsleuten zurückziehen, doch sollten Sie sich dann die Frage stellen, warum Sie überhaupt ins Ausland gegangen sind. Um neue Erfahrungen zu sammeln oder um das Gleiche zu tun wie zu Hause?

SPRACHLICHE STOLPERSTEINE

Zum Thema Sprache gibt es viel zu sagen, und manches haben wir schon auf den vorangehenden Seiten angesprochen. Denken Sie daran, dass die gesprochene Sprache in bestimmten Regionen erheblich von dem abweichen kann, was Sie zu Hause selbst in den besten Sprachkursen gelernt haben. Die richtige Aussprache setzt ein gutes Ohr und den Mut zur Formung ungewohnter Laute voraus. Vor allem Vokale klingen in jeder Sprache vollkommen anders. Wenn Sie sie in der Fremdsprache genau wie in Ihrer Muttersprache aussprechen, ist das Ergebnis nie authentisch.

In vielen Ländern werden Leute auch aus Freundlichkeit oder Gastfreundschaft versuchen, Ihre eigene Sprache zu sprechen. Hören Sie ihnen gut zu und antworten Sie in möglichst einfachen Worten. Wenn Sie etwas nicht verstehen, fragen Sie nach.

Vielleicht hat Ihr Gegenüber lediglich das falsche Wort verwendet und dies hat zu Missverständnissen geführt.

Zu beachten ist auch, dass viele englisch klingende Ausdrücke im Englischen tatsächlich eine ganz andere Bedeutung haben. Unter ‚Spleen' versteht der Engländer beispielsweise keineswegs eine exzentrische Verhaltensweise, sondern die Milz. Und auch die Bitte, im ‚Smoking' zu einer Veranstaltung zu kommen, würde für Verwirrung sorgen – in England heißt es ‚dinner jacket'.

Selbst wenn Sie für Ihre Arbeit die Sprache des Gastlandes nicht zu beherrschen brauchen, sollten Sie sich einigermaßen mit der Landessprache vertraut machen, um sich nicht zu sehr abzuschotten.

Wenn Ihr Gastland eine andere Schrift verwendet, sollten Sie sie lernen, um zumindest die Namen von Straßen und U-Bahnstationen entziffern zu können. Und Ihre Sprachkenntnisse sollten wenigstens ausreichen, um sich nach dem Weg erkundigen oder beim Bäcker einkaufen zu können.

Ein guter Maßstab dafür, wie gut Sie die Fremdsprache beherrschen, ist die Reaktion der Einheimischen, wenn Sie einen Witz erzählen. Wenn sie Sie verstehen und sogar lachen, haben Sie schon viel erreicht!

PARTNER

Die Aussicht auf einen Auslandsaufenthalt kann aufregend sein, wenn Sie aber zusammen mit einem Partner umziehen, müssen Sie sicher sein, dass Sie beide etwas davon haben. In manchen Ländern, z.B. in der Schweiz, werden beispielsweise nur verheiratete Partner akzeptiert. Unverheiratete haben oft Schwierigkeiten, eine Aufenthaltsgenehmigung, geschweige denn eine Arbeitserlaubnis, zu erlangen.

Vielleicht findet der eine Partner problemlos Arbeit, während der andere vergeblich sucht. In diesem Fall kann das Leben im Ausland mit erheblichem Streß und Belastungen verbunden sein. Es ist immer leichter, sich einer neuen Situation anzupassen, wenn man im Berufsleben steht: Man macht neue Bekanntschaften, gehört zu einer Gruppe und hat Kollegen, die einen vielleicht auch in ihren Bekanntenkreis aufnehmen. Für den nicht arbeitenden Partner dagegen können die Tage anfangs sehr lange und einsam sein, selbst wenn er sich bemüht, neue Freundschaften zu schließen.

KINDER

Ein Umzug mit Kindern kann noch mehr Probleme mit sich bringen. Viele Kinder hängen an ihrem Zuhause, ihrer Schule, ihren Freunden und Gewohnheiten. Sie in eine völlig neue Umgebung zu verpflanzen, kann problematisch sein. Nehmen Sie sich Zeit für ausführliche Gespräche und bereiten Sie sie so gut wie möglich auf das bevorstehende Abenteuer vor.

Suchen Sie im Gastland eine Schule, die ihren Bedürfnissen optimal gerecht wird. In den meisten Ländern ist der Schulbesuch kostenlos oder höchstens mit geringen Gebühren verbunden, es sei denn, Sie entscheiden sich für eine internationale oder Privatschule. Wählen Sie den Schultyp nach dem Wesen und der Anpassungsfähigkeit Ihrer Kinder – in einer örtlichen Schule können sie Freundschaften mit anderen Kindern aus der Umgebung schließen, während ihnen eine internationale

Schule (soweit vorhanden) Gelegenheit zum Kontakt mit Gleichaltrigen aus dem eigenen Land gibt.

ESSEN

So trivial dies klingen mag: Das Essen ist beim Umzug in ein anderes Land oft ein erhebliches Problem. Vielleicht finden Sie die örtlichen Gerichte durchaus appetitlich, wissen aber nicht, wie sie zubereitet werden oder wo sie zu finden sind. Oder Sie möchten lieber bei Ihrer gewohnten Ernährungsweise bleiben, können aber die nötigen Zutaten nicht auftreiben. Das Ergebnis ist in den meisten Fällen eine internationale Mischung aus der Küche des Mutter- und Gastlandes. Wenn Sie Interesse am Essen haben, sollten Sie sich nie scheuen, nach der Zubereitung zu fragen. Es ist erstaunlich, welche Resonanz eine solche Frage hervorbringen kann. Ein Einkauf im kleinen Laden an der Ecke statt im Supermarkt kann Ihnen ebenfalls viele interessante Tipps und Einblicke in die örtliche Küche bescheren. Belegen Sie doch einen Kochkurs, wenn einer angeboten wird! Essen und Trinken sind ein ausgezeichneter Weg, neue Freundschaften zu schließen. Denken Sie dabei immer auch an die Tischsitten. In Frankreich liegt die nicht benutzte Hand zum Beispiel auf dem Tisch, in England darunter.

RELIGION

Viele Kulturen sind stark von der Religion geprägt (und umgekehrt). Seien Sie sensibel für religiöse Traditionen, da sie zum Verständnis der örtlichen Bevölkerung, der Kultur und Gepflogenheiten eines Landes oder einer Region beitragen können. Oft können Religionen eine nationale Geschlossenheit hervorbringen, wie beispielsweise in Dänemark, während die langjährige starke Dominanz einer Religion zu einer Spaltung in eine sehr gläubige und eine der Religion gänzlich abgeneigte Bevölkerungsgruppe führen kann, wie beispielsweise in den Niederlanden.

ZEIT

Das zeitliche Empfinden ist von Land zu Land oft unterschiedlich. Um im Ausland beruflich voranzukommen, kann ein Verständnis für das örtliche Zeitempfinden helfen, sich der Kultur anzupassen. Dies gilt sowohl für das Zeitverständnis im allgemeinen als auch für das richtige Timing. Finden Sie heraus, wann der richtige Zeitpunkt ist, um über geschäftliche Dinge, über Sport oder Filme zu reden. Stellen Sie fest, ob Geschäftspartner ins Restaurant gehen, um über Geschäftliches zu sprechen oder um sich einfach nur bei einem guten Essen zu entspannen. Nach einiger Zeit werden Sie wissen, ob geschäftliche Dinge zu Beginn oder am Ende einer Mahlzeit abgehandelt werden sollten. Bringen Sie in Erfahrung, ob ein pünktlicher Beginn von Treffen und Konferenzen zum guten Ton gehört oder eher ungewöhnlich ist. Machen Sie sich nicht allzu viele Gedanken, wenn Ihre Vorstellungen von Zeit und Timing nicht mit denen anderer übereinstimmen.

VIELLEICHT MÜSSEN SIE ALLE IHRE BISHERIGEN VORSTELLUNGEN REVIDIEREN

Um auf Nummer sicher zu gehen, können Sie nur immer wieder fragen und die Augen und Ohren offenhalten.

Zu Hause können Sie das Leitungswasser trinken? Im Ausland ist das vielleicht nicht zu empfehlen. Sie waren es bisher gewohnt, Überstunden in Urlaub umwandeln zu können? Diese Möglichkeit haben Sie jetzt vielleicht nicht mehr. Ist bei der Begrüßung des Vorgesetzten ein Händedruck angebracht oder nur ein kurzes Nicken? Und gibt man sich unter Kollegen die Hand oder eher einen Kuß auf die Wange? In Italien ist es üblich, dass Männer Arm in Arm auf der Straße gehen, in Nordeuropa dagegen keineswegs.

Wenn Sie in einer Metzgerei in Holland einkaufen, fragt der Fleischer Sie nach Ihrer ersten Bestellung, packt Ihnen den gewünschten Artikel ab, fragt Sie dann nach Ihrem nächsten Wunsch usw.

Wenn Sie einem Metzger in Italien dagegen Ihren Wunsch nennen, fragt er in die Runde, ob sonst noch jemand etwas von dem gleichen Artikel wünscht, und schneidet dann die entsprechenden Mengen für alle Kunden ab, bevor er Ihre nächste Bestellung entgegennimmt.

Soviel zum Thema kulturelle Unterschiede. Vergessen Sie nie, dass Sie sich im fremden Land nach den dortigen Gewohnheiten richten müssen – nicht die Einheimischen nach den Ihren. Je mehr Sie über andere Länder und ihre Lebensgewohnheiten lernen, umso mehr werden Sie für Ihr eigenes Leben mitnehmen.

Das Leben ist überall anders. Das ist das Besondere an der Arbeit im Ausland, und durch Anpassung bereichern Sie nicht nur Ihr Leben, sondern verbessern auch die Aussichten auf eine überdurchschnittliche Karriere.

STELLENSUCHE IM AUSLAND?

Verschiedene Tipps:
- *Lassen Sie Schul- und Ausbildungszeugnisse und andere Qualifikationsbescheinigungen in die Sprache des Gastlandes übersetzen und nehmen Sie die Übersetzung zusammen mit Kopien des Originalzeugnisses mit.*
- *Fassen Sie Ihren Lebenslauf in der Sprache des Gastlandes ab.*
- *Finden Sie jemand in Ihrem Land, der bereit ist, einem potentiellen ausländischen Arbeitgeber Referenzen zu geben.*
- *Holen Sie vor dem Umzug ins Ausland möglichst genaue Informationen über die Beschäftigungschancen und die Arbeits- und Lebensbedingungen im Gastland ein.*
- *Informieren Sie sich ausführlich über Arbeitsbedingungen, Gehalt, Steuern, Sozialversicherung, Arbeitszeiten, Urlaubsansprüche und Umzugsbeihilfen, bevor Sie einen Vertrag unterschreiben.*

- *Unter Umständen brauchen Sie auch:*
– *Fotokopien von Schulabschlusszeugnissen*
– *Geburtsurkunde*
– *Zusätzliche Passfotos*
– *Das entsprechende E 111-Formular*
– *Ihren Pass oder Personalausweis*

- *Ein guter Lebenslauf sollte:*
- In der Landessprache und entsprechend den Gepflogenheiten des Gastlandes abgefasst sein
- Auf die betreffende Stellenbeschreibung eingehen
- Keine Abkürzungen enthalten
- Ihre Qualifikationen erklären oder nationale Entsprechungen angeben
- Besonders sorgfältig auf Tippfehler kontrolliert werden
- Ihre Privatanschrift und Telefonnummer mit internationaler Vorwahl enthalten
- Auskunft über relevante Berufserfahrung einschließlich Ferienjobs geben

- *Bevor Sie einen Arbeitsvertrag unterschreiben:*
- Bitten Sie sich Zeit zum genauen Durchlesen aus.
- Erkundigen Sie sich, ob im Falle einer Entlassung eine Outplacement-Beratung (zur beruflichen Neuorientierung) vorgesehen ist.

Lassen Sie sich im Zweifelsfall immer beraten.

Internet-Adressen von staatlichen Organisationen und Arbeitsvermittlungsstellen in Eures		
Belgien	belgium.fgov.be	www.forem.be (Wallonien)
		www.vdab.be (Flandern)
		www.orbem.be (Brüssel französisch)
		www.bgda.be (Brüssel niederländisch)
Dänemark	www.em.dk	www.af.dk (allgemeine Informationen)
		www.eures.dk
Deutschland	www.bundesregierung.de	www.arbeitsamt.de
		www.auslandsschulwesen.de
Finnland	www.vn.fi	www.mol.fi
Frankreich	www.info-europe.fr	www.anpe.fr
	www.france.diplomatie.fr	www.apec.asso.fr
Griechenland	www.mfa.gr	www.oaed.gr
Großbritannien	www.open.gov.uk	www.employmentservice.gov.uk
Irland	www.irlgov.ie	www.fas.ie
Island	www.ees.is	www.vinnumalastofnun.is
Italien	www.enea.it	www.europalavoro.it
	www.aipa.it	www.unioncamere.it
Luxemburg	www.gouvernement.lu	www.etat.lu/adem
		www.ceps.u
Niederlande	www.postbus51.nl	www.arbeidsbureau.nl
Norwegen	odin.dep.no	www.aetat.no
Österreich	www.bmaa.gv.at	www.ams.or.at
Portugal	www.cijdelors.pt	www.iefp.pt
Schweden	www.regeringen.se	www.amv.se
		platsbanken.amv.se
Spanien	www.sispain.com	www.inem.es

VERHANDELN MIT EUROPÄISCHEN GESPRÄCHSPARTNERN

INTERNATIONAL VERHANDELN LIEGT BEI WEITEM NICHT JEDEM
Verhandlungen gehören zum Alltag, können bei entsprechendem Resultat durchaus befriedigend sein und denen, die Spaß daran haben, sogar einen gewissen Kick verschaffen. Doch wenn schon Verhandlungen mit eigenen Landsleuten diffizil sind, wie viel heikler ist die Situation, wenn der Gesprächspartner aus dem Ausland kommt! Überall lauern Fallstricke, und selbst einfache Gesten bergen potentielle Peinlichkeiten in sich. Ist ein Händedruck angesagt oder nicht? Sollte man sein Gegenüber vielleicht sogar küssen? (Bitte nicht!) Irgendwie wissen wir nie so genau, worauf wir uns eigentlich einlassen. Verhandlungen mit ausländischen Gesprächspartnern können besonders strapaziös sein, weil wir oft hinter die Kulissen blicken müssen und weil unerwartete Kleinigkeiten manchmal zum Problem werden können.

   Die meisten von uns würden solchen Verhandlungen wahrscheinlich lieber aus dem Wege gehen oder sie zumindest an andere delegieren, die mit Flughafengedränge, Flugverspätungen, fehlgeleitetem Gepäck, der Interpretation von Dolmetschern, Magenverstimmungen, Missverständnissen, Nervenanspannung und der bei internationalen Verhandlungen offenbar unvermeidlichen allgemeinen Konfusion besser umgehen können. Leider können wir uns jedoch vor internationalen Verhandlungen – vor allem mit europäischen Gesprächspartnern – nicht mehr drücken. Europa ist längst ein Faktum, und die wirtschaftliche Zusammenarbeit in Europa entwickelt sich heute schneller als es selbst die Brüsseler Regelungen vorsehen. Die meisten mittleren und größeren Unternehmen sind heute international tätig, Karrieren werden im europäischen Kontext geplant, und von aufstrebenden jungen Führungskräften wird heute erwartet, dass sie mindestens eine längere Auslandstätigkeit vorweisen können. Der Handel innerhalb der EU boomt, und selbst kleinere Firmen wickeln heute mehr Geschäfte im Ausland ab als sie je erwartet hätten.

   Anders als noch vor zehn Jahren bleiben internationale Verhandlungen heute nicht mehr den Fachleuten überlassen. Vor allem in den europäischen Ländern gehören sie heute für die meisten führenden Managementmitarbeiter zum Alltag. Dies bedeutet jedoch nicht, dass sie weniger komplex geworden wären. Die Gesprächsführung mit ausländischen Geschäftspartnern ist noch immer keine leichte Aufgabe – und eine Rolle, in der sich die meisten Führungskräfte nicht sonderlich wohl fühlen. Interkulturelle und internationale Verhandlungen sind weiterhin riskant und schwierig. Man ist nie vor Überraschungen gefeit, und ein Erfolg ist nicht unbedingt garantiert, wie der jüngste Zusammenbruch verschiedener größerer grenzüberschreitender Allianzen deutlich gezeigt hat. Internationales Verhandlungsgeschick ist eine besondere Kompetenz, die sich weder improvisieren lässt noch mit der Zeit automatisch einstellt. Es ist eine Fertigkeit, die durchdacht und geübt sein will.

SPIELEN KULTURELLE UNTERSCHIEDE WIRKLICH EINE ROLLE?
Wir alle kennen peinliche Anekdoten über internationale Verhandlungsfiaskos vom Hörensagen oder können Sie sogar aus eigener Erfahrung erzählen. Ein klassisches Beispiel ist die Geschichte von dem Kunden, der mit einer japanischen Firma verhandelte und erst viel zu spät verstand, dass das wiederholte ‚Ja' seiner Gegenüber keineswegs eine Zustimmung bedeutete, sondern lediglich die Aufforderung, in seinen Ausführungen fortzufahren.

DEN BLICK FREIMACHEN VON KULTURELLEN STEREOTYPEN
Meist machen wir für solche Missgeschicke kulturelle Unterschiede verantwortlich, die sich allzu leicht stereotypisieren lassen. Jeder Franzose, dem wir begegnet sind und der schon einmal mit Briten verhandelt hat, klagt, die Briten seien ‚hinterhältig und unaufrichtig', während wir von verschiedenen britischen Verhandlungsführern zu hören bekamen, dass ‚die Deutschen überrumpeln, wenn sie nicht überzeugen können'. Stereotype machen es uns leicht, Unterschiede negativ zu belegen und uns moralisch überlegen zu fühlen. Dabei fangen Stereotype oft auch gewisse Grundzüge anderer Kulturen ein. Ein typisches Beispiel ist der alte Scherz von Himmel und Hölle in Europa: Paradiesische Zustände würden herrschen, wenn Europa ein deutscher Zug wäre, in dem die Engländer für die Begrüßung der Fahrgäste, die Franzosen für die Bewirtung und die Italiener für die Unterhaltung zuständig wären, die Hölle dagegen wäre ein italienischer Zug, in dem die Franzosen die Begrüßung, die Engländer die Bewirtung und die Deutschen die Unterhaltung übernähmen. Die meisten europäischen Reisenden erkennen hierin wahrscheinlich ein Quäntchen Wahrheit. Manche Stereotype sind so tief verwurzelt, dass sich Fakt und Mythos kaum mehr unterscheiden lassen. Auf einem Seminar zum Thema europäische Kulturpolitik in Paris stellte einer der leitenden französischen Verhandlungsführer vor der europäischen Kulturkommission fest, die Briten seien stets schwierige Gesprächspartner bei multinationalen Verhandlungen, bei denen eine Zustimmung aller Länder erforderlich sei. Sie verfolgten, so der Franzose, unbeirrbar Punkt für Punkt ihre Anliegen und verlören dabei leicht das übergeordnete Ziel aus den Augen. Ein Wirtschaftshistoriker erwiderte daraufhin, dass bereits in venezianischen Dokumenten aus dem 15. Jahrhundert englischen Händlern eine gewisse Egozentrik bei der Verfolgung ihrer Interessen bescheinigt wurde, die auf Kosten des ‚Gemeinwohls' ging. Ist dieses Stereotyp nun Mythos oder Wirklichkeit? Trifft die Aussage auf alle, die meisten oder manche englische Verhandlungsführer zu?

Stereotype sind nicht nur beleidigend für die Beschriebenen, sondern trüben auch oft den Blick für kulturelle Unterschiede. Stereotype sind meist schwer zu ‚widerlegen', da sie sich geradezu selbst zu bewahrheiten scheinen. Wir sehen, was wir sehen wollen. Vor allem messen Stereotype kulturellen Unterschieden jedoch oft eine Bedeutung bei, die ihnen nicht zukommt. Kulturelle Unterschiede sind weniger wichtig, als es scheinen mag. Das soll nicht heißen, dass wir über sie hinwegsehen sollten – dazu könnten sie zu wichtig sein. In den meisten Fällen spielen sie bei Verhandlungen jedoch nur eine untergeordnete Rolle. Auf internationalen Messen werden tagtäglich internationale Geschäfte abgeschlossen.

VERHANDELN

Durch Professionalität lassen sich Unterschiede meist überwinden und Vereinbarungen treffen, die zum beidseitigen Vorteil sind. Oft konzentrieren wir uns auf die 10% Unterschiede, während in 90% vollkommene Übereinstimmung herrscht. Meist hören wir nur von internationalen Verhandlungen, wenn etwas schief geht, und dann ist es allzu einfach, die Probleme auf kulturelle Missverständnisse zu schieben. In der Praxis gehen die meisten Verhandlungsführer geschickt mit kulturellen Unterschieden um, und es kommt zum angestrebten Geschäftsabschluss.

WAS VERLEIHT KULTURELLEN UNTERSCHIEDEN SOLCHE PROMINENZ?

Der Hauptgrund ist, dass sie alle unsere Stereotype zu bestätigen scheinen. Die wenigsten von uns gehen unvoreingenommen mit Unterschieden um, und wer zieht nicht gerne einmal über ‚die anderen' her. Feststellungen wie ‚der Dschungel beginnt gleich hinter Calais/Furth im Wald/Kiefersfelden' haben etwas durchaus Verbindendes. Wenn also auf der anderen Seite des Kanals oder der Grenze etwas schief geht, war das ja nicht anders zu erwarten. Jeder, der es in Verhandlungen schon einmal mit einem Gesprächspartner aus einem anderen Kulturkreis zu tun hatte, weiß außerdem, dass sich oft in ganz alltäglichen Dingen erhebliche Schwierigkeiten einschleichen können. Manchmal stellen wir auch fest, dass wir einfach nicht auf der gleichen Wellenlänge liegen, auch wenn wir über das gleiche Thema zu sprechen scheinen. Unserer Erfahrung nach sind kulturelle Unterschiede bei Verhandlungen selten ein unüberbrückbares Hindernis, müssen jedoch oft als Entschuldigung für ein mangelndes Verhandlungsgeschick herhalten, das vom kulturellen Kontext unabhängig ist.

UNBERECHENBARKEIT

Das Problem von kulturellen Unterschieden ist jedoch, dass sie im Verhandlungsprozess unerwartet auftreten können. Sie sind der Sand im Getriebe, der eine riesige Maschine zum Stillstand bringen kann, oder die Bananenschale, auf der selbst die wohlmeinendsten Verhandlungsführer ausrutschen können. Beleidigung, Überraschung und Missverständnisse sind die Folge. Kulturelle Besonderheiten sind wie der Joker im Kartenspiel. Nur dadurch, dass wir ihre Unberechenbarkeit kennen, können wir vermeiden, zur Hauptfigur einer der erwähnten peinlichen Anekdoten zu werden. Bei Verhandlungen mit Geschäftspartnern aus anderen Ländern können wir es uns daher nicht leisten, die kulturellen Aspekte aus den Augen zu verlieren. Sie haben keineswegs Einfluss auf alle Verhandlungsbereiche, können jedoch zu unerwarteten Stolpersteinen werden. Kulturelle Missverständnisse können eine perfekt geplante Abwicklung in letzter Minute, kurz vor der entscheidenden Unterschrift, durcheinander bringen. Renault und Volvo trennten sich nach vier Jahren enger Kooperation, ebenso KLM und SAS. Honda hatte das Nachsehen, als Rover an BMW verkauft wurde. Kulturelle Aspekte müssen berücksichtigt werden. Sie sind zwar selten ausschlaggebend für den Verhandlungsprozess, können jedoch unerwartet zu Determinanten werden. Kulturelle Unterschiede gehören zu den kritischen Unbekannten im Verhandlungsprozess und müssen oft als Sündenbock herhalten, wenn etwas nicht nach Plan gelaufen ist.

Häufige kulturelle Stolpersteine
1.   Was ist Verpflichtung?
2.   Der kulturelle Fauxpas
3.   Kultur als bewusste Verhandlungstaktik

Kulturelle Unterschiede können unserer Erfahrung nach auf drei verschiedene Weisen zu gefährlichen Stolpersteinen werden.

1) Zum Ersten gehen die Auffassungen von Verpflichtung in verschiedenen Kulturen häufig auseinander. Leistung und Gegenleistung werden von Land zu Land oft sehr unterschiedlich gesehen. Diese fundamentalen Unterschiede brauchen nicht unbedingt Auswirkungen auf den Verhandlungsprozess zu haben, können jedoch zu Debakeln führen und sogar juristische Konsequenzen haben – beispielsweise wenn die eine Seite sich geprellt und die andere zur Einhaltung von Verpflichtungen genötigt fühlt, die sie ihrer Meinung nach nie abgegeben hat.

2) Kulturelle Fauxpas können den Verhandlungsprozess ebenfalls empfindlich stören. Ein Witz am falschen Ort kann verletzen, die Ausschaltung von Mittelsmännern kann den reibungslosen Ablauf stören, Bestechungsversuche können Diskussionen über moralische Grundsätze entfachen und hohe professionelle Ansprüche des einen Geschäftspartners können beim anderen ein grundlegendes Misstrauen wecken. Was im einen Land ‚normal' ist, kann im Ausland inakzeptabel sein und umgekehrt. Allein schon zur Frage, ob mündliche Absprachen verbindlich sind, können die Meinungen auseinander gehen.
Wenn auf beiden Seiten ein unerschütterlicher guter Wille und ein starkes Interesse an einem Vertragsabschluss vorhanden sind, lassen sich solche Irritationen in der Regel überwinden. Bei schwierigen Verhandlungen können solche Zwischenfälle jedoch zu einem Zusammenbruch in der Kommunikation führen.

3) Kulturelle Unterschiede können von einem oder beiden Gesprächspartnern auch gezielt als Verhandlungstaktik eingesetzt werden. In der Vergangenheit hatten wir es einmal mit einem holländischen Team zu tun, das zu Verhandlungen nach Spanien reisen und innerhalb einer Woche mit einem unterzeichneten Vertrag nach Hause kommen sollte. Sofort nach der Ankunft hatten die Gastgeber eine Sightseeing-Tour durch Madrid arrangiert. Es folgte ein Streifzug durch das Madrider Nachtleben, Museumsbesuche und schließlich eine Einladung auf den Landsitz eines der spanischen Chefunterhändler. Jedes Mal, wenn wir versuchten, das Gespräch auf das Verhandlungsthema zu bringen, hieß es, dazu sei auch später noch Zeit. Drei Stunden vor unserem Rückflugtermin kamen die spanischen Kollegen dann schließlich zum Thema, offenbar in der Hoffnung, dass wir angesichts des Zeitdrucks so dringend an einem Abschluss interessiert sein würden, dass sie den Vertrag nach ihren Vorstellungen manipulieren könnten. Als wir ungeachtet der Abflugzeit ruhig weiter verhandelten, machten sich bei unseren Gegenübern deutliche Anzeichen von Unruhe und Nervosität bemerkbar. Solche kulturellen ‚Spielchen' sind nicht selten und können, wenn sie unerwartet

angewendet werden, den Gesprächspartner aus dem Konzept bringen. Die oben genannten Stolpersteine werden im Folgenden näher erörtert.

GRUNDLEGENDE MISSVERSTÄNDNISSE BEZÜGLICH DES INHALTS DER ABMACHUNG
Dies ist wahrscheinlich das (zumindest im Ergebnis) schwerwiegendste und schwierigste kulturelle Missverständnis. Ziel jeder Verhandlung ist es grundsätzlich, zu einem Abschluss zu kommen. Ein Abschluss bedeutet jedoch auch Verpflichtung: Die erreichte Vereinbarung muss in der Zukunft durch entsprechende Aktionen in die Tat umgesetzt werden. Form und Ausmaß dieser Aktionen sind kulturell determiniert. Schriftliche Verträge helfen dabei, die Verpflichtungen zu spezifizieren, aber auch hier spielen kulturelle Komponenten herein - abhängig beispielsweise davon, welche Rechtsprechung gilt. Verpflichtung ist mit einem „Gefühl der Obligation" gegenüber dem Vertragspartner vergleichbar. Wie weit diese Obligation geht, ist jedoch von Land zu Land sehr unterschiedlich.

Nehmen wir zum Beispiel eine britische Designfirma, die auf dem französischen Markt Fuß fassen will. Eine führende Mitarbeiterin der Designfirma fliegt nach Frankreich, um sich mit dem potentiellen Kunden zu treffen, gibt eine ansprechende/clevere/witzige Präsentation, demonstriert die Vorteile, die dem Kunden durch Beauftragung ihrer Agentur entstünden, und wird schließlich zu einem sehr befriedigenden Mittagessen mit mehreren führenden Vertretern der französischen Zielfirma eingeladen. Ihre französischen Gegenüber versprechen, sich demnächst wieder bei ihr zu melden, und man geht in gutem Einvernehmen auseinander. Zwei Monate später hat unsere führende Mitarbeiterin noch immer nichts gehört und beschließt nachzufragen. Am Telefon erklärt man ihr, dass andere leitende Mitarbeiter in die Entscheidung einbezogen werden müssten. Sie fliegt also wieder nach Paris, wiederholt den ganzen Ablauf und genießt wieder ein ausgezeichnetes Mittagessen. Die Zeit vergeht, und nichts passiert. Sie versucht, ihre Ansprechpartner am Telefon zu einem Pilotprojekt zu bewegen, erhält jedoch zur Antwort, dass „die Lage schwierig" sei und man sehen werde, was man tun könne. Ein Jahr und mehrere Reisen nach Paris später ist noch immer nichts geschehen. Unsere Mitarbeiterin hat die ganze Sache schon fast aufgegeben, als sie einen Anruf aus Paris enthält. Ein anderer Manager möchte sich gern mit ihr persönlich unterhalten. Sie willigt ein und wird einem Manager aus der allerobersten Führungsriege des französischen Zielunternehmens vorgestellt, der schließlich den Preis für die geplanten Arbeiten mit ihr diskutiert. Die Mitarbeiterin, noch ziemlich überrascht, handelt ein relativ gutes Honorar für das Pilotprojekt aus, hat jedoch immer noch das Gefühl, dass etwas nicht ganz stimmt. Das Pilotprojekt läuft gut, und die französische Firma erteilt einen weiteren Auftrag, und dann noch einen. Kurz danach schlägt eine führende britische Einzelhandelsfirma der Designagentur ein großes Projekt vor, das ihre gesamten Ressourcen in Anspruch nehmen würde. Wegen der Größe und Bedeutung des neuen Projekts bringt die Designfirma alle anderen Aufträge hastig zu Ende, um sich ganz auf die unverhoffte Gelegenheit konzentrieren zu können. Unsere Mitarbeiterin schließt den Auftrag mit der französischen Firma ab, bekommt kurz danach jedoch erhebliche Schwierigkeiten mit dem französischen Kunden. Er klagt, der Auftrag sei schlampig ausgeführt worden und Einzelheiten müssten überarbeitet werden. Die Stimmung ist gereizt, ein Missverständnis zieht das nächste nach sich. Schließlich brechen beide Seiten verstimmt den Kontakt ab, und die Designfirma wird nie mehr einen Auftrag von dem französischen Unternehmen erhalten.

Was ist schief gegangen? Der französische Kunde war überrascht, dass die Mitarbeiterin ihm nur relativ kleine Projekte vorgeschlagen hatte, obwohl er ihr zu verstehen gegeben hatte, dass er verschiedene größere Aufträge zu vergeben hätte. Als sie die Beziehung abbrach, fühlte er sich im Stich gelassen, vor allem, da er sich darauf verlassen hatte, ihr diese weiteren Arbeiten übertragen zu können. Aus seiner Sicht hatte er viel Zeit in einen Geschäftspartner investiert, der nur auf einen schnellen Gewinn aus war. Beide Seiten hatten unterschiedliche Vorstellungen von der gegenseitigen Verpflichtung. Die Vertreterin der britischen Designagentur war davon ausgegangen, dass die Beziehung aus einer Reihe von aufeinander folgenden Einzelprojekten entstehen würde. Sie wollte mit einem Pilotprojekt beginnen, auf das bei entsprechendem Erfolg dann der nächste Auftrag folgen würde usw. Aus ihrer Sicht war es selbstverständlich, dass sie sich die bedeutend lukrativere andere Gelegenheit nicht entgehen ließ. Das Management der französischen Firma hingegen wollte eine ‚Beziehung' zu der Mitarbeiterin aufbauen, bevor sie ihr größere Aufträge übertrug. Sie musste sie näher kennen lernen, um ihr vertrauen zu können. Nachdem sie sich für sie entschieden hatte, erwartete sie, dass sie der Beziehung möglichst lange treu bleiben würde, unabhängig von äußeren Umständen. Beide Seiten hatten fundamental unterschiedliche Vorstellungen von der Abmachung und der Beziehung, sodass sich keine für beide Seiten vorteilhafte Partnerschaft entwickeln konnte.

Bei Verhandlungen mit Vertretern anderer Kulturkreise sollte man sich daher immer die Frage stellen:

F.: Was ist meinem Gegenüber wichtig: der Vertragsabschluss oder die Beziehung?

Etwas verallgemeinernd lässt sich feststellen, dass in englischsprachigen Kulturen der Vertragsabschluss im Vordergrund steht und durch Änderungen in den Umfeldbedingungen ungültig werden kann, während in kontinentalen Kulturen das Gewicht mehr auf den Verpflichtungen liegt, die die Beziehung mit sich bringt. Eine weitere wichtige Frage ist:

F.: Differenziert mein Gegenüber zwischen professioneller und privater Person?

Die in den meisten nördlichen Kulturen übliche klare Abgrenzung von Beruflichem und Privatem ist in romanischen Ländern oft sehr viel verschwommener. Die Verpflichtung richtet sich hier eher auf die Person als auf ihre Rolle. Dies kann Überraschungen mit sich bringen, da sich Geschäftspartner im professionellen Kontext nicht scheuen, auch um persönliche Gefallen zu bitten. Für den nordeuropäischen Gesprächspartner kann dadurch eine peinliche Situation entstehen, wenn solche persönliche Gefallen in seiner Firma als Bestechung gelten und daher inakzeptabel sind. Umgekehrt kann Ihr Gegenüber es als Beleidigung empfinden, wenn Sie sich rundweg weigern, eine ‚normale' Bitte zu erfüllen (z.B.: Würden Sie den Sohn meines guten Freundes einstellen, ich schulde ihm einen Gefallen?), und zum Ende der Beziehung führen.

F.: Welche Einstellung hat mein Gegenüber zu Regeln und Verträgen?

Sind Verträge bindend oder nur richtungsweisend? Werden Regeln anerkannt oder allgemein ignoriert? Unterschiedliche Kulturen messen schriftlichen Regeln und Verträgen (im Gegensatz zu persönlichen Verpflichtungen oder Notwendigkeiten) unterschiedliche Bedeutung bei. In manchen, vor allem germanisch beeinflussten Kulturen sind Regeln relativ festgeschrieben. In anderen bilden sie eher die Grundlage für eine Improvisation. Die Einstellung zu Regeln beeinflusst auch das kulturspezifische Verständnis von Verträgen und Verpflichtungen.

DER KULTURELLE FAUXPAS

Kulturelle Fauxpas sind in multikulturellen Verhandlungen bedeutend weiter verbreitet und weniger kritisch. Jeder Kulturkreis benutzt unterschiedliche Signale, um grundlegende Emotionen und Begriffe wie Freundschaft, Höflichkeit, Intelligenz, Aggression usw. zum Ausdruck zu bringen. Ganz beherrschen wird diese subtilen Nuancen nur, wer vollkommen zweisprachig ist – andere sollten sich besser gar nicht darin versuchen. Derartige Fehltritte sind meist eher peinlich als konfliktträchtig. Peinliche Situationen sind nicht angenehm, aber leichter zu handhaben. Ein Problem besteht allerdings darin, dass die Signale, die wir durch unser ‚normales' Verhalten aussenden, als fundamentale Wesenszüge interpretiert werden.

In jeder Kultur gelten im Alltagsverhalten unterschiedliche Normen, z.B. wie schnell oder nachdrücklich man spricht, wie häufig man andere unterbricht, ob man beim Sprechen körperlichen Kontakt herstellt usw. In anderen Umgebungen sind bestimmte Verhaltensweisen üblich, und Abweichungen können als Charakterdefizite eingestuft werden. Ein typisches Beispiel sind die Unterschiede zwischen Bewohnern der amerikanischen Ost- und Westküste. Kalifornier sprechen eher langsam, lassen vor der Antwort längere Pausen vergehen und unterbrechen ihr Gegenüber nur ungern. New Yorker reden oft wie ein Wasserfall, mischen sich bei der kleinsten Gelegenheit in die Unterhaltung ein und haben auch kein Problem mit Unterbrechungen. Ein Kalifornier könnte daher in New York Probleme haben, zu Wort zu kommen, und sich über die „rüden" New Yorker Sprechmanieren beklagen. New Yorker dagegen betrachten die Westküstler dagegen oft als langweilig, wenig durchsetzungsfähig und sogar begriffsstutzig. Kulturelle Gepflogenheiten können so, außerhalb des Kontexts betrachtet, rasch zu Charaktereigenschaften werden.

VERHALTEN IST KONTEXTSPEZIFISCH

Bewohner romanischer Länder sind nicht unbedingt emotionaler, sie reden nur mehr und gehen allgemein großzügiger mit Gesten und Mimik um. Wenn ein Nordeuropäer wild gestikulierend und grimassenschneidend die Stimme erhebt, kann man mit einiger Sicherheit davon ausgehen, dass er sich in emotional geladener Stimmung befindet. Diese unterschiedlichen Verhaltensweisen haben an sich keine Bedeutung – sie gewinnen sie erst im Verhältnis zur kulturellen Norm. Dies macht es besonders schwierig, im Ausland zu verhandeln, da man sich außerhalb des eigenen kulturellen Habitats befindet und außerhalb dieses Kontextes die meisten ausgesandten „Signale" fehlinterpretiert werden können. Dagegen lässt sich jedoch nichts tun – Situationsbewusstsein und Vorsicht sind hier die besten Empfehlungen. Hauptsache ist jedoch, dass man den Gesprächspartner nicht beleidigt. Achten Sie in Ihrem Gegenüber auf eventuelle Anzeichen von Verwirrung oder Unbehagen und halten Sie inne, bis die Lage wieder im Lot ist. Kulturelle Fauxpas gefährden den Verhandlungsprozess nur dann, wenn sie immer wieder begangen werden. Ausländern wird normalerweise ein gewisser Spielraum zugestanden, der allerdings unterschiedlich breit ist. Ein oder zwei ‚versehentliche' Beleidigungen sind kein Problem und können sogar eine gute Grundlage für eine freundliche Beziehung sein, wiederholte Beleidigungen wirken sich jedoch zwangsläufig negativ auf die Verhandlungen aus.

Die Faustregel ist dabei ‚lieber weniger als mehr' – auch auf die Gefahr, als ‚kalter Fisch' eingestuft zu werden. Manche Kulturen wie die traditionelle britische Kultur haben dabei einen natürlichen Vorteil, weil die zu Hause geübte Zurückhaltung auch im Ausland weniger Gelegenheit zum Anecken gibt. Briten wirken daher oft eher kühl und zurückhaltend, vielleicht sogar arrogant, selten aber aggressiv und vermeiden dadurch wirkliche Probleme.

Hier eine Checkliste der Charakteristika verschiedener Länder:

WICHTIGE KULTURELLE TAKTIKEN IN EUROPA:

- Deutschland: Logik, Feilschen, Drohungen, Genauigkeit und Spezifität, man erwartet rasche Entscheidungen, ‚nur noch eines', Analyse, leichte Irreführung
- Frankreich: Macht, Emotionen, Theoretisieren, Kontroverse und Argumente, Rhetorik und esoterische Gegenargumente, man lässt sich bitten, Novität, lange Verhandlungen, Besprechungen ‚beim Mittagessen'
- Großbritannien: Logik, Feilschen, Linguistik, schrittweise Zugeständnisse, Drohungen und die Notwendigkeit, den Abschluss zu Hause gegenüber der Finanzabteilung zu rechtfertigen
- Spanien: Feilschen, Emotionen, Rhetorik, Konflikt, freundlicher Druck, Flut von Argumenten, Änderungen, Verzögerungen in letzter Minute
- Italien: Feilschen, extreme Ausgangsposition, Emotionen, Flut von Argumenten, versteckte Anliegen, Beziehungen, Änderungen, Verzögerungen in letzter Minute
- Niederlande: Wettbewerbsorientiert, beharrlich, Drängen auf Entscheidungen, Zeitplan, Konsens erforderlich

DER INTERNATIONALE VERHANDLUNGSFÜHRER

Es bleibt die Frage: Wie wird aus einem guten Verhandlungsführer ein guter internationaler Verhandlungsführer? Die Fachliteratur zeichnet das Bild eines

„Super-Unterhändlers", der ein Dutzend Sprachen spricht, sich in den Gebräuchen der ganzen Welt auskennt, sich mühelos in jedes kulturelle Milieu einfügt und mit allen örtlichen Verhandlungsgepflogenheiten vertraut ist. Hendon & Hendon beschreiben den „idealen internationalen Verhandlungsführer" wie folgt:

DER IDEALE INTERNATIONALE VERHANDLUNGSFÜHRER
1. Der ideale internationale Verhandlungsführer versteht die Entscheidungsprozesse in den Ländern, in denen er tätig ist, und nutzt sie effektiv.
2. Der ideale internationale Verhandlungsführer ist flexibel genug, um selbst prekäre Fragen wie Bestechung effektiv und im Kontext der lokalen Kultur zu behandeln.
3. Der ideale internationale Verhandlungsführer legt in interkulturellen Situationen eine intuitive Sensibilität an den Tag. Er kann sich in die Position seines lokalen Gegenübers einfühlen und die emotionalen und sozialen Bedürfnisse, die seine örtlichen Gastgeber oft nur schwer ausdrücken können, voraussehen und auf sie eingehen.
4. Der ideale internationale Verhandlungsführer ist in der Lage, mit seinem örtlichen Gegenüber effektiv zu kommunizieren und eine gute Beziehung anzuknüpfen, und hat ein gutes Auge für subtile kommunikative Signale im verbalen und nichtverbalen Verhalten seiner Gastgeber.
5. Der ideale internationale Verhandlungsführer ruht in sich selbst, besitzt ein Gefühl der inneren Sicherheit und ist in der Lage, berufliche Stressmomente zu handhaben.
6. Der ideale internationale Verhandlungsführer setzt Humor geschmackvoll und situationsspezifisch ein, um ‚das Eis zu brechen' und ein lockeres Verhandlungsklima zu schaffen.
7. Der ideale internationale Verhandlungsführer toleriert Ambiguität und hat auch in Stresssituationen Geduld mit den Verhandlungspartnern.
8. Der ideale internationale Verhandlungsführer arbeitet sich in die Organisation der Gegenseite ein, sucht aktiv nach Verbündeten und weitet seinen Einflussbereich im gesamten gegnerischen Unternehmen aus.

James Bond ist also ganz offenbar Ihr Mann für internationale Verhandlungen! Normalsterbliche dürften sich dagegen etwas schwerer tun, diesem Idealbild des ‚internationalen Verhandlungsführer' gerecht zu werden.

DER „UMSICHTIGE INTERNATIONALE VERHANDLUNGSFÜHRER"
Wir möchten dieser Beschreibung daher ein Modell entgegensetzen, das weit weniger glamourös, dafür aber einfacher zu realisieren ist. Wir sind davon ausgegangen, daß zwischen Verhandlungen im In- und Ausland im Grunde kein allzu großer Unterschied besteht. Der einzige wirkliche Unterschied sind kulturelle Besonderheiten, die unerwartet ins Spiel kommen und den Verhandlungsprozess stören können. Wir empfehlen daher bei multikulturellen Verhandlungen eine vielleicht eher langweilige, dafür aber solide Vorgehensweise, deren Hauptziel es ist, Überraschungen zu vermeiden.

1) Bereiten Sie sich perfekt vor
Eine gute Vorbereitung ist bei allen Verhandlungen wichtig, im internationalen Kontext jedoch eine absolute Notwendigkeit.

2) Planen Sie 50% mehr Zeit ein
Kalkulieren Sie mindestens 50% mehr Zeit für das Hin und Her im Verhandlungsprozess und für eine klare Kommunikation ein. Regelmäßige Zusammenfassungen, klärende Fragen, die Umformulierung von Punkten und Vertagungen tragen zu einer guten Kommunikation und einem besseren Verständnis bei, kosten jedoch Zeit.

3) Gehen Sie Schritt für Schritt vor
Handeln Sie die einzelnen Punkte langsam, klar und ohne Eile nacheinander ab. Dies ist die beste Voraussetzung, um Missverständnisse und falsche Annahmen zu vermeiden.

4) Fragen Sie lieber noch einmal nach
Vergewissern Sie sich, ob Sie alles richtig verstanden haben. Machen Sie sich Notizen und fragen Sie dann noch einmal nach, ob Ihr Gegenüber die Sache genauso verstanden hat. Eine höfliche Nachfrage ist meist akzeptabel und hilft wahrscheinlich auch Ihrem Gesprächspartner.

5) Seien Sie „paranoid"!
Wenn Sie das Gefühl haben, dass Sie Ihr Gegenüber verletzt haben, sind Sie wahrscheinlich auf der richtigen Fährte. Halten Sie einfach in dem inne, was Sie gerade tun.

6) Eine Checkliste für internationale Verhandlungen:
Denken Sie immer daran, dass wir alle Ausländer sind.
- Ich interpretiere, du interpretierst, wir interpretieren…
- Vive la difference! Aber hüten Sie sich vor Stereotypen.
- Sehen Sie die Person, nicht das Stereotyp.
- Verlassen Sie sich nicht zu sehr auf Ihr Wissen.
- Seien Sie vorsichtig in Bezug auf Konversationsstil und Körpersprache.

Sprache und Kommunikation: einige wichtige Punkte
- Lassen Sie wichtige Dokumente (im Land des Gesprächspartners) übersetzen.
- In welcher(n) Sprache(n) sollen Vereinbarungen/Verträge abgefasst werden?

Kommunikation: in der eigenen Sprache
- Grundlegende Beherrschung von Sprache/Grammatik.
- Gehen Sie nicht davon aus, dass Ihr Gegenüber Ihre Sprache fließend spricht.
- Sprechen Sie langsam und in einfachen Worten, legen Sie Sprechpausen ein und wiederholen Sie Gesagtes.

- Verwenden Sie visuelle Hilfsmittel, Diagramme, Muster.
- Fassen Sie regelmäßig zusammen.
- Kontrollieren Sie, ob man Sie verstanden hat.

Kommunikation: in der Sprache des Gegenübers
- Seien Sie auf Ermüdungserscheinungen und Gefühle der Unzulänglichkeit gefasst.
- Gehen Sie nicht davon aus, dass Sie sich in der Fremdsprache fließend ausdrücken können.
- Bitten Sie Ihr Gegenüber, langsam zu sprechen und das Gesagte zu wiederholen.
- Klären Sie wichtige Begriffe ab.
- Fassen Sie zusammen, fragen Sie nach.
- Kontrollieren Sie, dass Sie richtig verstanden haben.

Der kulturelle Kontext:
- Welches Maß von Formalität ist angesagt (Kleidung, Anrede, Begrüßung)?
- Wie familiär ist der Umgang (Vornamen, Scherze)?
- Welche gemeinsamen Geschäftspraktiken sind zu beachten?
- Lassen Sie sich in rechtlichen und steuerlichen Vertragsfragen zuverlässig beraten.
- Holen Sie Informationen vor Ihrer örtlichen Niederlassung, Tochtergesellschaft, Botschaft, Bank, Agentur etc. ein.

Der Verhandlungsprozess:
- Gehen Sie Schritt für Schritt vor.
- Kalkulieren Sie Zeit für das Hin und Her im Verhandlungsprozess ein.

Dolmetscher:
- Vermeiden Sie sie nach Möglichkeit ganz.
- Worte lassen sich übersetzen, nicht aber kulturelle Muster.
- Sie bieten mehr Gelegenheiten zu Missverständnissen.
- Wählen Sie einen Dolmetscher, der Erfahrung mit ähnlichen Verhandlungen hat.
- Wählen Sie den Dolmetscher selbst aus.

Kulturelle Normen:
- Ist man in Bezug auf Zeit und Pünktlichkeit eher rigide oder entspannt eingestellt?
- Ist mehr oder weniger Formalität angebracht?
- Wie lässt sich Ihr Gegenüber überzeugen? Durch Vorteile, Logik, Emotionen, Beziehung?

Multikulturelle Verhandlungen können natürlich schwierig sein. Oft müssen kulturelle Unterschiede jedoch als Vorwand für den eigenen Mangel an Verhandlungsgeschick herhalten. Für solche Ausreden haben wir wenig Verständnis. Kulturelle Besonderheiten können unerwartet Probleme aufwerfen, mit etwas

gutem Menschenverstand und Offenheit, Beobachtungsgabe und Aufmerksamkeit lassen sie sich jedoch meist ausräumen. Eine gute praktische und psychologische Vorbereitung ist ein erster Schritt in die richtige Richtung. Ernsthafte Probleme treten meist nur dann auf, wenn man arroganterweise annimmt, das Gegenüber habe verstanden und das Gehörte korrekt interpretiert. Unser Ideal ist der ‚umsichtige Verhandlungsführer', der keineswegs ängstlich oder einfallslos sein muss, sondern in allen Phasen die nötige Vorsicht walten lässt, um sicherzustellen,
a) dass er sein Gegenüber nicht beleidigt oder verletzt und
b) dass er verstanden hat und verstanden worden ist.
Dies lässt sich auf verschiedene Weise erreichen, und die Checklisten und Anekdoten werden Ihnen hoffentlich dabei helfen.

Nachdruck mit freundlicher Genehmigung von Andrew Gottschalk und Lisa Newson von Group AG.

LANDESSPEZIFISCHER VERHANDLUNGSSTIL

Wir haben jedes Land anhand einer Reihe von Skalen untersucht, um einen allgemeinen Eindruck davon zu vermitteln, wie die jeweiligen Kulturen Leben und Arbeit beeinflussen. Sie erfahren dadurch mehr über die Unterschiede, die wir in unserer Arbeit beobachtet haben.

NACHDENKEN
Die Vergleichsskalen beziehen sich auf die folgenden Parameter:
- **universell** *(Regeln gelten für alle)* – **partikulär** *(situationsspezifisch)*
- **individuell** *(„Ich"-Gesellschaft)* – **kollektiv** *(„Wir"-Gesellschaft)*
- **ruhig** *(Selbstkontrolle)* – **emotional** *(spontan/expressiv)*
- **direkt** *(offen und klar)* – **indirekt** *(taktvoll und mehrdeutig)*
- **leistungsspezifisch** *(was jemand erreicht hat)* – **personenspezifisch** *(wer jemand ist)*
- **aufbauend** *(Leistungskontrolle)* – **fließend** *(Harmonie, Akzeptanz, Anpassung)*
- **vergangenheitsorientiert** *(die Zukunft ist die Vergangenheit)* – **gegenwartsorientiert** *(hier und jetzt)* – **zukunftsorientiert** *(die Welt von morgen)*

VERHANDLUNGSSTIL

ERKENNEN
Wichtige Faktoren und Erkenntnisse aus den aktuellen Forschungsarbeiten von Sozial- und Politikwissenschaftlern.

WICHTIGSTE TAKTIKEN
Eine Beschreibung von Taktiken, die von Verhandlungsführern in den betreffenden Ländern berichtet wurden.
  Diese Verhandlungstaktiken wurden bei vielen verschiedenen Verhandlungsprozessen beobachtet.

SO VERHANDELN SIE MIT …
Ratschläge von erfahrenen Unterhändlern für die Verhandlung im nationalen Kontext.
  Unsere eigene Verhandlungserfahrung bestätigt diese Empfehlungen.

BELGIEN

NACHDENKEN
- Situationsspezifisch angepasste Regeln
- Individualität durch die Gruppe stark eingeschränkt
- Starke emotionale Verpflichtung gegenüber Beziehungen
- Indirekter Ausdruck von Emotionen
- Statusbildung nach Kontakt
- Die Zukunft liegt in der Zukunft

ERKENNEN
- Das gesellschaftliche Leben (Familie, Freunde) ist privat
- Gemeinschaft als Kontext führt zu geringer Mobilität
- Sprache bedeutet Identität, Nationalität wird jedoch nicht über die Sprache definiert
- Tradition/Geschichte sorgen für Kontinuität
- Überwiegend pragmatisch
- Arbeit und Freizeit werden gleichermaßen ernst genommen
- Persönliche Beziehungen ergeben sich aus dem geschäftlichen Kontext

WICHTIGSTE TAKTIKEN
- Entscheidungen werden hierarchisch getroffen
- Entscheidungsfäller und -wege bleiben verborgen
- Zugeständnisse werden als Zeichen der Beziehung erwartet
- Vermeidung von Konfrontation
- Vermeidung von Direktheit: Probleme werden exportiert
- Fragen: pragmatisch und technisch detailliert
- Beweis für örtliches und persönliches Engagement

SO VERHANDELN SIE MIT BELGISCHEN GESPRÄCHSPARTNERN
- Formell, im Rahmen der gegebener Strukturen
- Zeigen Sie langfristiges Engagement
- Detaillierte Minipräsentationen & ausführliche Abhandlung von Fakten
- Hören Sie aktiv zu
- Halten Sie das Tempo. Fassen Sie zusammen.
- Seien Sie freundlich, aber bleiben Sie beim Thema
- Beziffern Sie den Preis von Zugeständnissen
- Feilschen Sie als Gleichgestellte

DÄNEMARK

NACHDENKEN

- Regeln gelten, soweit praktisch, für alle
- Individualität steht einem starken Gruppen- und Gemeinschaftsgefühl gegenüber
- Respekt für individuelle Fertigkeiten und Fähigkeit zur Gruppenarbeit
- Offen über das Privatleben
- Gefühle werden ausgedrückt, „nordisch-mediterran"
- In viele Aktivitäten involviert
- Arbeiten/Entwicklung im Einklang mit dem Umfeld

ERKENNEN

- Solidarität steht Individualismus gegenüber
- Respekt für Minderheiten
- Engagement für Organisationen auf Gemeindeebene
- Kompromissbereit
- Funktionales Design

WICHTIGSTE TAKTIKEN

- Konstruktiv/lösungsorientiert
- Kombination von zielorientiertem Arbeiten und Humor
- Gute Atmosphäre = gute Ergebnisse
- Lange Verhandlungen: schrittweise Weitergabe von Informationen
- Nicht konfrontativ
- Delegierte mit Mandat
- Wenn der abschließende Kompromiss das Mandat überschreitet, wird die Verhandlung bis zur Abklärung vertagt
- Man geht von der Integrität des Vertrages aus

SO VERHANDELN SIE MIT DÄNISCHEN GESPRÄCHSPARTNERN

- Stören Sie nicht den internen Konsens, keine ‚Schrotschusstaktik'
- Konstruktive Kritik wird akzeptiert. Bleiben Sie objektiv, werden Sie nicht persönlich, vermeiden Sie Beschuldigungen. Machen Sie Vorschläge, die auf dem internen Konsens aufbauen.
- Vertagen Sie die Verhandlungen, um neue Daten, Ideen, Taktiken zu bestätigen.
- Seien Sie bereit zu vertagen, um sich Ihre Befugnis zu Zugeständnissen bestätigen zu lassen.

DEUTSCHLAND

NACHDENKEN

- Schwerpunkt auf Gruppen- und Organisationsbedürfnissen
- Schwerpunkt mehr auf Regeln als auf Beziehungen
- Kontrollierte / gedämpfte Emotionen
- Respekt für Wissen / Fertigkeiten
- Viele Aspekte des Lebens sind privat
- Man tut mehrere Dinge gleichzeitig
- Man versucht, das Umfeld aktiv zu kontrollieren

ERKENNEN

- Logisch
- Sorgfältig
- Effizient
- Formell
- Ordentlich
- Beharrlich
- Bestrebt, Fehler zu vermeiden
- Konservativ (aber elegant) gekleidet

WICHTIGSTE TAKTIKEN

- Logik
- Feilschen / Drohungen
- Genauigkeit und Spezifität
- Man erwartet rasche Entscheidungen
- ‚Nur noch eines'
- Analyse
- Leichte Irreführung

SO VERHANDELN SIE MIT DEUTSCHEN GESPRÄCHSPARTNERN

- Verwenden Sie Titel, seien Sie pünktlich
- Respektieren Sie die Privatsphäre, vermeiden Sie persönliche Bemerkungen/Witze
- Halten Sie sich strikt an die Tagesordnung
- Betonen Sie das gegenseitige Interesse
- Seien Sie gut vorbereitet
- Verwenden Sie Logik und Analyse, nicht Intuition
- Seien Sie fest und selbstsicher, bleiben Sie auch unter Druck ruhig
- Lassen Sie sich Auskünfte schriftlich geben

VERHANDELN

FINNLAND

NACHDENKEN
- Schwerpunkt auf Gruppen- und Organisationsbedürfnissen
- Regeln gelten für alle
- Emotionen werden kontrolliert
- Respekt für Bildung und Qualifikationen
- Viele Aspekte des Lebens sind privat
- Man tut immer nur eine Sache gleichzeitig

ERKENNEN
- Reserviert, zurückhaltend, wortkarg, man hört lieber zu
- Neigung zur Melancholie
- Ordentlich, formell
- Geduldig, beharrlich
- Misstrauisch
- Auf Erhaltung des guten Rufs bedacht
- Pragmatisch, ruhig

WICHTIGSTE TAKTIKEN
- Logisch, vernünftig
- Gut vorbereitet, effizient
- Kodifiziert
- Zeitplan
- Entscheidungen werden schnell gefällt und umgesetzt
- Gute Zuhörer
- Man erwartet eine prompte Antwort
- Flexible, gut ausgebildete Arbeitnehmer

SO VERHANDELN SIE MIT FINNISCHEN GESPRÄCHSPARTNERN
- Respektieren Sie Tagesordnung/ Zeitpläne
- Seien Sie pünktlich
- Benutzen Sie Berufsbezeichnungen/akademische Anreden
- Termine sollten frühzeitig vereinbart und nicht geändert werden
- Betonen Sie die konkreten, nicht die abstrakten Aspekte des Vertragsabschlusses
- Vermeiden Sie persönliche Themen
- Üben Sie keine offene Kritik

FRANKREICH

NACHDENKEN
- Schwerpunkt auf Gruppen- und Organisationsbedürfnissen
- Schwerpunkt mehr auf Beziehungen als auf Regeln
- Man zeigt Gedanken und Gefühle
- Man respektiert höhere Rangstellung
- Viele Aspekte des Lebens sind privat
- Man versucht, das Umfeld aktiv zu kontrollieren
- Man tut mehrere Dinge gleichzeitig

ERKENNEN
- Intellektuell
- Stolz, kultiviert
- Franzosen lieben ihre Sprache
- Hierarchisch
- Wichtig ist, wen man kennt
- Konkurrenzorientierter Teamgeist
- Entscheidungen werden zentral gefällt

WICHTIGSTE TAKTIKEN
- Macht / Emotion, Theoretisieren, Kontroverse und Argumente
- Rhetorik, Logik, esoterische Gegenargumente
- Man lässt sich bitten
- Lebhaft, witzig im Gespräch
- Novität
- Verhandlungen ‚beim Mittagessen'
- Lange Verhandlungen

SO VERHANDELN SIE MIT FRANZÖSISCHEN GESPRÄCHSPARTNERN
- Seien Sie pünktlich, aber rechnen Sie damit, warten zu müssen!
- Vermeiden Sie persönliche Bemerkungen
- Seien Sie absolut höflich, formell und gut gekleidet
- Tragen Sie Argumente schlüssig, informativ und klar strukturiert vor
- Lassen Sie wichtige Dokumente (möglichst in Frankreich) übersetzen
- Seien Sie beharrlich, verlassen Sie sich auf ihre Logik und ihre guten Argumente

GRIECHENLAND

NACHDENKEN
- Kollektive ‚Herdenmentalität', man unternimmt Dinge in der Gruppe
- Wichtig sind Status, Rangstellung und „wen man kennt"
- Schwerpunkt auf Beziehungen, nicht Regeln
- Fatalistisch
- Affektiv in Bezug auf Emotionen und Vertrauen
- Man tut mehrere Dinge gleichzeitig

ERKENNEN
- Natürliche Handels- und Kaufmannsmentalität
- Kontaktfreudig, gesellig, gastfreundlich, dahinter kann sich jedoch Misstrauen verbergen
- Unternehmerische Tätigkeit wird durch Familien- und Freundeskreis bestimmt
- Konservative, elegante Kleidung

WICHTIGSTE TAKTIKEN
- Wichtig ist „wen man kennt"
- Häufige Unterbrechungen
- Pläne ändern sich häufig
- Verpflichtung gegenüber der Beziehung, nicht dem Job
- Zeitlich flexibel
- Informell, man legt sich nicht gerne schriftlich fest
- Humor

SO VERHANDELN SIE MIT GRIECHISCHEN GESPRÄCHSPARTNERN
- Kontakte sind nötig, um Zugang zu geschlossenen Geschäftskreisen zu erhalten (Parea)
- Die gesellschaftliche Situation ist wichtig für geschäftliche Beziehungen
- Bringen Sie Ihre Botschaft präzise und klar vor
- Zeigen Sie auf, wo für Ihr Gegenüber der direkte Vorteil des Abschlusses liegt
- Verwenden Sie schriftliche Übersichten / visuelle Hilfsmittel
- Erweisen Sie Respekt

GROSSBRITANNIEN

NACHDENKEN
- Schwerpunkt mehr auf Regeln als auf Beziehungen
- Schwerpunkt auf individuellen Bedürfnissen
- Kontrollierte / gedämpfte Emotionen
- Respekt für Wissen & Fertigkeiten
- Wenige Privatbereiche, diese werden jedoch gut gehütet
- Man tut immer nur eine Sache gleichzeitig
- Passive Unterwerfung unter das Umfeld

ERKENNEN
- Formell, ordentlich, logisch
- Höflich, reserviert
- Verbal indirekt
- Gesprächpartner erscheint unvorbereitet (oder amateurhaft)
- Konservativ, inflexibel
- Fair
- National orientiert
- Kurzfristige Perspektive

WICHTIGSTE TAKTIKEN
- Logik/Drohung
- Kompromiss/Feilschen
- Guter Abschluss für beide Seiten
- ‚Muss den Abschluss zu Hause gegenüber der Finanzabteilung rechtfertigen'
- Konservative, aber witzige Präsentationen
- Einsatz von Linguistik
- Schrittweise Zugeständnisse
- Verhandlung oft im Team

SO VERHANDELN SIE MIT BRITISCHEN GESPRÄCHSPARTNERN
- Sprechen Sie Englisch
- Erwarten Sie eine zurückhaltende Reaktion
- Geben Sie sich ruhig und selbstsicher
- Benutzen Sie einen vielseitigen Ansatz
- Seien Sie in Ihren Vorschlägen eher konservativ
- Betonen Sie die rationalen und unmittelbaren Vorteile
- Betonen Sie Details und die praktischen Konsequenzen
- Schaffen Sie Vertrauen

IRLAND

NACHDENKEN
- Schwerpunkt auf individuellen Bedürfnissen
- Schwerpunkt auf Beziehungen, nicht Regeln
- Emotionen werden begrenzt gezeigt
- Man respektiert höhere Rangstellung
- Öffentliches und privates Leben überschneiden sich
- Man tut mehrere Dinge gleichzeitig
- Man passt sich dem Umfeld an

ERKENNEN
- Informell
- Umgänglich, freundlich
- Geringer Teamzusammenhalt
- National orientiert
- Patriotisch
- Unabhängig

WICHTIGSTE TAKTIKEN
- Feilschen und Drohungen
- Konkurrenzorientiert
- Gutes Ergebnis für beide Seiten
- Man drängt auf Verpflichtung
- Ständiges Nachfassen
- Man nutzt Beziehungen und Kontakte
- Man nutzt informelle Situationen (Pubs und Alkohol)
- Pläne ändern sich
- Verzögerungen

SO VERHANDELN SIE MIT IRISCHEN GESPRÄCHSPARTNERN
- Seien Sie entspannt, aber zeigen Sie Ihr Wissen
- Drängen Sie nicht, schaffen Sie keinen Stress
- Umreißen Sie Ihre Ziele klar, lassen Sie sich nicht ablenken
- Nutzen Sie informelle Situationen
- Seien Sie freundlich
- Sprechen Sie Englisch
- Betonen Sie das gegenseitige Interesse
- Gestehen Sie mehr Zeit zu
- Schaffen Sie Vertrauen

ITALIEN

NACHDENKEN
- Schwerpunkt auf Gruppen- und Organisationsbedürfnissen
- Regeln können angepasst werden
- Man zeigt Emotionen/Gefühle
- Man respektiert Status und Rangstellung
- Keine klare Abgrenzung von öffentlichem und privatem Leben
- Man tut mehrere Dinge gleichzeitig
- Man versucht, das Umfeld zu kontrollieren

ERKENNEN
- Persönlich
- Unbeständig, ungeduldig
- Informell
- Mehrere Themen & Anliegen
- Informationen werden nicht weitergegeben, gelten als Machtmittel
- Geringer Teamzusammenhalt
- Man verfolgt auch individuelle, private Anliegen

WICHTIGSTE TAKTIKEN
- Feilschen
- Extreme Ausgangsposition
- Emotionen
- Flut von Argumenten
- Versteckte Anliegen
- Beziehungen
- Änderungen
- Verzögerungen in letzter Minute

SO VERHANDELN SIE MIT ITALIENISCHEN GESPRÄCHSPARTNERN
- Flexible Tagesordnung
- Seien Sie auf langsamen Fortschritt gefasst
- Rechnen Sie mit Unterbrechungen
- ‚Unterreagieren' Sie auf das Verhalten Ihres Gegenübers
- Feilschen Sie nicht, bevor Sie Ihr Gegenüber kennen
- Rechnen Sie mit Verlagerungen des Schwerpunkts
- Verwenden Sie einfache Zusammenfassungen
- Betonen Sie den Wert Ihrer Zugeständnisse

LUXEMBURG

NACHDENKEN

- Regeln gelten, wo sie funktionieren
- Beziehungen und Gruppe prägen das Individuum
- Position und Leistung werden respektiert
- Man erkennt Emotionen und geht mit ihnen um
- Man ist sich der Grenzen bewusst: ‚wer drinnen ist, ist drinnen'
- Man vermeidet ungeplante gleichzeitige Aktivitäten
- Zukunftsvorstellung ist von der Vergangenheit geprägt

ERKENNEN

- Kleine, tolerante, offene Gesellschaft
- Man ist sich seiner Wurzeln bewusst
- Größe gilt als Stärke
- Geographie und Geschichte sind bestimmende Faktoren
- Durch Ausbildung und Arbeit ‚natürliche Europäer'
- Man beeinflusst, aber treibt nicht
- Kompromisse in der Praxis, aber nicht im Prinzip

WICHTIGSTE TAKTIKEN

- Agendaschwerpunkte: Planung, Mandat und Ergebnisse
- Entschlossener Pragmatismus: geben und nehmen
- Man ist um Entgegenkommen bemüht
- Man ist von Größe beeindruckt, zeigt es aber nicht
- Wenig oder keine Bewegung in Bezug auf Schlüsselfragen
- Entspannte Förmlichkeit zum Schutz der Privatsphäre
- Man vertagt, um Briefing neu zu prüfen

SO VERHANDELN SIE MIT LUXEMBURGER GESPRÄCHSPARTNERN

- Zeigen und beweisen Sie Ihren Respekt
- Entwerfen Sie gemeinsam eine Tagesordnung, um die Zeit effektiv zu nutzen
- Bereiten Sie sich auf gegenseitige Zugeständnisse vor
- Planen Sie kurze Vertagung, um neue Ideen/Forderungen zu prüfen
- Stellen Sie Autorität nicht in Frage
- Verschwenden Sie keine Zeit

NIEDERLANDE

NACHDENKEN

- Individuelle Rechenschaft, man operiert jedoch durch Gruppen/Organisation
- Regeln gelten für alle
- Kontrollierte / gedämpfte Emotionen
- Respekt für Wissen / Fertigkeiten
- Viele Aspekte des Lebens sind privat
- Man tut immer nur eine Sache gleichzeitig
- Man versucht, das Umfeld zu kontrollieren

ERKENNEN

- Globale/internationale Sichtweise
- Mehrsprachig
- Logisch
- Stur
- Prinzipientreu
- Direkt, genau
- Ordentlich
- Diszipliniert

WICHTIGSTE TAKTIKEN

- Logik/Drohung
- Konkurrenzorientiert
- Beharrlich
- Man drängt auf Entscheidungen
- Zeitplan
- Konsens erforderlich

SO VERHANDELN SIE MIT HOLLÄNDISCHEN GESPRÄCHSPARTNERN

- Erweisen Sie persönlichen und beruflichen Respekt
- Achten Sie auf das richtige Tempo von Präsentationen
- Überreagieren Sie nicht auf anfänglichen Druck oder Kritik (sie ist nicht persönlich gemeint)
- Verlassen Sie sich nicht zu sehr auf sprachliche Fähigkeiten (Muttersprache ist Holländisch)
- Konsolidieren Sie den Fortschritt durch Notizen und Zusammenfassungen
- Hören Sie gut zu, hetzen Sie nicht

VERHANDELN

NORWEGEN

NACHDENKEN
- Regeln werden aufgestellt und beachtet
- Regeln respektieren die Bedürfnisse des Einzelnen. Ausgewogene Beziehungen zu Gruppen
- Leistung, Wissen & Fertigkeiten sind hoch angesehen
- Einzelne Bereiche der Privatsphäre sind gut geschützt
- Man weiß mit Emotionen umzugehen
- Man tut immer nur eine Sache gleichzeitig, nimmt aktiven Einfluss auf das Umfeld
- Die Gegenwart ist die Zukunft

WICHTIGSTE TAKTIKEN
- Vorlage von Vorschlägen vor Treffen zur internen Analyse und Debatte
- Interner Konsens als Entscheidungskriterium
- Verhandlung im Team
- Man hat kein Problem mit Vertagung, braucht sie
- Man präsentiert ausführliche Vorschläge und Gegenargumente
- Erstaunlich offen
- Man verhandelt hartnäckig und gern
- Schrittweise Zugeständnisse
- Einmal getroffene Vereinbarungen gelten

ERKENNEN
- Verinnerlichte und organisierte öffentliche Humanität
- Konservative Radikale
- Geschichte und Interdependenz sind bestimmende zeitgenössische Faktoren
- Sichtbare Demokratie
- Globale Perspektive, örtliche Orientierung & Anwendung
- Skandinavier, nicht Europäer

SO VERHANDELN SIE MIT NORWEGISCHEN GESPRÄCHSPARTNERN
- Rechnen Sie mit Verhandlungen in englischer Sprache
- Bleiben Sie zeitlich und fachlich flexibel
- Schaffen Sie Vertrauen
- Reagieren Sie zurückhaltend, um Informationen zu erhalten und Ideen zu entwickeln. Bleiben Sie unaufdringlich.
- Legen Sie die Agenda auf Themenabdeckung/Konsens aus
- Vertagen Sie zur Konsensfindung
- Untermauern Sie Vorschlägen durch Daten, betonen Sie Details, zeigen Sie die rationalen Vorteile und praktischen Implikationen auf
- Vermeiden Sie direkte Kritik
- Betonen Sie Zusammenhänge und die Bedeutung des Gesamtpakets

ÖSTERREICH

NACHDENKEN
- Schwerpunkt auf Gruppen- und Organisationsbedürfnissen
- Schwerpunkt mehr auf Regeln als auf Beziehungen
- Emotionen werden kontrolliert
- Respekt für den durch Wissen und Können erworbenen Status
- Einzelne Bereiche der Privatsphäre sind gut geschützt
- Abhandlung von Punkten auf der Grundlage des Freundschaftsgrades

WICHTIGSTE TAKTIKEN
- Logische, rationale Argumente
- Schwerpunkt auf Verfahren und Präzedenzfällen
- Genauigkeit/Spezifität
- Leicht zu kränken
- Bestrebt, Fehler zu vermeiden

ERKENNEN
- Formell
- Effizient
- Gefühle werden nicht ausgedrückt
- Prinzipienorientiert
- Genau
- Andeutungen
- Konservativ und inflexibel
- Logisch und ordentlich

SO VERHANDELN SIE MIT ÖSTERREICHISCHEN GESPRÄCHSPARTNERN
- Verwenden Sie die korrekte Anrede, seien Sie formell, höflich und gut gekleidet
- Seien Sie pünktlich, berücksichtigen Sie jedoch das ‚akademische Viertelstündchen'
- Bereiten Sie sich gut vor
- Verwenden Sie stichhaltige Argumente
- Machen Sie sich vorab mit den Einzelheiten vertraut
- Reden Sie nicht zu viel
- Wechseln Sie nicht zu oft das Thema
- Vermeiden Sie übermäßige Körpersprache und Emotionalität

PORTUGAL

NACHDENKEN

- Regeln gelten situationsspezifisch
- Beziehungen und Gruppe prägen das individuelle Verhalten
- Emotionen werden erkannt und ausgedrückt
- Gleichgewicht von Arbeit und Vergnügen
- Die soziale Position ist wichtig, wird jedoch durch Leistung ausgeglichen
- Man geht mit externen Ereignissen um, paßt sich dem Umfeld an
- Man managt mehrere Aktivitäten gleichzeitig
- Zukunftsvorstellung ist von der Vergangenheit geprägt

WICHTIGSTE TAKTIKEN

- Forderungen zeigen Absicht / langfristiges Engagement
- Zugeständnisse sind in der Beziehung erwünscht
- Man vermeidet Konflikte
- Förmlichkeit zum Schutz der Privatsphäre. Flexible Agenda, um interne Fragen integrieren zu können
- Man vertagt, um neue Ideen zu prüfen
- Person, die die Entscheidung trifft, tritt nicht in Erscheinung
- Wenig oder keine Bewegung in Bezug auf Schlüsselfragen
- Pragmatisch: geben und nehmen, nehmen.

ERKENNEN

- Geschichte limitiert und definiert Radikalität
- Modernisierung unter Anknüpfung an die Vergangenheit
- Extrovertiert
- Entschlossen, örtliche Lösungen zu entwickeln
- Selbständigkeit und Selbstbewusstsein
- Beharrlich
- Passiv und introspektiv. Starke soziale Solidarität in Prinzipienfragen

SO VERHANDELN SIE MIT PORTUGIESISCHEN GESPRÄCHSPARTNERN

- Investieren Sie Zeit, um Ihren Respekt zu zeigen und zu beweisen
- Managen Sie Zeit sinnvoll, machen Sie sie jedoch nicht zum Thema
- Entwickeln Sie gemeinsam eine entwicklungsfähige Agenda
- Verwenden Sie einfache, flexible Präsentationen. Vermeiden Sie überraschende Informationen und Forderungen
- Vermeiden Sie es, Autorität in Frage zu stellen. Vertagen Sie zur Beratung / Bestätigung interner Fragen
- Machen Sie gegenseitige Zugeständnisse
- Verfahren Sie bei Zugeständnissen nicht nach einem klaren Muster

SCHWEDEN

NACHDENKEN

- Schwerpunkt auf Gruppen- und Organisationsbedürfnissen
- Regeln gelten für alle
- Emotionen werden kontrolliert
- Egalitär, man respektiert Wissen und Fertigkeiten
- Viele Aspekte des Lebens sind privat
- Man tut immer nur eine Sache gleichzeitig
- Man versucht, das Umfeld zu kontrollieren/ordnen

WICHTIGSTE TAKTIKEN

- Logisch, vernünftig
- Gut vorbereitet, effizient
- Kodifiziert
- Zeitplan
- Wunsch nach Konsens / Harmonie
- Gute Zuhörer
- Mittelweg, keine extremen Positionen
- Man erwartet prompte Antworten

ERKENNEN

- Reserviert, zurückhaltend, man spricht wenig, hört lieber zu
- Man sagt lieber nichts, als zu kritisieren oder aggressiv zu sein
- Ordentlich, formell
- Sympathisch, tolerant
- Misstrauisch
- Bedacht, den Ruf zu wahren
- Pragmatisch, ruhig
- Innovativ, experimentierfreudig

SO VERHANDELN SIE MIT SCHWEDISCHEN GESPRÄCHSPARTNERN

- Respektieren Sie Tagesordnung/ Zeitpläne
- Seien Sie pünktlich
- Benutzen Sie die Berufsbezeichnungen/akademische Anreden
- Termine sollten frühzeitig vereinbart und nicht geändert werden
- Betonen Sie die konkreten, nicht die abstrakten Aspekte des Vertragsabschlusses
- Vermeiden Sie persönliche Themen
- Üben Sie keine offene Kritik

VERHANDELN

SCHWEIZ

NACHDENKEN
- Regeln sind wichtiger als Beziehungen
- Individualisten innerhalb des von der Gemeinschaft vorgegebenen Raums
- Hierarchie und Status zählen, jedoch für Außenstehende nicht unbedingt erkennbar
- Emotional reserviert und selbstsicher
- Zeit ist eine Ressource
- Umfeld ist Kontinuität und Traditionsgeber
- Kombinierte Werte aus Vergangenheit und Zukunft

ERKENNEN
- Öffentliche Selbstkontrolle und Ordnung
- Privatsphäre als Ziel
- Private Freiheit, aber öffentliche Rechenschaftspflicht
- Sprache und Kanton zählen
- Geographie und Gemeinschaft definieren die Perspektive in komplexen Fragen
- Nationalität integriert, aber definiert auch Insider und dauerhafte Außenseiter
- Qualität ist ein sich selbst verwirklichendes Ziel

WICHTIGSTE TAKTIKEN
- Selbstvertrauen aus vergangenen Erfolgen
- Gespräch, nicht Verkauf
- Interne Verhandlungen, externe Forderungen
- Man nutzt technische Autorität: Unterstreichung von Forderungen und Vermeidung von Zugeständnissen
- Man wahrt den internen Zusammenhalt durch Beteiligung/Einbeziehung
- Detailgenauigkeit kann zu Verzögerungen führen
- Person, die Entscheidungen fällt, bleibt unsichtbar
- Verhandlungsführer haben häufig nur begrenzte Befugnisse

SO VERHANDELN SIE MIT SCHWEIZER GESPRÄCHSPARTNERN
- Nehmen Sie keine extremen Ausgangspositionen ein
- Verwenden Sie einen engen Verhandlungsspielraum
- Kontrollierter Informationsaustausch
- Setzen Sie Expertenwissen umsichtig ein
- Wiederholen Sie Forderungen über verschiedene Kanäle/Kontakte
- Vermeiden Sie Überraschungen: Kontinuität und Konsistenz in Bezug auf Ziele und Methoden
- Verwenden Sie die gleichen Verhandlungsführer, um Beziehungen aufzubauen und Fehler zu vermeiden
- Rechnen Sie damit, dass Dinge Zeit brauchen
- Erarbeiten und benutzen Sie eine gemeinsame Agenda
- Kalkulieren Sie Zeit für Vertagungen ein
- Vermeiden Sie eine plötzliche Vertagung: Planen Sie sie vorher ein

SPANIEN

NACHDENKEN
- Schwerpunkt auf individuellen Bedürfnissen
- Persönliche Beziehungen zählen mehr als Regeln
- Man zeigt Emotionen/Gefühle
- Man respektiert Status und Rangstellung
- Keine klare Abgrenzung von öffentlichem und privatem Leben
- Man tut mehrere Dinge gleichzeitig
- Man versucht, das Umfeld zu kontrollieren

ERKENNEN
- Emotional
- Lebhaft
- Persönlich
- Unbeständig
- Ungeduldig
- Informell
- Enthusiastisch

WICHTIGSTE TAKTIKEN
- Verhandlungen
- Emotionen, Rhetorik
- Konflikt
- Freundlicher Druck
- Flut von Argumenten
- Änderungen
- Verzögerungen in letzter Minute

SO VERHANDELN SIE MIT SPANISCHEN GESPRÄCHSPARTNERN
- Verwenden Sie „agentes commerciales"?
- Bauen Sie eine persönliche Beziehung auf, seien Sie „simpàtico", aber verletzen Sie keine Gefühle
- Seien Sie offen, klar und nachdrücklich
- Schaffen Sie sich breiten Verhandlungsspielraum
- Lassen Sie sich nicht ablenken, erstellen Sie Materialien in Spanisch
- Betonen Sie die kurzfristigen Erwartungen
- Erwidern Sie Vertrauensbezeugungen

Nachdruck mit freundlicher Genehmigung von Andrew Gottschalk und Lisa Newson von Croup AG

*„Wie wenig ist am Ende der Lebensbahn
daran gelegen, was wir erlebten,
und wie unendlich viel,
was wir daraus machten."*

Wilhelm von Humboldt

teil 1
Westeuropa

**België/Belgique/Belgien
Konstitutionelle Monarchie
Bundesstaat mit:**
  3 Regionen – Brüssel (Brussels
  Hoofdstedelijk Gewest, Bruxelles
  Capitale), Flandern (Vlaanderen)
  und Wallonien (Wallonie)
  3 Bevölkerungsgruppen –
  Flamen (57% der Bevölkerung),
  Franzosen (42%) und Deutsche
  (deutschsprachige Minderheit im
  Osten des Landes)
**Gründungsmitglied der EU
Bevölkerung:** 10,19 Mio.
Gesamtfläche: 30.518 km²
Hauptstadt: Brüssel (Brussel,
  Bruxelles)
Andere Großstädte: Antwerpen,
  Liège (Lüttich), Gent, Charleroi
Sprachen: Niederländisch
  (in Flandern), Französisch
  (in Wallonien) und Deutsch (im
  deutschsprachigen Landesteil)
  sind die drei offiziellen
  Landessprachen. Brüssel ist
  zweisprachig (Französisch/
  Niederländisch).
Währung:
  Belgischer Franc = bfr, BEF
  1 bfr = 100 Centimes
  (Centiemen)
  1 Euro = 40,3399 bfr
  100 bfr = € 2,47894
Mehrwertsteuer (BTW, TVA): 21%
Geographie: Für seine geringe
  Größe weist Belgien eine
  bemerkenswerte geographische
  Vielfalt auf. An den Küstensaum
  im (flämischen) Westen
  schließen sich Flachland mit
  fruchtbaren „Poldern"
  (eingedeichtes Marschland), die
  sandige Flandersche Ebene
  sowie Heideland und Wälder in
  der nördlichen Campine an. Die
  Hügellandschaft Mittelbelgiens
  bildet den Übergang zu den
  bewaldeten (wallonischen)

Was für ein Land! So kompliziert, dass sich keiner mehr auskennt und sich daher niemand mehr groß von dem Durcheinander aus der Ruhe bringen lässt. Stattdessen versuchen die Belgier einfach, das Beste aus dem Leben zu machen. Seltsamerweise kann Belgien deshalb in vielerlei Hinsicht wie der Himmel auf Erden erscheinen, bis auf die Tatsache, dass die Belgier manchmal glatt vergessen, wie gut sie es eigentlich haben. Vielleicht ist das der Preis, den man für einen Platz im Herzen Europas bezahlen muss.

BELGIEN ALLGEMEIN
Wenn Sie das äußerst komplexe politische und soziale System Belgiens als Ausländer durchschauen wollen, werden Sie bald feststellen, dass es das Leben wesentlich erleichtert, wenn Sie sich nicht allzu viele Gedanken darüber machen. Passen Sie sich einfach der jeweiligen Situation an, bleiben Sie gelassen und alles wird sich klären. Im Falle von Schwierigkeiten ist es für eine schnelle Lösung natürlich immer günstig, gute örtliche Kontakte zu haben und die richtigen Leute an der richtigen Stelle zu kennen. Wenn Sie sich diese Regel zu Herzen nehmen, sieht alles schon viel einfacher aus. Aber nehmen Sie sich die Zeit herauszufinden, wie die Dinge hier funktionieren, statt im Nachhinein zu versuchen, gemachte Fehler auszubügeln.

So seltsam es klingen mag: In Belgien herrscht in vielerlei Hinsicht eine südländische Mentalität. Natürlich gibt es diesbezüglich auch Ausnahmen. Sie werden aber schon bald feststellen, dass der Postbote wesentlich pünktlicher kommt, wenn Sie ihm gelegentlich 50 oder 100 Francs zustecken. Wenn es Probleme mit der Müllabfuhr gibt, hilft es ebenfalls, wenn Sie dem Müllmann ein Bier spendieren oder ein kleines Trinkgeld geben. Offiziell sind solche „kleinen Extras" eigentlich nicht erlaubt, aber wer sieht sie schon?

Vieles erklärt sich dadurch, dass Belgien ein Land ist, das es eigentlich gar nicht geben sollte. Es wurde nach Napoleons Niederlage bei Waterloo als künstlicher „Pufferstaat" zwischen Frankreich, Deutschland und den Niederlanden geschaffen. Belgien ist ein Flickenteppich aus Gebieten, die über mehrere Jahrhunderte von einer Nation an die nächste abgetreten wurden – von Frankreich an Österreich, dann an Spanien, zurück an Frankreich und zu guter Letzt an Holland. Andere Regionen wechselten zu anderen Zeitpunkten zwischen deutscher, österreichischer und spanischer Hand. Es ist also nicht weiter verwunderlich, dass im belgischen Erbgut noch immer viele Einstellungen eines Volkes verankert zu sein scheinen, das stets von feindlich gesinnten Herrschern regiert wurde: Jeder versucht, sich auf seine eigene Art so gut wie möglich durchzuschlagen. Kontrollen und Reglementierungen jeder Art werden dabei als unerwünschte Einmischung empfunden.

Bemerkenswert ist jedoch, dass es Belgien trotz seiner komplizierten politischen Lage und seiner wichtigen internationalen Rolle gelungen ist, einen eigenen Charakter zu entwickeln. Dank seiner reichen Kulturgeschichte hat das Land für jeden Geschmack etwas zu bieten.

ARBEITSLAGE

Belgien ist eine hart arbeitende Nation. Wenn die Arbeitslosenquote relativ hoch ist, so liegt das daran, dass die verfügbaren Arbeitskräfte oft nicht die gestellten hohen Qualifikationsanforderungen mitbringen. Wenn Sie über eine entsprechende Ausbildung und Schulung sowie über die immer häufiger erwartete Flexibilität und Mobilität verfügen, ist Belgien aber ein interessantes Arbeitsland.

Öffentliche Arbeitsämter finden sich überall, doch sind sie eher auf Stellen für manuelle und weniger qualifizierte Arbeiter ausgerichtet. Die zahlreichen Personalberatungen spezialisieren sich hauptsächlich auf Führungspositionen und Stellen auf dem

Ardennen und zum belgischen Lothringen im Süden.
Grenzen: Niederlande im Norden, Deutschland und Luxemburg im Osten, Frankreich im Süden, die Nordsee im Westen
Klima: Gemäßigt. Die Winter sind im Osten kälter als im Westen, die Sommer sind entlang der Küste windiger und kühler.
Weitere Informationen:
- http://belgium.fgov.be/ Bundesinformationsstelle (in niederländischer, französischer, deutscher, englischer, spanischer und japanischer Sprache) mit einer Übersicht über alle Websites der Regierung, einschließlich wissenschaftlicher, kultureller und sozialer Einrichtungen.
- www.bruxelles.irisnet.be Informationen zur Region Brüssel
- www.moveup.be
- www.jobscareer.be
- www.infobel.be
- www.advalvas.be Suchmaschinen für die Jobsuche
- www.scoot.be Eine Website mit vielen praktischen Informationen

„Living in Belgium – The complete guide for expatriates and diplomats" ist an Zeitungsständen erhältlich.
„Hints for living in Belgium" wird herausgegeben vom American Women's Club of Brussels, Temselaan 199, B-1853 Strombeek-Bever
- www.xPATs.com
- www.vdab.be = offizielle flämische Arbeitsämter (VDAB)
- www.forem.be = offizielle wallonische Arbeitsämter (FOREM)
- www.orbem.be = offizielle französische Arbeitsämter in Brüssel (ORBEM)
- www.bgda.be = offizielle flämische Arbeitsämter in Brüssel (BGDA)

Europäische Kommission, Recruitment Unit COM/A/724, rue de la Loi / Wetstraat 200, B-1049 Bruxelles
Tel. +32-2-299 11 11

internationalen Markt. Heute nutzen Arbeitnehmer mit den unterschiedlichsten Qualifikationen zunehmend Zeitarbeitsfirmen, um schnell und einfach Arbeit zu finden, die oft zu einer langfristigen Anstellung führen kann.

Die hohe Steuerbelastung in Belgien wird durch ebenfalls hohe Gehälter ausgeglichen, die zudem an den Index der Lebenshaltungskosten gebunden sind, d.h. das Einkommen steigt automatisch, wenn der Preis für eine bestimmte Auswahl an Konsumgütern nach oben geht.

Außerdem kommen Angestellte in Belgien in den Genuss einer kräftigen Zusatzvergütung: Das Urlaubsgeld beträgt je nach den geleisteten Arbeitstagen im vorangegangenen Jahr bis zu 85% des Monatsgehalts. Weitere Zusatzleistungen sind das 13. und in einigen Fällen sogar das 14. Monatsgehalt. Diese Vergütungen hängen jedoch von dem jeweiligen Sektor und Unternehmen und dem individuellen Arbeitsvertrag ab. Die Lohnzusatzleistungen sind ein wichtiger Teil der Gesamtvergütung. Es gehört zu den Vorteilen einer Zeitarbeitsstelle, dass Sie Gelegenheit haben, sich einen besseren Einblick in die gebotenen Leistungen zu verschaffen, bevor Sie einen Vertrag für eine langfristigere Anstellung unterzeichnen.

Die Sozialversicherungsbeiträge fallen in zwei Bereiche. Die Arbeitnehmerbeiträge zu beiden werden jeweils direkt vom Gehalt abgezogen. Kranken- und Invaliditätsversicherung fallen unter die „Mutualité/Mutualiteit", während der Sozialversicherungsbeitrag selbst die übrigen traditionellen Bereiche abdeckt (Arbeitslosenversicherung, Rentenversicherung etc.). Für jedes Kind unter 25 Jahren wird Kindergeld ausbezahlt, das sich nach dem Bildungs-, Arbeits- und Gesundheitsstatus des Kindes richtet.

Der Anteil der Gewerkschaftsmitglieder ist von Sektor zu Sektor recht unterschiedlich, insgesamt jedoch eher gering. Dennoch sind die belgischen Gewerkschaften stark. Es gibt drei einflussreiche Gewerkschaftsgruppen, die jeweils einer der drei wichtigsten Parteien angeschlossen ist. Die Gewerkschaften haben erheblichen Einfluss innerhalb der Parteien und spielen daher in Politik und Regierung eine tragende Rolle. Folglich erfreuen sich die Arbeitskräfte gut verankerter Rechte und Arbeitsbedingungen, die durch entsprechende Gesetze und Institutionen geschützt sind. Im Falle von Entlassungen steht ihnen eine großzügige Abfindung zu. Diese Verhältnisse machen Belgien unter Umständen für Arbeitnehmer attraktiver als für Arbeitgeber.

LEBENSWEISE UND SPRACHEN

Ausländer sind in Belgien allgemein willkommen, wenn es auch gelegentlich zu geringfügigen Reibereien zwischen verschiedenen Gruppen kommen kann. Diese treten vor allem in und um Städte wie Brüssel und Antwerpen auf, wo eine große Zahl von Einwanderern angesiedelt ist und die Einheimischen ihre nationale Identität bedroht sehen. Nordafrikanische und türkische Einwanderer leben in bestimmten Bezirken in den Stadtzentren. Brüssel hat sogar ein sehr lebhaftes, zentral gelegenes afrikanisches Viertel, die „Matonga". In manchen, oft wesentlich exklusiveren Vororten finden sich zahlreiche englischsprachige Ausländer, die eine eher amerikanische Lebensweise bevorzugen.

Viele Ausländer versuchen erst gar nicht, die Landessprache(n) zu lernen, da sie glauben, sich mit Englisch verständigen zu können. Für die Belgier ist dies ärgerlich, da die Sprache in ihrem Land ohnehin ein umstrittenes Thema ist. Die meisten Belgier beherrschen zwei Sprachen (Niederländisch/Flämisch und Französisch oder Französisch und Deutsch), bemühen sich aber außerdem noch, Englisch zu sprechen. Sie sind daher der Ansicht, dass Ausländer zumindest versuchen sollten, eine der Landessprachen zu lernen. Niemand erwartet eine perfekte Sprachbeherrschung - allein durch die Bereitschaft, sich in der Landessprache zu verständigen, werden Sie positive Reaktionen ernten.

Die 16.000 Europäer, die für die internationalen Organisationen in Brüssel tätig sind, werden von einem ganzen Heer an Übersetzern, Lobbyisten, Druckern, Juristen und Beratern unterstützt, die ebenfalls in Belgien leben und arbeiten. In der Hauptstadt finden sich mehr Reporter als in jeder anderen Stadt, einschließlich Washington.

Falls Sie an einem Posten in einer der Institutionen der EU-Kommission interessiert sind, sollten Sie wissen, dass es für Angehörige von EU/EWR-Ländern viele verschiedene Stellen gibt. Daneben werden Praktika für Hochschulabsolventen angeboten. Stellenangebote finden Sie im Amtsblatt der Europäischen Gemeinschaft (siehe Adresse unter „Weitere Informationen"). Sie sollten sich jedoch darüber im Klaren sein, dass die Stellen heiß begehrt sind und sich dadurch die Einstellungsverfahren in die Länge ziehen können.

Es gibt zahlreiche andere Unternehmen in den unterschiedlichsten Sparten, die interessante Stellen anbieten, nicht nur in Brüssel. Wie in allen anderen Industrieländern bieten sich in High-Tech- und IT-Berufen die besten Chancen. Interessant ist in diesem Zusammenhang jedoch, dass Belgien zu den weltweit führenden Entwicklern von Übersetzungs- und Spracherkennungssystemen gehört. Die Übersetzungen erfolgen simultan und mit Hilfe des Systems können Sie sich in einer Sprache verständigen, die Sie niemals gelernt haben - mit Sicherheit eine zukunftsweisende Technologie für alle, die viel ins Ausland reisen und dort arbeiten, ohne jedes Mal eine neue Sprache lernen zu wollen. Mit diesen Systemen ist das vielbesagte Global Village einen guten Schritt näher gerückt.

Belgien ist nicht nur ein sehr wohlhabendes Land, sondern auch ein Land, dessen Bewohner die Genüsse des Lebens zu schätzen wissen. Gutes Wohnen und Essen stehen hoch oben auf der Rangliste der Belgier. Kein wichtiger geschäftlicher Vertrag wird ohne ein gutes Geschäftsessen abgeschlossen. In Belgien finden sich einige der besten Restaurants der Welt und die Qualität der Lebensmittel ist im Allgemeinen sehr hoch. Unter Männern wie Frauen gibt es begeisterte Köche, die ihre Kochkünste oft in umfangreichen Kursen erweitern. Weinclubs erfreuen sich großer Beliebtheit, da Weinkenntnisse allgemein hoch im Kurs stehen.

Aber auch weniger eingeschworene Gourmets werden am Leben in Belgien ihre Freude haben.

VERSCHIEDENES

- *Belgien hat eine Bundesregierung und ein nationales Zweikammer-Parlament (Abgeordnetenhaus und Senat). Flandern, Wallonien, die Region Brüssel und der deutschsprachige Landesteil haben ihre eigenen Regionalparlamente und Regierungen.*
- *Ministerien und Behörden sind in Belgien entweder entsprechend unterteilt oder existieren mehrfach, um den stark ausgeprägten Identitäten der einzelnen Bevölkerungsgruppen bzw. Regionen Rechnung zu tragen.*
- *Brüssel ist eine von Flandern umgebene, politisch separate „Insel", die in 19 Verwaltungsbezirke, die so genannten „Communes/Gemeenten" aufgeteilt ist.*
- *Die Europäische Union, die EU-Kommission, die Büros des Europaparlaments, der EU-Rat, der Europäische Wirtschafts- und Sozialausschuss und der Ausschuss der Regionen haben ihren Sitz in Belgien.*
- *Das Hauptquartier von NATO und SHAPE befinden sich ebenfalls in Belgien.*
- *Die meisten Ländern haben daher zwei Botschaften in Brüssel (eine für Belgien, eine für die EU) und gelegentlich sogar eine dritte offizielle Delegation (für die NATO/SHAPE).*
- *Das bedeutet auch, dass zahlreiche internationale Institutionen in Brüssel oder der Region Brüssel vertreten sind.*
- *Aufgrund der Internationalität Brüssels haben sich zahlreiche international tätige Arbeitgeber angesiedelt, z.B. viele*

- Dienstleistungs- und Beratungsunternehmen, Anwaltskanzleien und Lobbyistenbüros.
- Durch die Nähe zu Paris, London und Amsterdam (besonders mit den TGV-Schnellzügen) ist Mobilität ein wichtiger Faktor und Brüssel somit ein idealer Knotenpunkt für internationale Tagungen und Treffen an anderen Standorten.
- Zwischen Arbeitern und Angestellten besteht ein klarer, gesetzlich festgelegter Unterschied. In allen Beschäftigungsfragen ist es wichtig, ob Sie ein „Arbeider/Ouvrier" (Arbeiter) oder ein „Bediende/Employé" (Angestellter) sind. Die vertraglichen Konditionen unterscheiden sich erheblich, z.B. hinsichtlich der Probezeiten, Kündigungs-, Urlaubs- und Bonusregelungen. Achten Sie darauf, wenn Sie einen Vertrag unterzeichnen.
- Wenn Sie im Baugewerbe arbeiten, benötigen Sie eine besondere Sozialversicherungskarte, die Sie stets bei sich tragen sollten, um sie gegebenenfalls bei Kontrollen vorzeigen zu können.
- Belgien verfügt über ausgezeichnete Kindertagesstätten.
- Das belgische Bildungswesen ist kostenlos, was jedoch nicht unbedingt auf die vielen internationalen Schulen zutrifft, die mitunter recht hohe Gebühren in Rechnung stellen.
- Universitäten erheben eine geringe Gebühr.
- In allen Bereichen gilt die offizielle Sprache der jeweiligen Region.
- Sprachbezogene Regelungen können sehr streng sein und es ist ratsam, sich an sie zu halten.
- Grammatikalisch betrachtet sind Niederländisch und Flämisch gleich, doch unterscheiden sie sich in der Aussprache.
- Die offizielle flämisch/niederländische Sprache ist überall gleich und wird in Schulen und am Arbeitsplatz gesprochen. Auf lokaler Ebene unterhält man sich jedoch hauptsächlich im entsprechenden Dialekt, der sich von Dorf zu Dorf unterscheiden kann. Oft können sogar die Flamen selbst Dialekte aus anderen Regionen nicht verstehen.
- Wegen all dieser sprachbedingten Komplikationen wird Englisch mehr und mehr zur Verständigungsalternative. Offiziell darf Englisch allerdings nur dann verwendet werden, wenn die drei Amtssprachen (Niederländisch (Flämisch), Französisch und Deutsch) gleichzeitig benutzt werden.
- Ein weiterer Punkt, der häufig Verwirrung stiftet, ist die Tatsache, dass Städte häufig Namen haben – je nachdem, welche Sprache man gebraucht. Hier einige Namen, die Sie sich merken sollten: Brussel/Bruxelles, Antwerpen/Anvers, Liège/Luik/Lüttich, Gent/Gand, Leuven/Louvain/Löwen, Mons/Bergen, Mechelen/Malines und Kortrijk/Courtrai.
- Belgien ist das Land mit der weltweit höchsten Comiczeichnerdichte pro Quadratkilometer. Hier gelten Comics als Kunstform und werden wie selbstverständlich zum Kulturgut erhoben. Tim und Struppi und Lucky Luke sind nur zwei der vielen Comicserien, die es zu internationalem Ruhm gebracht haben. In Brüssel gibt es sogar ein bekanntes Comicmuseum, das in einem eindrucksvollen Jugendstil-Gebäude des berühmten Architekten Victor Horta untergebracht ist.
- Bier ist das Nationalgetränk, und abgesehen vom traditionellen Pils werden in Belgien über 450 Biersorten gebraut. Einige Biere sind nur zu bestimmten Jahreszeiten zu haben, andere werden mit Früchten hergestellt – so wie das aus Kirschen erzeugte „Kriek"bier.
- Schokolade zählt zu den wichtigsten belgischen Lebensmittelexporten, doch auch die Belgier selbst sind ihren Pralinen durchaus nicht abgeneigt. Sie haben einen ausgeprägten Sinn für die unterschiedlichen Geschmacksrichtungen und die Qualität der Schokolade.
- Belgien verfügt über ein hervorragendes Straßennetz, das extensiv für den internationalen Gütertransport genutzt wird.

WESTEUROPA

dänemark

Dänemark ist das kleinste und gleichzeitig das wohlhabendste der skandinavischen Länder und zeichnet sich durch einen hohen Lebensstandard aus. Die dänische Wirtschaft ist stark und solide.

Dänemark ist aber auch ein bezauberndes Land mit einer äußerst ungezwungenen Lebensform. Die Dänen sind unvoreingenommen, gesellig und gemütlich. „Hygge", zu Deutsch Gemütlichkeit, wird hier groß geschrieben. Der Großteil der dänischen Bevölkerung gehört der Lutheranischen Kirche an, die für Toleranz und Respekt der Privatsphäre steht.

Dennoch sehen sich die Dänen durch ihre etwas eigenbrötlerische Natur deutlich vom Rest der Welt abgegrenzt. Es herrscht die unterschwellige Angst, dass größere Organisationen sich zu sehr in dänische Angelegenheiten einmischen und die dänische Lebensweise beeinflussen könnten. Diese Haltung erklärt Dänemarks eher kühle Haltung gegenüber der EU, die regelmäßigen Referenden über internationale Verträge und den eher geringen Einfluss Dänemarks auf der Weltbühne.

Dänische Produkte sind für ihr erstklassiges Design mit typisch weichen Linien und fließenden Formen bekannt. Daneben legen die Dänen jedoch auch ein Interesse an einer ganzen Reihe von Aktivitäten an den Tag, die in vielen anderen Ländern eher ungewöhnlich wären. Es herrscht hier eine gewisse „Märchenatmosphäre" und es ist nicht verpönt, das „innere Kind" zutage treten zu lassen. Schließlich verfasste Hans Christian Andersen seine Bücher in Odense, die Legobausteine wurden in Billund erfunden und im Vergnügungspark Tivoli sowie am

Danmark
Königreich mit konstitutioneller Monarchie und parlamentarischer Demokratie
Die gesetzgebende Gewalt liegt bei der Monarchin, Königin Margrethe II., und dem Einkammer-Parlament, dem Folketing.
Dänemark ist in 14 Verwaltungsbezirke sowie die Stadtregionen von Kopenhagen und Frederiksberg untergliedert.
Die Färöer Inseln und Grönland gelten als autonome Regionen im Königreich Dänemark.
EU-Mitglied seit 1973
(ohne Grönland & Färöer Inseln)
Bevölkerung: 5,3 Mio. (nur Dänemark)
Gesamtfläche: 43.080 km^2
Hauptstadt: Kobenhavn (Kopenhagen)
Andere Großstädte: Århus, Odense, Ålborg
Sprache: Dänisch (kleine deutschsprachige Minderheit an der Grenze zu Deutschland)
Währung: Dänische Krone = DKK, dkr
 1 Krone = 100 Øre
 1 Euro = 7,43450 DKK
 1 Krone = € 0,13450
Mehrwertsteuer: 25%
Geographie: Flachland, der höchste Punkt liegt 173 m über dem Meeresspiegel. Eine Halbinsel (Jütland) und etwa 400 Inseln (nur jede vierte davon ist bewohnt), 7.314 km Küste
Grenzen: Die einzige Landgrenze (€7 km) - mit Deutschland - befindet sich im Süden. Auf allen anderen Seiten ist Dänemark

vom Meer umschlossen: im Westen von der Nordsee, im Norden vom Skagerrak und im Osten von der Ostsee.
Dänemark ist über eine neue Brücke mit Schweden verbunden, die im Jahr 2000 eröffnet wird.

Klima: Dänemarks Klima ist durch das Meer und westliche Winde geprägt. Es ist wärmer als in den anderen skandinavischen Ländern. Die Sommer sind normalerweise sehr sonnig mit hoher Luftfeuchtigkeit.

Niedrige Arbeitslosenquote
Jährliche Wachstumsrate des BIP: 2,7%
Handelsbilanz: +3,8% (des BIP)
Wichtiges Tor zum Baltikum
70% der Bevölkerung lebt in Städten, etwa 60% in Einzelhäusern und 53% in Eigenheimen

Weitere Informationen:
- www.investindk.com
  Detaillierte Informationen zum Arbeitsmarkt auf der Website „Invest in Denmark"
- www.um.dk
  Denmark, Conditions of Life – herausgegeben vom Außenministerium
- www.danmark.dk
  Statens DataNet mit Informationen über Ministerien und öffentliche Einrichtungen, zum Großteil in dänischer Sprache
- www.jobavisen.dk
  Job-Datenbank – hier können Sie nach Stellen suchen oder eigene Anzeigen aufgeben

„Stroget", dem größten Einkaufsviertel Kopenhagens, treffen sich täglich Schachspieler zu Partien unter freiem Himmel.

Die Kunst in ihren verschiedensten Formen ist ebenfalls ein wichtiges Interessensgebiet und die Dänen haben relativ einfachen Zugang zu einem breiten Spektrum an kulturellen Aktivitäten. Zahlreiche bemerkenswerte Museen – einige davon moderne architektonische Meisterwerke - zeigen (moderne) Kunst, Gemälde, Skulpturen und eine Vielfalt an anderen Objekten. Literatur, Dichtung, Ballett, Theater und Musik gehören ebenfalls zum kulturellen Angebot. Die Privatgalerie „Louisiana" in Humelbaek, nördlich von Kopenhagen, ist international als eines der besten Kunstzentren der Welt anerkannt.

LEBEN IN DÄNEMARK

Dänemark gehört zu den am besten organisierten Wohlfahrtsstaaten der Welt. Die ärztliche und klinische Versorgung steht allen Patienten kostenlos zur Verfügung, unabhängig von ihrem Einkommen. Die Sozialausgaben werden aus Steuern – einem bestimmten Prozentsatz des Einkommens – bestritten. Daher ist es nur logisch, dass alle Bürger gut, und vor allem gleich gut, behandelt werden. Öffentliche Einrichtungen wie das Bildungswesen, das Sozialsystem, die Polizei und Rechtspflege, der Zoll, die Zivilverteidigung, die Verkehrsplanung und das Gesundheitswesen sind von hohem Standard. Rathäuser im ganzen Land haben Bürgerinformationsschalter, an denen sich die Steuerzahler informieren können. 1954 wurde das Amt des Ombudsmanns geschaffen, der die Bürger vor einem eventuellen behördlichen Machtmissbrauch schützen soll.

Die Personalpolitik innerhalb der Unternehmen ist ebenfalls sehr sozial orientiert. Die Belegschaftseinrichtungen in Industriebetrieben sind meist ansprechend und behaglich gestaltet. Dies soll den Mitarbeitern verstärkt Qualitäts- und Servicebewusstsein vermitteln. Die Arbeit ist ein wichtiger Bestandteil des Lebens und diese Tatsache spiegelt sich in den erstaunlich gut instand gehaltenen Industriegebieten wider, die eher wie Wohngebiete wirken.

Der allgemeine Bildungsstand ist hoch – nicht umsonst ist Dänemark das Land, das die Erwachsenenbildung hervorgebracht hat. Auch richtete es als erstes Land die immer noch beliebten ländlichen Bildungszentren ein, um die Chancengleichheit unter seinen Bürgern zu fördern. Daneben besteht ein gut ausgebautes System an öffentlichen Bibliotheken, das ebenfalls zur Verbesserung des Bildungsstands beiträgt. Eltern haben großen Einfluss auf die Lehransätze der Schulen.

ARBEITSUMFELD
Wettbewerbsfähige Kosten und eine hohe Produktivität gehören zu den Merkmalen der dänischen Erwerbsbevölkerung. Die Zahl der Fehltage ist niedrig. Geschulte Arbeitnehmer sind in allen Sektoren verfügbar. Die Gesamtarbeitskosten – für Löhne und Gehälter und andere Posten – liegen 20-30% niedriger als in Deutschland, was auf die geringen Kosten für gesetzlich vorgeschriebene Versicherungen und vertragliche oder private Zusatzversicherungen zurückzuführen ist.

In Dänemark sind Loyalität gegenüber dem Arbeitgeber, Motivation, Eigenverantwortlichkeit und Kreativität nicht nur typische Merkmale der Arbeitnehmer, sondern werden auch durch das Arbeitsumfeld gefördert. Die Dänen scheinen ein Gespür für einfache, elegante Lösungen zu komplizierten Problemen zu haben, was unter anderem auch ein entspanntes Arbeitsklima schafft.

Die dänische Geschäftswelt zeichnet sich daher durch Effizienz, Einfachheit und Geradlinigkeit aus. Die öffentliche Bürokratie ist auf ein Minimum beschränkt und Rechtswidrigkeiten wie Bestechung und Korruption sind hier praktisch unbekannt.

Der Anteil der Frauen an der Erwerbsbevölkerung beträgt 46%, womit Dänemark in Sachen Gleichstellung und Chancengleichheit eine Führungsrolle zukommt.

Auch in der Umweltpolitik gehört Dänemark zu den Vorreitern. 1973 verabschiedete es als erstes Land der Welt Umweltgesetze.

Der rege Handel mit dem Ausland hat eine Offenheit gegenüber anderen Nationalitäten mit sich gebracht. 75% der Bevölkerung spricht Englisch. Die Steuerregelungen für Ausländer sind in manchen Fällen sehr attraktiv (ein Einkommensteuersatz von 25% im Gegensatz zu den üblichen 59% - allerdings nur über einen begrenzten Zeitraum von drei Jahren). Die Sozialversicherungsbeiträge (9%) werden anhand des Bruttogehalts berechnet.

Die dänischen Arbeitszeitregelungen gehören allgemein zu den flexibelsten in Europa. Die Wochenarbeitszeit beträgt normalerweise 37 Stunden. Die Arbeitgeber haben das Recht, das Arbeitsverhältnis jederzeit zu kündigen, solange die gesetzlich vorgeschriebenen und vereinbarten Fristen eingehalten werden. Die Einstellungs- und Kündigungspraktiken in Dänemark sind im Vergleich zu vielen anderen Ländern äußerst unkompliziert.

Die Dänen nehmen ihr Mittagessen gegen 12.00 Uhr ein, das Abendessen um ca. 18.00 Uhr. Somit bleibt genügend Zeit für einen kleineren Snack um 21.00 Uhr. Mittag- wie Abendessen bestehen aus dem berühmten „Smørrebrød", verschiedenen belegten Broten mit einer reichen Auswahl an Fleisch und Fisch. Gemüse betrachten die Dänen nicht als „richtiges Essen" und grüne Salate kommen eher selten auf den Tisch. Wenn Sie es wirklich halten wollen wie die Dänen, sollten Sie unbedingt das berühmte dänische Nationalgetränk „Aquavit" probieren. Der Schnaps wird eiskalt zu kalten Mahlzeiten serviert. Skol!

Die Geschichte des Königreichs Dänemark, der ältesten europäischen Monarchie, reicht zurück bis zur Herrschaft von Gorm des Alten, der etwa um 935 n. Chr. verstarb. An der Schwelle zum nächsten Jahrtausend ist Dänemark heute ein friedliches Land mit einer ausgeglichenen, modernen Gesellschaft und einem hohen Lebensstandard. Die Dänen arbeiten hart und haben eine optimistische, positive Lebenshaltung. Wenn es ein Land gibt, in dem die Menschen tatsächlich jeden Tag ihres Lebens genießen, dann ist es sicherlich Dänemark.

deutschland

**Bundesrepublik Deutschland
Parlamentarische Bundesrepublik**
16 Bundesländer.
Jedes Land hat seine eigene Verfassung, Gesetzgebung, Rechtsprechung und Regierung. Für die Verteidigungs-, Außen- und Finanzpolitik ist ausschließlich der Bund zuständig.
Parlamentarische Demokratie:
Der Bundesrat (obere Kammer) ist die Vertretung der Bundesländer. Je nach Bevölkerung stellen die einzelnen Länder drei bis sechs der 68 Abgeordneten. Das wichtigste gesetzgebende Organ ist der Bundestag (untere Kammer). Seine 672 Abgeordneten werden für 4 Jahre gewählt. Die Exekutive liegt bei der Bundesregierung unter Leitung des Bundeskanzlers. Der Bundespräsident ist das konstitutionelle Staatsoberhaupt und hat wenig Einfluss auf die Regierungspolitik.
**Gründungsmitglied der EU
Bevölkerung:** 81,2 Mio.
Gesamtfläche: 357.000 km²
Hauptstadt: Berlin (ein Teil der Verwaltung befindet sich noch immer in der früheren Hauptstadt Bonn)
Andere wichtige Städte und Großstädte: Bonn, Düsseldorf, Frankfurt, Hamburg, Hannover, Köln, Leipzig, München, Stuttgart
Sprache: Deutsch, mit regional unterschiedlichem Dialekt.

Die Wiedervereinigung der fünf Staaten der ehemaligen DDR (Deutsche Demokratische Republik) mit den elf Staaten der Bundesrepublik Deutschland wurde offiziell am 3. Oktober 1990 vollzogen. Dem Ereignis wird bundesweit mit einem Feiertag an diesem Tag gedacht.

Mit der erweiterten Bundesrepublik ist ein riesiger Staat in der Mitte Europas entstanden, der teilweise noch immer mit den Konsequenzen der Wiedervereinigung zu kämpfen hat. Die Zusammenführung von Ost und West ist jedoch in vollem Gange. Schwieriger noch als die wirtschaftliche Verschmelzung des wohlhabenden westlichen Landesteils mit der Zentralwirtschaft der früheren DDR ist jedoch die Angleichung der Arbeitsmentalitäten in Ost und West, die sich in über 40 Jahren der Trennung weit auseinander entwickelt haben.

Die Wiederherstellung der territorialen Einheit, die Deutschland am Ende des Zweiten Weltkriegs verloren hatte, galt lange Zeit als historische Notwendigkeit, die Realität ließ jedoch mehr als nationalistische Gefühle erwachen. Das wieder vereinigte Deutschland sah sich plötzlich mit enormen Veränderungen konfrontiert, auf die niemand wirklich vorbereitet war und mit denen viele nicht umzugehen wussten. Die Auflehnung gegen den Wandel hat sich zum Teil in Ressentiments geäußert, die unter anderem gegen die Gastarbeiter im Land gerichtet sind.

POLITISCHER UND WIRTSCHAFTLICHER HINTERGRUND

Erst gegen Ende der neunziger Jahre erreichte die ostdeutsche Wirtschaft dank neuer oder verbesserter Erzeugnisse wieder ähnliche Produktionszahlen wie in der zweiten Hälfte des Jahres 1990. Die Wettbewerbsfähigkeit ist jedoch weiter verbesserungsbedürftig, was fortgesetzte Investitionen aus dem Westen erfordert. Gleichzeitig ist die Arbeitslosigkeit stark angestiegen und liegt in den ehemaligen Ostländern jetzt fast doppelt so hoch wie in den westlichen Bundesländern. Zur Beseitigung der Jugendarbeitslosigkeit wurden umfangreiche Maßnahmen initiiert.

Die deutsche Industrie hat einen erheblichen Umbruch erfahren und in allen Bereichen – mit Ausnahme des Finanzsektors – Strukturverbesserungen vorgenommen und eine strategische Neuorientierung eingeleitet. Die Situation ist bisher jedoch weniger stabil als erhofft und es sind weitere einschneidende Richtungswechsel erforderlich. Hinzu kommt, dass verschiedene unrentable Sektoren wie der Kohlebergbau künstlich am Leben erhalten werden, obwohl eine Schließung wirtschaftlicher wäre. Hunderttausende von Arbeitsplätzen werden subventioniert und Entlassungen auf ein Minimum beschränkt, um den Betroffenen einen möglichst reibungslosen Übergang in andere Berufe zu ermöglichen und den Regionen katastrophale Arbeitslosenzahlen zu ersparen. Dies könnte sich jedoch negativ auf das gesamtdeutsche Wirtschaftswachstum auswirken.

Der Mittelstand, das Rückgrat der deutschen Wirtschaft, fordert weiterhin bessere Bedingungen in Form niedrigerer Steuern und geringerer Kosten. Positiven Entwicklungen wie Fusionen, Firmenübernahmen und einer führenden Position auf dem Weltmarkt (z.B. in der Automobilindustrie) stehen negative Perspektiven wie die allgemein langsame Akzeptanz der Konsequenzen gegenüber, die die Globalisierung der nationalen Wirtschaftssysteme mit sich bringt.

Die Einstellungen zur wirtschaftlichen Lage sind sehr unterschiedlich, aus der Situation haben sich jedoch verschiedene positive Entwicklungen ergeben. Der in Deutschland traditionell starke gesellschaftliche Konsens hat beispielsweise eine Stärkung erfahren. Wichtige Veränderungen vollziehen sich auch im privaten Sektor. Manche Industriezweige wie die Informationstechnologie und

---

Währung:
Deutsche Mark = DM
1 Mark = 100 Pfennig
1 Euro = 1,95583 DM
100 DM = € 51.1292
Mehrwertsteuer (MwSt.): 16%
Geographie: Vielgestaltige Landschaft mit Hoch- und Mittelgebirgen sowie Tiefebenen. Die wichtigsten Flüsse sind der Rhein, die Donau, die Elbe, die Weser und die Mosel. Die höchste Erhebung ist die Zugspitze (2963 m) in den Alpen entlang der südlichen Grenze des Landes.
Grenzen: Nordsee, Dänemark und Ostsee im Norden. Polen und Tschechien im Osten. Schweiz, Bodensee und Österreich im Süden. Niederlande, Belgien, Luxemburg und Frankreich im Westen.
Klima: Gemäßigt. Die durchschnittlichen Wintertemperaturen liegen zwischen 1 und -6°C, die mittleren Sommertemperaturen je nach Gegend zwischen 18 und 20°C. Niederschläge fallen das ganze Jahr über, im Norden ist das Klima jedoch allgemein gemäßigter als im Süden.
Wichtige Häfen: Hamburg, Bremen, Bremerhaven, Kiel, Lübeck, Rostock.
Wichtige Flughäfen: Berlin Schönefeld, Berlin Tegel, Bremen, Köln/Bonn, Dresden, Düsseldorf, Frankfurt am Main, Hamburg, Hannover, Leipzig, München, Nürnberg, Stuttgart.
Wichtigste Wirtschaftssektoren: Automobilindustrie, chemische und pharmazeutische Erzeugnisse, Elektrotechnik und Elektronik, Lebensmittel, Textilien, Metallurgie, Bergbau, Optik, Eisen und Stahl.

Weitere Informationen:
- www.bundesregierung.de
  Umfangreiche Informations-Website der Regierung
- Bundesministerium für Arbeit und Sozialordnung
  Rochusstraße 1,
  D-53123 Bonn
  Tel. +49 228 527 0
- Bundesanstalt für Arbeit – IAB
  (Institut für Arbeitsmarkt- und Berufsforschung)
  Regensburger Straße 104,
  D-90478 Nürnberg
- Bundesverwaltungsamt
  (Informationen für Ausländer)
  Barbarastraße 1,
  D-50735 Köln
- Bundesversicherungsanstalt für Angestellte (BfA)
  Ruhrstraße 2,
  D-10709 Berlin
- Deutscher Industrie- und Handelstag
  Adenauerallee 148,
  D-53113 Bonn
- „Doing Business in Germany"
  Ernst & Young International Business Series
- „Arbeit und Aufenthalt in Deutschland" (kleiner, praktischer Leitfaden zu den Rechten und Pflichten für ausländische Arbeitnehmer in Deutschland)
- Zentralstelle für Arbeitsvermittlung der Bundesanstalt für Arbeit – Auslandsabteilung
  Feuerbachstraße 42-46,
  D-60325 Frankfurt am Main
  Tel. +49 69 71 110
  Fax +49 69 71 11540
- „Im Blickpunkt: Leben und Arbeiten in Deutschland"
  ISBN 3-8246-0530-9 –
  Statistisches Bundesamt
- www.statistik-bund.de

Telekommunikation, die Softwareentwicklung und die Automobilproduktion können ausgezeichnete Ergebnisse vorweisen und stellen neue Mitarbeiter ein. Im Finanzwesen dagegen dürften die Entlassungen noch eine Weile anhalten. In wieder anderen Wirtschaftszweigen ist die Situation zwiespältig: In einzelnen Bereichen wird Personal abgebaut, während andere Bereiche der gleichen Branche expandieren. Durch den sozialen Konsens ist das Durchschnittseinkommen in Deutschland in den letzten beiden Jahren um ca. 10% gesunken.

BESCHÄFTIGUNGSCHANCEN

Bei der Jobsuche in Deutschland sollten Sie daher sorgfältig abwägen, wo sich Chancen bieten und welche Tätigkeit Ihnen zusagt. Jungen Stellensuchenden bieten sich relativ gute wirtschaftliche Bedingungen, vor allem, wenn sie bereits im Bereich Marketing gearbeitet haben oder eine Ausbildung vorweisen können, die in den wachstumsstarken Bereichen von Industrie und Technik gefragt ist. Entscheidend für eine erfolgreiche Bewerbung können jedoch auch andere persönliche Attribute wie Kreativität, Mobilität, Flexibilität und Sprachkenntnisse sein.

Wer sich bei der Stellensuche auf einen eng gesteckten geographischen Raum festlegt, hat automatisch weniger gute Chancen. In manchen Branchen oder Regionen sind die beruflichen Aussichten eher mager. Die besten Arbeitsmöglichkeiten bieten sich in Bayern und Baden-Württemberg, den beiden Bundesländern mit der niedrigsten Arbeitslosenquote und den besten Zukunftsaussichten. Deutsche Arbeitnehmer ziehen einer Stelle zuliebe meist nur ungern um.

Für Frauen kann sich die Arbeitssuche in Deutschland schwierig gestalten, es sei denn, sie bringen gute sprachliche und berufliche Kompetenzen mit. In Deutschland ist der weibliche Anteil an der Erwerbsbevölkerung relativ gering und gelegentlich wird bei der Stellenbesetzung Männern der Vorzug gegeben.

Zwei Begriffe, die häufig zur Beschreibung des deutschen Charakters verwendet werden, sind „Gründlichkeit" und „Gemütlichkeit" obwohl die Deutschen selbst diese Eigenschaften nicht unbedingt als zutreffend empfinden würden.

Je weiter man sich dem Süden Deutschlands nähert, umso mehr Temperament wird im zwischenmenschlichen Umgang spürbar. Je höher der Bildungsstand, umso offener ist man allgemein gegenüber Fremden. Freunde zu finden ist für Ausländer in Deutschland nicht immer einfach, doch auf einmal geschlossene Freundschaften ist Verlass.

LEBENSWEISE
Das Kultur- und Freizeitangebot in Deutschland ist umfassend und vielseitig. Ausgedehnte Strände und Bergregionen bieten Gelegenheit zu den unterschiedlichsten Aktivitäten. Das Unterhaltungsangebot in Bezug auf Theater, Konzerte und Oper wird den höchsten Ansprüchen gerecht und viele Museen sind nicht nur wegen ihrer Kunstschätze, sondern auch wegen ihrer faszinierenden Architektur einen Besuch wert. Wichtige Termine im jährlichen Kulturkalender sind das Oktoberfest in München, der Karneval im Frühling und die Weihnachtsmärkte (Christkindlmärkte) in der Adventszeit, die alle ein besonderes Erlebnis sind.

Die Deutschen nehmen ihre Arbeit ernst und sind sehr fleißig. Deutsche Arbeitnehmer genießen mindestens vier, in vielen Fällen sogar sechs Wochen Urlaub. Der Urlaub ist auch der Bereich, bei dem die Deutschen am wenigsten zu sparen bereit sind. Doch sobald die Ferien zu Ende sind, wird wieder hart gearbeitet.

Deutschland ist das Land mit den wenigsten Streiks und der weltgrößten Einzelgewerkschaft. Alle Aspekte des Arbeitslebens sind genau geregelt. Versuchen Sie nicht, Bestimmungen zu umgehen, wenn Sie Probleme vermeiden wollen.

Die Einkommenssteuer wird vom Arbeitgeber einbehalten und direkt an das örtliche Finanzamt abgeführt. Auch die Sozialversicherungsbeiträge zur Renten-, Arbeitslosen-, Kranken- und Pflegeversicherung werden vom Lohn oder Gehalt einbehalten. Wer seinen Wohnsitz in Deutschland hat, ist verpflichtet, sein weltweites Einkommen in Deutschland zu versteuern. Die Einkommenssteuer steigt linear von 19% bis auf 53% an. Die Löhne und Gehälter schwanken je nach Region, Alter und Berufserfahrung. Es gibt keinen gesetzlich verankerten Mindestlohn. Nach sechs Monaten ununterbrochener Betriebszugehörigkeit ist eine Entlassung nur möglich, wenn dies gerechtfertigt ist, und kann vor dem Arbeitsgericht angefochten werden.

Der tief greifende Wandel, der sich heute in Deutschland vollzieht, macht einen Aufenthalt zu einem echten Erlebnis. Zwar sind noch immer vielerorts Reste der alten, bequemen Gangart der letzten 30 Jahre spürbar, doch haben die Globalisierung der Wirtschaft und der Fall des Eisernen Vorhangs das Leben in Deutschland um vieles bereichert. Verkörpert wird diese neu gefundene Dynamik durch die neue Hauptstadt Berlin (die größte Baustelle der Welt), in der heute eine ähnliche kosmopolitische und kulturelle Mischung anzutreffen ist wie beispielsweise in New York, London oder Paris – und das nur hundert Kilometer von der polnischen Grenze entfernt.

Wer ein klares Verständnis für diesen Wandel und seine Konsequenzen mitbringt, wird sich als Ausländer in Deutschland wohlfühlen. Mit der richtigen Einstellung können Sie jedoch problemlos Freundschaften schließen und das Ausländerdasein genießen. Deutschland ist sicherlich eine gute Adresse, wenn Sie an der Arbeit für einen multinationalen Konzern in einer Großstadt interessiert sind. Erheblich geringer sind die Lebenshaltungskosten allerdings auf dem Land. In Deutschland erleben Sie, wie Ost und West zusammenwachsen und wie ein führendes Land mit neuem Schwung ins nächste Jahrtausend geht.

Deutschland ist sicher nicht das einfachste oder bequemste Land, es ist jedoch zweifellos eines der spannendsten und hat eine enorme Vielfalt zu bieten.

VERSCHIEDENES
- *Deutschland ist die drittgrößte Wirtschaftsmacht der Welt, der drittgrößte Exporteur von High-Tech-Erzeugnissen*

- *und nimmt eine Vorreiterrolle in Bezug auf Innovationen ein.*
- *Über 7 Millionen Einwohner stammen aus dem Ausland. Ausländische Arbeitnehmer und Geschäftsleute steuern einen wichtigen Teil zum Wirtschaftswachstum bei. Ihr Beitrag zum Bruttosozialprodukt beträgt jährlich rund 100 Milliarden Mark.*
- *Deutschland ist der wichtigste Messestandort der Welt. Die Globalisierung der Wirtschaft und das rasche Wachstum der Import-/Exportbranche gehören zu den treibenden Kräften im Hinblick auf das deutsche Messe- und Ausstellungsgeschehen.*
- *Die Idee der Autobahn – einer durch einen Mittelstreifen geteilten Straße mit Richtungstrennung, auf der sich zahlreiche Verkehrsteilnehmer bei hoher Geschwindigkeit unter Umgehung von Städten und bei begrenztem Zugang fortbewegen können – wurde 1926 in Deutschland geboren und diente ursprünglich militärischen Zwecken. Die erste Autobahn zwischen Köln und Bonn wurde 1932 offiziell in Betrieb genommen.*
- *Mittlerweile ist das Verkehrsnetz auf 11.143 km Autobahn, 41.770 km Bundesstraßen und 45.942 km Bahnstrecken angewachsen.*
- *Deutschland gehört zu den Pionieren in der Einrichtung von Verkehrsfunksystemen, die die Autofahrer ständig über die Verkehrs- und Straßenverhältnisse auf dem Laufenden halten. Hinweistafeln entlang der Autobahnen geben die Wellenlänge der regionalen Verkehrssender an.*
- *Die Feiertage sind von Bundesland zu Bundesland unterschiedlich. Folgende Feiertage gelten jedoch im gesamten Bundesgebiet: Neujahr, Karfreitag, Ostermontag, 1. Mai (Tag der Arbeit), Christi Himmelfahrt, Pfingstmontag, 1. und 2. Weihnachtsfeiertag sowie der 3. Oktober (Tag der deutschen Einheit).*
- *Die Ladenschlusszeiten sind weniger flexibel als in anderen Ländern. Alle Geschäfte mit Ausnahme von Läden an Flughäfen, großen Bahnhöfen, Tankstellen usw. schließen unter der Woche um spätestens 20 Uhr, samstags um 16 Uhr. Sonntags bleiben sie ganz geschlossen.*

Land	Hauptstadt	Bevölkerung
Baden-Württemberg	Stuttgart	10,4 Millionen
Bayern	München	12,0 Millionen
Berlin	Berlin	3,5 Millionen
Brandenburg	Potsdam	2,5 Millionen
Bremen	Bremen	0,7 Millionen
Hamburg	Hamburg	1,7 Millionen
Hessen	Wiesbaden	6,0 Millionen
Mecklenburg-Vorpommern	Schwerin	1,8 Millionen
Niedersachsen	Hannover	7,8 Millionen
Nordrhein-Westfalen	Düsseldorf	18,0 Millionen
Rheinland-Pfalz	Mainz	4,0 Millionen
Saarland	Saarbrücken	1,0 Millionen
Sachsen	Dresden	4,5 Millionen
Sachsen-Anhalt	Magdeburg	2,7 Millionen
Schleswig-Holstein	Kiel	2,7 Millionen
Thüringen	Erfurt	2,5 Millionen

finnland

1887, ein Jahr nach der Erfindung des Telefons, wurde in Finnland bereits die erste Telefonleitung in Betrieb genommen. 1999 ergab eine Umfrage, dass 99% der jungen Erwachsenen zwischen 18 und 24 Jahren ein eigenes Handy besitzen. Kein Wunder also, dass der Telekommunikationsriese Nokia hier ein enormes Wachstum verzeichnen kann und ein Viertel der Exporte auf die Kommunikationstechnologie entfällt (25,6% gegenüber 23,7% für Zellstoff, Papier und Papierprodukte, die einstigen Spitzenreiter unter den Exportprodukten). Auf dem Kommunikationssektor hat sich auch die 800 km nördlich von Helsinki gelegene Universität von Oulu mit ihrem zugehörigen Science Park Technopolis einen Namen durch die Entwicklung bahnbrechender Technologien gemacht.

FÜHREND IM HIGH-TECH-BEREICH
Finnland steht heute für alles, was im IT- und Kommunikationsbereich als modern und zukunftsweisend gilt. Vielleicht liegt es an den harten klimatischen Verhältnissen, den langen Reisewegen und der dünnen Besiedelung, dass diese Industriezweige in puncto Innovation in Führung liegen. Die hohe Zahl an Netzbetreibern (derzeit 70) verleiht Finnland auch auf internationaler Ebene ein gutes Profil. In einer Erhebung innerhalb der wichtigsten Industrieländer der Welt wurde Finnland die höchste Wertung für eine systematische IT-Ausbildung und die Nutzung von IT-Produkten und –Dienstleistungen zuteil. Die Finnen loggen sich im

Suomi
Demokratische Republik
Der Präsident wird im Direktwahlsystem gewählt
EU-Mitglied seit 1995
Bevölkerung: 5,15 Mio.
Gesamtfläche: 338.145 km^2
Hauptstadt: Helsinki
Andere Großstädte: Turku, Tampere, Oulu
Sprache: Finnisch (93,4%), Schwedisch (5,9%). Die kleine Bevölkerungsgruppe der Lappen spricht Sami.
Währung: Markka oder Finnmark = FMk, FIM
1 Euro = 5,94573 FIM
100 FIM = € 16,8188
Mehrwertsteuer: 22%
Geographie: Finnland liegt zwischen dem 60. und 70. Längengrad im Norden Europas. Ein Viertel seiner Gesamtfläche befindet sich nördlich des Polarkreises. Ein Großteil des Landes ist durch eine leicht hügelige Landschaft mit borealen Nadelwäldern geprägt, in der sich bewaldete Hügel und Seen zu einem malerischen Bild vereinen. Die finnische Seenplatte entstand nach der letzten Eiszeit und umfasst über 55.000 Seen, die über eine Reihe kleiner Flüsse miteinander verbunden sind.
Zu Finnland gehören auch etwa 179.584 Inseln.
Grenzen: Schweden im Westen, Norwegen im Norden, Russland im Osten, Estland im Süden auf der gegenüberliegenden Seite des Finnischen Meerbusens. Im Südwesten grenzt Finnland an die Ostsee.

Klima: Kalte Winter und warme Sommer. Im Süden Finnlands erreicht die Tagestemperatur im Sommer gelegentlich 30°C, im Winter sind Temperaturen um -20°C nichts Ungewöhnliches.

Die Finnen leben vermutlich bereits seit 3000 v. Chr. in Finnland. Vom 12. bis zum Anfang des 19. Jahrhunderts war Finnland eine schwedische Provinz und wurde dann aufgrund des napoleonischen Krieges in ein autonomes Großfürstentum unter russischer Oberhoheit umgewandelt. 1917 erklärte es seine Unabhängigkeit.

Weitere Informationen:
- www.vn.fi
  Informationen der Regierung
- virtual.finland.fi
  Eine besonders interessante Allround-Website, die vom Außenministerium zusammengestellt wurde
- www.otm.fi/www.sciencepark.com
  Informationen zur Technopolis der Universität Oulu
- www.eva.fi
  Eine Denkfabrik, die von den wichtigsten finnischen Geschäftsverbänden gegründet wurde.

Vergleich zum europäischen Durchschnitt fünfmal häufiger ins Internet ein und 99% der Beamten sind in Büros mit E-Mail-Zugriff tätig.

Ein Paradebeispiel ist in diesem Zusammenhang der finnische Jungunternehmer Linus Torvalds, der die auf Unix basierende, kostenlose Internet-Software Linux entwickelt hat, die sich rasch wachsender Beliebtheit erfreut (nähere Einzelheiten unter www.linux.org).

Die Verbindung von Mobiltelefonen und Internet gilt als Zukunft der Telekommunikation und erste Forschungsarbeiten sind bereits im Gange, um neue Zahlungswege (beispielsweise mit Bit anstelle von Minuten als Berechnungsgrundlage) zu finden.

Heute kommen die Mitarbeiter der 160 – hauptsächlich kleineren – Technopolis-Unternehmen aus aller Welt. Studenten an der Universität von Oulu werden oft bereits Stellen angeboten, bevor sie ihr Studium abgeschlossen haben. Selbst die Chinesen haben einen Weg in dieses abgelegene, kalte Land gefunden, in dem sich die Sonne den ganzen Winter lang nicht blicken lässt. Die Universität von Oulu hat noch ein weiteres boomendes Forschungszentrum hervorgebracht: „Medipolis" feiert mit Forschungsarbeiten in den Bereichen Biotechnologie und medizinischer Technologie ebenfalls enorme Erfolge.

LEBENSWEISE

Die Finnen sind als besonders schweigsam bekannt. Sie haben kein ausgeprägtes Mitteilungsbedürfnis und ihre Kommunikationsfähigkeit hält sich ebenfalls in Grenzen. Man behauptet, die Finnen hätten eine besondere Einstellung zur Sprache: Äußerungen werden allgemein ernst und Personen beim Wort genommen. Brainstorming-Übungen sind somit meist nicht von Erfolg gekrönt, da sich niemand an ihnen beteiligt. Angeblich sind Finnen schüchtern und leicht zu verunsichern. Bei Diskussionen empfiehlt sich statt der Frage: „Wie sollen wir das machen?" eher die Formulierung „Glaubst du, wir können die Sache so und so in den Griff bekommen?". Finnen sind besser im Zuhören als im Sprechen und halten es für unhöflich, anderen ins Wort zu fallen. Gesprächspausen stören sie nicht weiter, da sie sie lediglich als andere Form der Kommunikation betrachten.

GESELLSCHAFTLICHES LEBEN

Die Sauna, die finnische Institution schlechthin, ist der einzige Ort, an dem die Leute lebhafter und gesprächiger werden. In dieser vertrauten Umgebung kann es sogar vorkommen, dass sie sich plötzlich völlig öffnen. So kommt es, dass viele geschäftliche Vereinbarungen in der Sauna getroffen werden. Die meisten Unternehmen haben Saunen für Mitarbeiter und eine Sauna für Gäste. Für viele Ausländer ist der Gedanke, sich bei geschäftlichen Verhandlungen derart die Blöße zu geben, jedoch gewöhnungsbedürftig. Doch mit der Zeit gewöhnt man sich bekanntlich an alles… Andererseits scheinen sich die Dinge langsam zu ändern, da Saunen traditionell eine Männerdomäne und Geschäftsfrauen von solchen Verhandlungen daher ausgeschlossen sind. Da Frauen in allen Bereichen zu etwa 50% vertreten sind, bedeutet dies, dass zumindest die Hälfte aller geschäftlichen Besprechungen an anderen Orten abgehalten werden müssen.

In der Industrie besteht eine Knappheit an Fachkräften, die sich angesichts der Arbeitslosenzahlen wie ein Widerspruch ausnimmt. Gleichzeitig verlagert sich die Schaffung neuer Arbeitsplätze hin zum Dienstleistungssektor, der aufgrund der finnischen „Do-it-yourself"-Mentalität lange Zeit brach lag. Die Industrie verlegt sich jedoch in zunehmendem Maße auf Outsourcing und die Inanspruchnahme von Dienstleistungen im Produktionsbereich. Dieser Zuwachs im Dienstleistungsbereich stellt eine Herausforderung an die finnische Gesellschaft dar, die sich erst noch an neue Arbeitsformen wie Teilzeit- und Zeitarbeit gewöhnen muss.

VERHALTEN

Die Mehrzahl der in Finnland arbeitenden Ausländer stammt aus Russland, anderen Ländern der ehemaligen Sowjetunion und aus Schweden. Die größte Einwanderergruppe bilden Personen, die mit Finnen verheiratet sind (jährlich werden etwa 2.000 neue Ehen zwischen Finnen und anderen Staatsangehörigen geschlossen).

Eine chauvinistische oder herablassende Einstellung gegenüber Frauen gilt als unakzeptabel und es ist beispielsweise durchaus üblich, dass Frauen ihren Teil einer Restaurantrechnung selbst begleichen. Die Finnen haben traditionell männliche Substantive durch geschlechtsneutrale Begriffe ersetzt (z.B. Lehrkraft), was durch die Tatsache erleichtert wird, dass das Personalpronomen der dritten Person Singular im Finnischen für beide Geschlechter gilt.

Die sozialen Umgangsformen der Finnen sind entspannt. Das persönliche Image – also der gute oder schlechte Ruf einer Person - entsteht durch langfristige Beurteilung ihrer Handlungsweisen und hat nichts damit zu tun, ob diese Person einem standardisierten Verhaltenskodex entspricht. Was die interkulturellen Beziehungen anbelangt, so gibt es für Ausländer nur wenige Stolpersteine.

VERSCHIEDENES

- *Der Reichtum an Gewässern verursacht im Sommer eine starke Mückenplage!*
- *Die meisten Finnen (62% der Bevölkerung) leben in Stadtgebieten.*
- *Frauen haben einen Anteil von fast 48% an der Erwerbsbevölkerung und nehmen 73 der 200 Parlamentssitze in Anspruch. Sie verdienen im Durchschnitt jedoch nur 81% des Gehalts ihrer männlichen Kollegen.*
- *Schwedischsprachige Finnen – und mehr und mehr finnischsprachige Finnen – haben die Angewohnheit, bei Dinnerpartys vor jedem Schnaps ein kleines Lied anzustimmen. Bei größeren Festivitäten gibt es normalerweise sogar einen Toastmaster, der bestimmt, wann getrunken wird und welche Lieder dazu gesungen werden.*
- *Es ist eine Ehre, in ein Sommerhäuschen eingeladen zu werden, doch sollte man sich den oft kargen Bedingungen ohne Murren anpassen. Viele Familien sind der Ansicht, dass Elektrizität, fließendes Wasser und WCs nicht zum Leben in einem Sommerhaus passen.*

frankreich

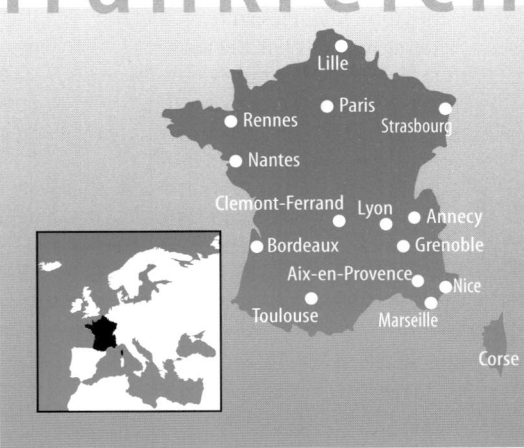

France
Demokratie
22 Regionen mit 101 zum Teil überseeischen „Départements" (Kommunalverwaltungen)
Gründungsmitglied der EU
Bevölkerung: 60,9 Mio.
Gesamtfläche: 551.602 km², einschließlich der Inseln, z.B. Korsika
Hauptstadt: Paris
Andere Großstädte: Aix-en-Provence, Annecy, Bordeaux, Clermont-Ferrand, Grenoble, Lille, Lyon, Marseille, Nantes, Nizza, Rennes, Strassburg, Toulouse
Sprache: Französisch
Währung: Französischer Franc (FF)
1 FF = 100 Centimes
1 Euro = 6,55957 FF
100 FF = € 15,2449
Mehrwertsteuer: 20,6%
Geographie: Etwa zwei Drittel des Landes liegen niedriger als 250 m über dem Meeresspiegel. Frankreich ist im Norden, Westen und Südwesten durch Tiefebenen geprägt, die jedoch an zwei Gebirgsketten angrenzen: im Osten die Alpen einschließlich des höchsten Gipfels Europas (der Mont Blanc mit einer Höhe von 4.807 m) und an der Grenze zu Spanien die Pyrenäen. Die größte Bergregion jedoch, das Massif Central, findet sich - wie der Name schon sagt - im Zentrum des Landes.
Küste: Insgesamt 3.200 km Küstenlinie entlang des Ärmelkanals, des Atlantiks und des Mittelmeers.
Wichtigste Flüsse: Loire, Seine, Rhein, Rhône, Garonne
Grenzen: Belgien im Norden, Luxemburg, Deutschland und die Schweiz im Osten, Italien im Südosten, Spanien im Südwesten

Frankreichs prägnantestes Merkmal ist seine Vielseitigkeit. Hierbei ist vor allem zwischen Paris und dem Rest des Landes zu unterscheiden. Paris ist eine Stadt mit völlig eigenem Charakter und einer Atmosphäre bzw. einem Ruf, die sich in vielerlei Hinsicht von den anderen Städten und Regionen des Landes unterscheiden. Frankreich ist ein Land mit einer Vielzahl unterschiedlicher klimatischer Zonen, Landschaften, Kulturen und Menschen. Sandstrände sind hier ebenso anzutreffen wie imposante Berge und ein kontinentales ebenso wie ein südländisches Klima. Strassburg wirkt in vieler Hinsicht wie eine deutsche Stadt, während die Architektur in Nizza eher italienische Züge trägt und der Norden Frankreichs wiederum Belgien ähnelt. Zudem hat Frankreich über Jahrhunderte hinweg mehr Einwanderer aufgenommen als seine europäischen Nachbarländer und zahlreiche kulturelle, kulinarische und traditionelle Elemente anderer europäischer und seit kürzerer Zeit afrikanischer und asiatischer Länder in seine eigene Kultur integriert. So ist Paris beispielsweise ein wichtiges und vielseitiges Zentrum für Ethno-Musik (z.B. Khaled, Youssou'n' Dour), Film und Kunst.

POLITISCHER HINTERGRUND
Aufgrund dieser Vielseitigkeit ist es praktisch unmöglich, Frankreich in eine Schublade zu stecken. Das Einzige, was man über Frankreich vielleicht allgemein sagen kann, ist, dass es sich um ein Land

der Widersprüche handelt. Das selbe Land, in dem 12% der Wählerstimmen an rechtsextremistische Parteien gehen, ist gleichzeitig stolz auf den Sieg seines multikulturellen Fußballteams bei der Weltmeisterschaft von 1998. Bei jeder Wahl machen die Wähler eine Kehrtwendung von rechts nach links und zurück, weil sie Angst vor zu viel Liberalität haben, andererseits aber auch weniger Bürokratie und niedrigere Steuersätze wollen. Historisch ist Frankreich ein eher zentralisiertes Land, doch wurde in den 80er-Jahren ein weitreichendes Dezentralisierungsprogramm implementiert.

Frankreich ist für seinen auf „Joie de vivre" (Lebensfreude) ausgerichteten Lebensstil bekannt, doch sieht die Lage nicht immer so rosig aus. Seine Einwohner machen sich Sorgen über Arbeitslosigkeit, Unruhen in den Städten und die zunehmende Armut. Die Franzosen kritisieren die hohe Besteuerung (45% des BIP), den aufgeblähten staatlichen Sektor (20% des BIP) und die Bürokratie. Doch im Grunde genommen träumt jeder Franzose davon, Beamter zu sein, um der Arbeitslosigkeit zu entkommen und im Falle von Schwierigkeiten auf die finanzielle Unterstützung des Staats zählen zu können.

In den letzten Jahren verliert „l'exception française" (die besondere Haltung der Franzosen) – gekennzeichnet durch eine Mischung aus kulturellem und wirtschaftlichem Protektionismus sowie dem Misstrauen gegenüber Kapitalismus, Globalisierung und der Vorherrschaft der USA - jedoch nach und nach an Bedeutung. Der Druck von Seiten der EU und globaler Investoren/Märkte hat Frankreich zu einer zunehmenden Öffnung veranlasst. 35% des französischen Aktienmarkts befindet sich in ausländischen Händen, ein wesentlich höherer Anteil als in den USA oder in Großbritannien. Französische Manager verlieren diese Tatsache nicht aus den Augen. So wird etwa das Privatisierungsprogramm auch unter der sozialistischen Regierung fortgeführt. Staatliche Unternehmen und Behörden sind leistungsorientierter geworden, um mit den neuen privaten Konkurrenten Schritt halten zu können. Ob gewollt oder nicht – Frankreich passt sich den Gegebenheiten der Globalisierung an. Diese Entwicklung liegt unter anderem auch daran, dass die Franzosen zunehmend von Zweifeln hinsichtlich ihres politischen, sozialen und wirtschaftlichen Systems geplagt werden, bedingt durch Enthüllungen über politische Korruption und enorme Verluste innerhalb

Klima: Im Allgemeinen gemäßigt mit milden Wintern, obwohl deutliche Unterschiede zwischen den einzelnen Regionen bestehen. Im Westen (von Brest bis Paris und Bordeaux) ist das Klima durch den Meereseinfluss geprägt, während im Osten (Elsass, Lothringen) ein eher kontinentales Klima vorherrscht. Der Süden (Nizza, Marseille) zeichnet sich durch ein mediterranes Klima aus. In den Gebirgsregionen (Alpen, Pyrenäen und Jura) sind die Winter härter.

Bruttoinlandsprodukt:
97.8137 Mrd. FF

Jährliches Wachstum: (viertes Quartal 1998 im Vergleich zum vierten Quartal 1997) +2,8%

Bezahlter Urlaub: Bis zu neun Wochen jährlich.

Weitere Informationen:
- www.france.diplomatie.fr
  Allgemeine Informationen, allerdings nur in französischer Sprache
- www.travail.gouv.fr
  Ministerium für Arbeit und Beschäftigung
- www.sante.gouv.fr
  Gesundheitsministerium
- www.pme-commerce-artsanat.gouv.fr
  Kleinunternehmen, Handel und Kunstgewerbe
- www.bpi.fr
  Staatliche Referenzbibliothek

„Chez Vous En France", Autorin: Geneviève Brame, Herausgeber: Dunod ANPE International
Rue Pigalle 69
F-75009 Paris
Tel. +33-1-44531616

des Sozialversicherungssystems und verschiedener staatlicher Betriebe.

ARBEITEN IN FRANKREICH

Wer legal in Frankreich arbeiten will, benötigt eine Aufenthaltsgenehmigung (Carte de séjour). Als Staatsbürger eines EU-Mitgliedslands erhalten Sie dieses Dokument problemlos bei jedem Rathaus (Mairie). Nachdem Sie eine Stelle gefunden haben, sollten Sie mit dem Pass, drei Fotos, einem Adressennachweis und Ihrem Arbeitsvertrag die Mairie aufsuchen, wo Ihnen dann die Carte de séjour ausgestellt wird. Staatsbürger eines Nicht-EU-Landes benötigen bereits vor der Einreise eine Arbeitserlaubnis (Autorisation de travail). In einem solchen Fall muss Ihr zukünftiger Arbeitgeber die Behörden davon überzeugen, dass er keinen französischen Staatsbürger finden kann, der geeignet ist, die betreffende Stelle zu belegen. Je höher Sie qualifiziert sind und je besser Sie verdienen, desto einfacher ist es, die Arbeitserlaubnis zu erhalten, da derartige Einschränkungen in erster Linie für ungelernte Arbeiter eingeführt wurden.

In allen Sektoren werden regelmäßig leitende Angestellte und Fachleute aus dem Ausland beschäftigt. Dies gilt besonders für große, global orientierte Unternehmen. Die dynamischste Branche für qualifizierte Arbeitskräfte dürfte jedoch der Computerbereich sein, in dem sich einige äußerst erfolgreiche französische Unternehmen etabliert haben. Falls Sie nach einer Stelle suchen, können Sie über EURES im Internet nachschlagen. Zwei nationale Arbeitsvermittlungsstellen schreiben Jobs über EURES aus: Die Agence Nationale pour l'Emploi (ANPE) konzentriert sich auf Stellen für manuelle Arbeiter und Angestellte, die Association pour l'Emploi des Cadres (APEC) auf Stellen für Führungskräfte. Frankreich verfügt zudem über ein so genanntes „Office des Migrations Internationales" (OMI), bei dem sich Ausländer ebenfalls über Arbeitsmöglichkeiten informieren können.

Die Wohnungskosten in Frankreich sind im Vergleich zu ähnlichen, jedoch dichter besiedelten Ländern wie beispielsweise Großbritannien oder Deutschland relativ niedrig. Das gilt für die Hauptstadt ebenso wie für die Provinzen. In Paris kostet der Quadratmeter Wohnfläche etwa 15.000 FF. Das ist weit weniger als für eine entsprechende Wohnung in London oder Frankfurt.

ARBEITSBEDINGUNGEN

1950 führte Frankreich mit dem SMIC (Salaire Minimum Interprofessionel de Croissance) als erstes europäisches Land ein Mindestlohnsystem für alle Sektoren ein. Einer von neun Beschäftigten - in erster Linie junge Leute, Frauen und Angestellte kleiner Unternehmen – beziehen diesen Mindestlohn. In den letzten Jahren stieg der Nettolohn für Arbeiter schneller an als das Nettogehalt von leitenden Angestellten der mittleren Führungsebene und Fachkräften, während sich die entsprechenden Zahlen für qualifizierte Angestellte eher um den Durchschnitt bewegten. Das Einkommen ist gestiegen und Sozialleistungen wie Familiengelder und Wohngeldzuschüsse haben nicht nur konstant zugenommen, sondern werden auch immer vielseitiger.

Soziale Ungerechtigkeiten sind weniger ausgeprägt, doch bestehen nach wie vor sichtbare Diskrepanzen in Bezug auf das Gehaltsniveau und, was stärker ins Gewicht fällt, ererbtem Reichtum. Derartige Unterschiede spielen auch im Hinblick auf die teilweise begrenzte soziale Mobilität eine Rolle.

Seit 1982 wurde die Rolle und Verhandlungsposition der Arbeitnehmervertretungen und Gewerkschaften durch eine Reihe von Gesetzen und Verfügungen gestärkt. Die Zahl der Gewerkschaftsmitglieder (8% der arbeitenden Bevölkerung) ist jedoch in Frankreich weit niedriger als in anderen europäischen Ländern wie etwa Großbritannien, Schweden und Deutschland. Die französischen

Gewerkschaften erlebten in den ersten 30 Jahren nach dem 2. Weltkrieg eine Blütezeit, haben seither jedoch an Einfluss verloren. Dieser Trend sowie die Entwicklung guter Beziehungen zwischen Management und Belegschaft innerhalb der Unternehmen hat in den letzten Jahren zu einer deutlichen Verringerung der durch Streiks verlorenen Arbeitstage geführt. Heute konzentrieren sich die Streiks größtenteils auf staatliche Unternehmen (insbesondere auf SNCF, die französische Bahn) und den Verwaltungssektor, wo die Gewerkschaften nach wie vor einen starken Einfluss haben. Zu den wichtigsten Gewerkschaften zählen die Confédération Générale du Travail (CGT – Allgemeiner Arbeitnehmerverband), die Confédération Générale du Travail-Force Ouvrière (CGT-FO – Allgemeiner Arbeitnehmerverbands – Arbeiter) und die CFDT (Confédération Française Démocratique du Travail). Es ist heute gang und gäbe, dass eine wachsende Zahl (politisch eher links orientierter) Gewerkschaftsvertreter in größeren Unternehmen Positionen des (unteren) Managements einnimmt. Dies führt zu Problemen, da sich viele der manuellen Arbeiter nicht ausreichend repräsentiert sehen und daher das Interesse an den Gewerkschaften verlieren.

Die hohen Arbeitslosenzahlen sind vor allem auf die ländlichen Gebiete des industrialisierten Nordens und die überseeischen Gebiete konzentriert. Im sonnigen, auf den Tourismus ausgerichteten Süden und im Südosten sind Stellen für gelernte Arbeitskräfte hingegen leichter zu finden. Das Arbeitslosenproblem in diesen Regionen beschränkt sich eher auf ungelernte Arbeiter.

Die Franzosen sind relativ selten gewillt, wegen einer Arbeitsstelle umzuziehen – oft nicht einmal in eine nahe gelegene Ortschaft oder Kleinstadt, selbst wenn dies dem Beschäftigungsproblem ein Ende bereiten würde. Aus einer Art Furcht vor dem Unbekannten bleiben sie lieber bei dem, was sie kennen, auch wenn dies in gewisser Weise eine Isolation mit sich bringt. Paris wird von den anderen Regionen des Landes bereits seit langem vorgeworfen, ein völlig eigenständiges Dasein zu führen, ohne sich der Lage und Bedürfnisse des restlichen Landes bewusst zu sein. Die unterschiedlichen Regionen pflegen ihre Eigenständigkeit jedoch auf ähnliche Weise. Allgemein könnte man sagen, dass die Franzosen nicht übermäßig daran interessiert sind, was sich außerhalb ihrer Grenzen abspielt. Dies kann den Eindruck von Arroganz und Gefühllosigkeit erwecken, hat jedoch in Wirklichkeit damit zu tun, dass die Franzosen einfach gerne unter sich bleiben. Daher haben sie auch solche Schwierigkeiten mit der Teamarbeit, einem Konzept, das nicht zu ihrer individualistischen Denkweise und Lebensart passt. Diese Mentalität erklärt auch das mangelnde Interesse der Franzosen an Fremdsprachen.

WIRTSCHAFTLICHER HINTERGRUND

Die Ile-de-France (einschließlich des Großraums Paris) erwirtschaftet allein etwa 28,7% des BIP und zeichnet für etwa 40% der jährlich in Frankreich neu geschaffenen Arbeitsplätze verantwortlich. Auch zwischen dem Osten und Westen des Landes besteht ein enormer Unterschied: 70% aller im Industriebereich angestellten Arbeitnehmer sind östlich der gedachten Linie zwischen Le Havre und Marseille beschäftigt, wo der Großteil der neueren Transportinfrastruktur angesiedelt ist. Dennoch sind die Unterschiede heute wesentlich weniger stark ausgeprägt als in den 60er-Jahren, da die Industrie mittlerweile eher dezentralisiert ist und sich in den High-Tech-Städten, den so genannten „Technopoles", niedergelassen hat (z.B. die Raumfahrtindustrie um Toulouse und Bordeaux oder die Computerbranche in und um Montpellier).

Der Industriesektor ist der fünftgrößte weltweit und steht für 30% der Arbeitsplätze, 40% der Investitionen und fast 80% des Exports. Die französische Landwirtschaft nimmt innerhalb der EU ebenfalls eine Führungsposition ein. Wertmäßig ist Frankreich nach den USA weltweit der zweitgrößte Exporteur verarbeiteter Lebensmittel, gefolgt von den Niederlanden. Trotzdem existieren in diesem Bereich nur eine Hand voll französischer Unternehmen von Weltrang, z.B. Danone, Ricard und LVMH. Darüber hinaus gewinnt die Dienstleistungsbranche zunehmend an Bedeutung, vor allem in den Touristengebieten. Die Energiegewinnung spielt in der französischen Wirtschaft ebenfalls eine wichtige Rolle.

Aufgrund der Umstrukturierung und zunehmenden Automatisierung der Industrie gingen seit 1975 1,5 Mio. Arbeitsplätze an den Dienstleistungssektor verloren. Die französische Chemiebranche – die viertgrößte der Welt – wird von einigen riesigen Konzerngruppen wie Rhône-Poulenc, Elf-Atochem und Air Liquide dominiert. Der öffentliche Bau ist die Domäne solch privilegierter Generalauftragnehmer wie Bouygues und SGE (der beiden größten Firmengruppen Frankreichs). Frankreich hat sich in der Automobilbranche weltweit einen Namen gemacht. Die Kfz-Industrie beschäftigt direkt etwa 350.000 Arbeitnehmer und trägt darüber hinaus jedoch noch indirekt zur Beschäftigung von weiteren 2,6 Mio. Arbeitskräften bei. Im Elektro-, Elektromechanik- und Elektroniksektor, bei Schienenverkehrsausrüstungen (TGV) und im hart umkämpften Bereich der Einrichtung von Stromkraftwerken kann Frankreich einige Unternehmen von Weltruf vorweisen. Auch in der Raumfahrt und im Rüstungssektor nimmt Frankreich eine Spitzenposition ein. Die zivile Luftfahrtindustrie ist in erster Linie auf das Airbus-Programm ausgerichtet, für das ein Konsortium aus Frankreich, Deutschland, Spanien und Großbritannien verantwortlich zeichnet. Daneben entwickelt sich die Raumfahrtindustrie auch im Rahmen des europäischen Weltraumprogramms (Arianespace). 1995 war Frankreich der fünftgrößte Waffenexporteur der Welt, doch ist dieser Industriezweig stark von der jeweiligen Regierung abhängig.

Im Export von Konsumgütern steht Frankreich an vierter Stelle. Dabei bestreiten pharmazeutische Erzeugnisse, die den größten Anteil an den Fertigprodukten der Chemiebranche ausmachen, alleine etwa ein Viertel des Umsatzes in diesem Sektor. Französische Parfums und Kosmetika erfreuen sich internationaler Beliebtheit. Der wichtigste Name in diesem Bereich ist L'Oréal, der weltweit größte Kosmetikhersteller.

In den letzten zehn Jahren sind aus einer Reihe von Ladenketten mehrere größere Gruppen entstanden, die heute ausländische Märkte erobern wollen – Carrefour in Spanien, Italien und Mexiko sowie Promodès in Deutschland. Diese Multis konzentrieren sich in erster Linie auf den Verkauf von Lebensmitteln, handeln jedoch auch mit Haushaltsgeräten, Heimwerkerbedarf und Freizeitartikeln.

Der Bereich Unternehmensdienstleistungen wuchs zwischen 1985 und 1990 jährlich um durchschnittlich 8%, verlor 1993 zum ersten Mal in 30 Jahren an Boden, setzte ab 1994 jedoch zu einer zweiten Wachstumsphase an. Neben der wirtschaftlichen Flaute hatte der Sektor eine Zeit lang mit der Marktsättigung zu kämpfen, wobei vor allem Werbeagenturen, Zeitarbeitsfirmen und Immobilienmakler betroffen waren. Bei den Dienstleistungen im Computerbereich war eine Stagnation festzustellen, während sich im Bereich Unternehmensberatung eine verstärkte Nachfrage verzeichnen ließ.

Heute wird Frankreich von mehr Touristen besucht als jedes andere Land und die 60,5 Mio. ausländischen Besucher bescheren der Fremdenverkehrsbranche einen Handelsbilanzüberschuss von fast 60,5 Mrd. Franc. Sowohl die dynamischen großen Hotelketten als auch die zahlreichen emsigen Kleinhotels haben Investitionen in großem Umfang getätigt, um die Unterbringungsmöglichkeiten für diesen Touristenstrom weiter auszubauen.

DIE FRANZÖSISCHE LEBENSWEISE

Die Franzosen haben einen ausgeprägten Sinn für Ästhetik. Dies spiegelt sich unter anderem auch in der Kleidung wider, sei es in der Freizeit oder in der Arbeit. Die Auswahl der Arbeitskleidung ist unter Umständen durch die Berufswahl eingeschränkt. In Paris kann man sogar von Straße zu Straße Unterschiede in der Bekleidung feststellen. So sind junge Leute in der Rue du Faubourg Saint-Honoré, in der sich zahlreiche Luxusboutiquen befinden, stets nach der neuesten Mode gekleidet. Zwei Minuten entfernt, in der Avenue Franklin Roosevelt, sieht man dagegen überwiegend Banker in dunklen, seriösen Geschäftsanzügen. Obwohl man sich am linken Seine-Ufer legerer kleidet, werden Sie selbst dort niemals Frauen sehen, die zur Geschäftskleidung Turnschuhe tragen.

Die Franzosen wissen, wie man die kleinen Dinge im Leben genießt: Sobald die Sonne hervorkommt, trifft sich alle Welt auf den „Terrasses" der Cafés.

Die Ferien haben einen besonderen Stellenwert. Vor allem in Paris, wo die Arbeitszeiten lang sind (es ist nicht ungewöhnlich, bis 19.00 oder 19.30 Uhr im Büro zu bleiben), ist jeder Urlaubstag heilig. Im Mai ist es aufgrund der vielen öffentlichen Feiertage, des Filmfestivals in Cannes und der französischen Tennismeisterschaften oft schwierig, Termine für Geschäftstreffen zu vereinbaren. Und in den ersten beiden Augustwochen kommt die Hauptstadt praktisch zum Stillstand. Zu dieser ungewöhnlichen Zeit kann man die Stadt durchkreuzen, ohne auf Verkehrsstaus zu stoßen, und findet überall einen Parkplatz.

Die Franzosen lieben Debatten. Deshalb sagt man auch, dass die Welt neu erschaffen wird, sobald sich drei Franzosen auf einen Drink treffen. Die „Cafés philo", wo Sie entweder selbst an Diskussionen zu allen erdenklichen Themen teilnehmen oder anderen Rednern einfach nur zuhören können, sind im ganzen Land sehr beliebt.

Der allgemeine Hang, sich bei jedem Anlass in profunde philosophische Debatten zu vertiefen, wird allerdings von den offiziellen Philosophen kritisiert, die an ihrem Denkmonopol festhalten wollen. Und gibt es ein anderes Land, in dem ein „Who's who der Intellektuellen" veröffentlicht wird?

Das alles hat im Übrigen mit einer weiteren Eigenheit des Landes zu tun: der Bedeutung, die die Franzosen Diplomen beimessen. Alle großen Konzerne, wichtigen öffentlichen Einrichtungen und die Verwaltung werden von einem Netz ehemaliger Studenten der „Grandes Ecoles" geleitet: der Polytechnique, Normale Sup, ENA (Nationale Verwaltungstechnik-Schule). Diese Hochschulen bringen den Großteil der Führungsschicht des Landes hervor, obwohl mittlerweile auch Absolventen anderer Schulen in die Führungsetagen aufsteigen. Die Entscheidung für die richtigen Qualifikationen beginnt bereits im Alter von 10 Jahren, wenn die Schüler am „Collège" (höhere Schule) ihren zukünftigen Bildungsweg festlegen.

FREUNDSCHAFT

Wenn es um Freundschaft geht, sind die Franzosen wählerisch, doch das hat seinen guten Grund. Schließlich halten Freundschaften ein Leben lang. Wer einmal akzeptiert ist, kann sich einer treuen Freundschaft sicher sein. Es kann jedoch einige Zeit dauern, bis man tatsächlich als Freund anerkannt wird. Freunde werden gerne zu einer guten Mahlzeit nach Hause eingeladen, denn gutes Essen und guter Wein – und Gespräche zu diesem Thema – gehören zur französischen Lebensart.

Um in Ihrem sozialen Umfeld einen guten Eindruck zu machen, müssen Sie die Kunst beherrschen, sich darzustellen und unbeschwert, wenn nicht gar oberflächlich, über die ernstesten Themen zu plaudern. Vermeiden Sie es jedoch, mit Leuten, die Sie nicht näher kennen, über persönliche Angelegenheiten zu sprechen – es sei denn, Sie schildern Ihr Problem auf humorvolle und gleichgültige Weise, wie eine amüsante Anekdote. Dann ist es nicht so wichtig, wenn andere die Geschichte weitererzählen.

Es gibt ausgezeichnete Arbeitsgelegenheiten in Frankreich und das Land hat viel zu bieten – besonders, was die Lebensqualität und die Freizeitmöglichkeiten anbelangt. Sie sollten jedoch daran denken, dass es oft nicht leicht ist, Zugang zu den Franzosen zu finden.

Region	Bevölkerung	Hauptstadt
Alsace (Elsass)	1,7 Mio.	Strasbourg
Aquitaine	2,9 Mio.	Bordeaux
Auvergne	1,3 Mio.	Clermont-Ferrand
Bourgogne (Burgund)	1,6 Mio.	Dijon
Bretagne	2,8 Mio.	Rennes
Centre-Val-de-Loire	2,4 Mio.	Orléans
Champagne-Ardenne	1,4 Mio.	Châlons-sur-Marne
Corse (Korsika)	0,3 Mio.	Ajaccio
Franche-Comté	1,1 Mio.	Besançon
Ile-de-France	11 Mio.	Paris
Languedoc-Roussillon	2,2 Mio.	Montpellier
Limousin	0,7 Mio.	Limoges
Lorraine (Lothringen)	2,3 Mio.	Metz
Midi-Pyrénées	2,5 Mio.	Toulouse
Nord-Pas-de-Calais	4 Mio.	Lille
Basse-Normandie	1,4 Mio.	Caen
Haute-Normandie	1,8 Mio.	Rouen
Pays-de-la-Loire	3,1 Mio.	Nantes
Picardie	1,9 Mio.	Amiens
Poitou-Charentes	1,6 Mio.	Poitiers
Provence-Alpes-Côte d'Azur	4,4 Mio.	Marseille
Rhône-Alpes	5,6 Mio.	Lyon

Daneben verfügt Frankreich über	
4 Übersee-Départements:	Guadeloupe, Französisch dGuayana, Martinique, La Réunion
4 Übersee-Territorien:	Französisch-Polynesien, Terres Australes et Antarctiques, Neukaledonien, die Inseln Wallis und Futuna
2 „Collectivités Territoriales":	Mayotte, Saint-Pierre-et-Miquelon

VERSCHIEDENES:

- *Frankreich hat mindestens 30.000 unter Denkmalschutz stehende historische Bauwerke und Monumente, darunter romanische Kirchen, gotische Kathedralen und Renaissance-Schlösser.*
- *Frankreich ist nach wie vor das größte landwirtschaftliche Anbaugebiet in Westeuropa. 55% des Bodens werden landwirtschaftlich genutzt.*
- *Weitere 28% der Fläche sind bewaldet, womit Frankreich auch eine wichtige Holzindustrie besitzt.*
- *Ansonsten verfügt das Land jedoch über keine natürlichen Ressourcen.*
- *Nach Italien ist Frankreich der größte Weinproduzent der Welt. Für französische Weine werden über 300 verschiedene Traubensorten gezüchtet.*
- *Frankreich gehört auch zu den führenden Industrienationen der Welt und nimmt eine führende Stellung in der Stahl- und Automobilproduktion sowie in der Raumfahrtindustrie ein.*
- *Das Mittag- und das Abendessen sind die beiden wichtigsten Mahlzeiten des Tages und besitzen gleichzeitig eine wichtige soziale Funktion unter Kollegen, Familien und Freunden.*
- *Im Privatleben tauschen Bekannte zum Gruß Küsse aus: Frauen tauschen Küsse mit anderen Frauen und mit Männern aus; Männer tauschen unter Umständen ebenfalls Küsse mit engen Freunden oder Verwandten aus (dabei handelt es sich jedoch eher um ein gegenseitiges Berühren der Wangen als um einen tatsächlichen Kuss).*
- *Im täglichen Arbeitsumfeld begrüßen/verabschieden sich Frauen wie auch Männer mit einem einfachen „Bonjour/Au revoir", ohne sich die Hand zu reichen. Bei anderen Gelegenheiten gehört jedoch ein Händedruck zum guten Ton, besonders dann, wenn Sie einer Person zum ersten Mal begegnen.*
- *Für den Abend in einem Restaurant oder Nachtclub sollten Sie ordentlich gekleidet und zurecht gemacht sein. Lässige*

Freizeitkleidung ist in Ordnung, doch sollten Sie von Shorts, Schlappen und Turnschuhen lieber absehen.
- *Es ist durchaus üblich, dass der Mann die Rechnung begleicht, wenn er eine Frau in ein Restaurant einlädt. Bei Mahlzeiten unter Freunden und Kollegen wird die Rechnung üblicherweise aufgeteilt.*
- *Wenn Sie zu einer Party eingeladen sind, ist es üblich, der Gastgeberin Blumen, eine Flasche Wein oder Spirituosen oder einen Kuchen mitzubringen, jedoch kein Bier.*
- *Trinkgeld: Auf Restaurantrechnungen wird stets eine Servicegebühr aufgeschlagen, doch erwarten Kellner und Taxifahrer im Allgemeinen ein paar Francs extra.*
- *Fast die Hälfte der Wanderarbeiter aus EU-Ländern stammt aus Portugal. Algerier bilden die zweitgrößte ausländische Bevölkerungsgruppe, gefolgt von Marokkanern.*
- *Insgesamt leben 3,5 Mio. ausländische Staatsbürger in Frankreich. Das Land war für den größten Teil des 20. Jahrhunderts ein beliebtes Einwanderungsland. Daher ist Frankreich heute eine multikulturelle Nation mit Staatsbürgern und Arbeitskräften aus der ganzen Welt. Schwarze, Araber und asiatische Einwohner der ehemaligen französischen Kolonien sowie Portugiesen, Italiener und Spanier sind in sämtlichen französischen Großstädten zu finden.*

griechenland

Ellas
Elliniki Dimokratia =
 Griechische Republik
Parlamentarische Demokratie
Verwaltungsgliederung in 52 Nomói (Bezirke) und 13 Regionen
EU-Mitglied seit 1981
Bevölkerung: 10,5 Mio.
Gesamtfläche: 132.000 km²
Hauptstadt: Athinai (Athen)
Andere Großstädte: Heraklion, Larissa, Patras, Thessaloniki
Sprache: Neugriechisch (Demotike), in griechischer Buchstabenschrift
Währung: Drachme = Dr
100 Drachmen = € 0,328
Mehrwertsteuer: 18%
Geographie: Gebirgige Halbinsel in Südeuropa, umgeben von über 2000 Inseln, von denen jedoch nur 136 bewohnt sind. Die Landschaft ist von dramatischen Kontrasten aus Gebirgslandschaften (die höchste Erhebung ist der Olymp mit 2917 m) und der mediterranen Küste geprägt. Die größte Insel ist Kreta mit einer öst-westlichen Länge (O-W) von 266 km. 44% des Landes werden landwirtschaftlich genutzt, 22% sind bewaldet.
Grenzen: Die nördliche Grenze (1180 km) wird von der Türkei, Bulgarien, Jugoslawien, Mazedonien und Albanien gebildet. Auf allen anderen Seiten ist Griechenland vom Meer umgeben.

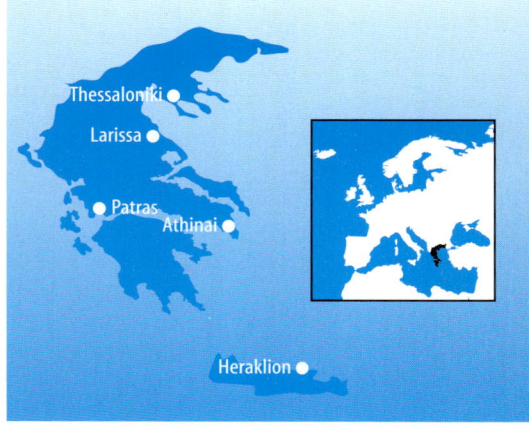

Griechenland, die Wiege der westlichen Zivilisation, hat ein kompliziertes und in vieler Hinsicht frustrierendes zwanzigstes Jahrhundert hinter sich. Der Beitritt zur Europäischen Union hat einen wichtigen Beitrag zur Bekämpfung der Armut im Land geleistet und die Position Griechenlands gegenüber dem langjährigen Erzrivalen Türkei gestärkt. Die kriegerischen Auseinandersetzungen auf dem Balkan in den vergangenen Jahren haben jedoch vor allem im mazedonischen Landesteil und entlang der Grenze zu Albanien erneut für Instabilität gesorgt.

Die Griechen haben ein starkes Ehrgefühl und Nationalbewusstsein. Sie sehen sich als Hüter überlieferter kultureller Werte und Ethikbegriffe. Ihr Stolz ist leicht zu verletzen. Hüten Sie sich daher, in Gegenwart von Griechen Witze zu machen, die sie als Beleidigung empfinden könnten. Aufgrund ihrer politischen Situation fühlen sie sich auch häufig missverstanden und verwundbar.

WIRTSCHAFTLICHER HINTERGRUND

Die Landwirtschaft spielt eine zentrale Rolle im griechischen Wirtschaftsgeschehen. Zu den wichtigsten Exportartikeln des Landes gehören Wein, Oliven, Olivenöl, Schafskäse, Rosinen, Tabak, Walnüsse und Mandeln. Ein wichtiger Wirtschaftsfaktor ist auch die Handelsschifffahrt. 5% aller Handelsschiffe der Welt fahren unter griechischer Flagge. Weitere nennenswerte Wirtschaftszweige sind das Bauwesen, die

Möbelproduktion und die Lederverarbeitung. Die griechische Industrie hat sich enorm entwickelt und kann heute einen wachsenden Anteil am Exportvolumen des Landes verzeichnen. Ein Teil der Produktion entfällt auf die Herstellung ausländischer Erzeugnisse unter Lizenz.

Aufgrund der zahlreichen Häfen und Reedereien im Land sprechen viele Griechen Englisch. Für eine berufliche Tätigkeit in Griechenland – außer vielleicht im Tourismus – sind jedoch Griechischkenntnisse erforderlich.

Das Lohnniveau ist niedrig - ein wichtiger Anreiz für ausländische Firmen, sich in Griechenland niederzulassen. Wenn Sie sich jedoch auf eigene Faust auf Arbeitssuche in einem griechischen Unternehmen begeben, müssen Sie bereit sein, sich mit dem örtlichen Einkommensniveau abzufinden. Die Griechen sind fleißige Arbeiter, ein schwerfälliger Verwaltungsapparat, Bürokratie und infrastrukturelle Mängel wirken jedoch häufig als Hemmschuh. In öffentlichen Bereichen wie dem Transport- und Bildungswesen sind Streiks zudem keine Seltenheit. Die extremen Sommertemperaturen – vor allem in Verbindung mit der hohen Luftverschmutzung in Athen – sind gewöhnungsbedürftig. Der Arbeitstag beginnt daher in der Regel sehr früh und endet spät, unterbrochen durch eine mehrstündige Pause während der heißesten Tageszeit.

ARBEITSBEDINGUNGEN

Personalagenturen sind in Griechenland gesetzlich verboten. Die Arbeitssuche muss grundsätzlich über die OAED (Organismos Apastholisseos Ergaikou Dynamikou – das staatliche Arbeitsamt)) erfolgen, die das Monopol in Bezug auf die Arbeitsvermittlung hat und auch verschiedene Ausbildungskurse anbietet. Das KEEE, eine Dachorganisation für Berufsverbände, gibt Auskunft über die Aktivitäten seiner Mitglieder. Die Arbeitslosigkeit, vor allem unter jungen Menschen, ist hoch.

Für Arbeit suchende Ausländer bietet sich vor allem eine Tätigkeit in der riesigen und weiter wachsenden Tourismusbranche an, die die Sonne, Strände und Wassersportmöglichkeiten und die zahlreichen faszinierenden historischen Stätten des Landes geschickt zu vermarkten weiß.

Jede griechische Insel hat einen völlig eigenen Charakter und die Bewohner werden ihrem Ruf, das Leben in vollen Zügen zu genießen, rundum gerecht.

Klima: Überwiegend trockene, heiße Sommer und gemäßigte, nasse Winter. Im Binnenland und im nördlichen Landesteil liegen die Temperaturen im Winter bedeutend niedriger.

Weitere Informationen:
- www.ellada.com
- www.mfa.gr
  Außenministerium
- www.greece-loe.com
- www.greektravel.com
  Interessante amerikanische Website für Reisende und in Griechenland ansässige Ausländer, die regelmäßig überarbeitet wird. Mit Adressen und Verweisen auf Anbieter verschiedener Dienstleistungen.
- www.hellas-on-business.gr
- www.usisathens.gr

OAED, Ethnikis Antistaseos 8
GR-11610 Trachones
Attikis – Athinai
Tel. +301 9989 000
Fax +301 993 7301

KEEE, Akademias 7
GR-10671 Athen
Tel. +301 363 27 02
Fax +301 362 23 20

Ein Großteil des Lebens spielt sich auf der Straße ab – hier wird debattiert, gegessen, getanzt, hier trifft man sich mit Freunden und Familie. Ein besonderes Merkmal, das vielleicht bis in die Zeit von Sokrates zurückreicht, ist die Freude der Griechen an der öffentlichen politischen Diskussion. Kein Wunder – schließlich ist Griechenland die Wiege der Demokratie.

Bei der Arbeitssuche in Athen ist es nützlich zu wissen, dass die Hauptstadt der bevorzugte Wohnort der meisten Griechen ist. Die Hälfte der griechischen Bevölkerung lebt in Athen, viele – reiche wie arme – Familien haben daneben jedoch noch einen Zweitwohnsitz auf dem Land oder auf einer der Inseln. Die Hitze, das Verkehrschaos und die hohe Bevölkerungsdichte haben Athen zu einer der schmutzigsten Städte Europas gemacht. Während es die Touristen zur Akropolis zieht, flüchten die Griechen am Wochenende und an den Feiertagen aus der Stadt, oft zurück in die Dörfer ihrer Kindheit.

Traditionen spielen in Griechenland noch immer eine wichtige Rolle. Geburten und Geburtstage, Hochzeiten und Jahrestage, christliche Feiertage wie Ostern und der 15. August sind alle ein wichtiger Anlass für Festivitäten. Kinder werden vergöttert und stehen oft im Mittelpunkt. Bemerkenswert ist auch, dass rund 40% der Griechen außerhalb Griechenlands leben und arbeiten. Wenn sie im Ausland genug verdient haben, kehren viele von ihnen in ihr Heimatland zurück, dem sie sich auch nach vielen Jahren noch immer verbunden fühlen.

VERSCHIEDENES
- *Der Verkehr im Stadtzentrum von Athen gleicht einem Inferno. Kein Wunder, dass viele Fahrzeugmieter ihren Leihwagen innerhalb der ersten halben Stunde wieder abgeben. Auf den Inseln und in kleineren Städten ist das Autofahren einfacher, es ist jedoch ratsam, stets defensiv zu fahren.*
- *Bei E-Mails und Faxen nach Griechenland empfiehlt es sich stets nachzufragen, ob die Nachricht auch tatsächlich beim Empfänger angekommen ist.*
- *Griechenland ist der Greenwicher Zeit im Winter 2 Stunden, im Sommer 3 Stunden voraus.*
- *Beinahe alle Griechen gehören der griechisch-orthodoxen Konfession an.*
- *Zwei wichtige Bevölkerungsminderheiten leben in Thrakien (Nordgriechenland): 120.000 Türken und 20.000 Pomaken islamischen Glaubens.*
- *Der „Ochi-Tag", zu Deutsch „Nein-Tag", am 28. Oktober ist der griechische Nationalfeiertag. Er geht auf das Jahr 1940 zurück, als die griechische Regierung dem italienischen Ersuchen, das Land mit Truppen zu durchqueren, eine Absage erteilte und so seine Unabhängigkeit wahrte.*
- *Ein weiteres wichtiges Datum im griechischen Kalender ist der Befreiungstag am 25. März, der 1821 den Beginn der modernen griechischen Geschichte markiert.*
- *In Griechenland werden warme Speisen meist eher lauwarm serviert.*

großbritannien

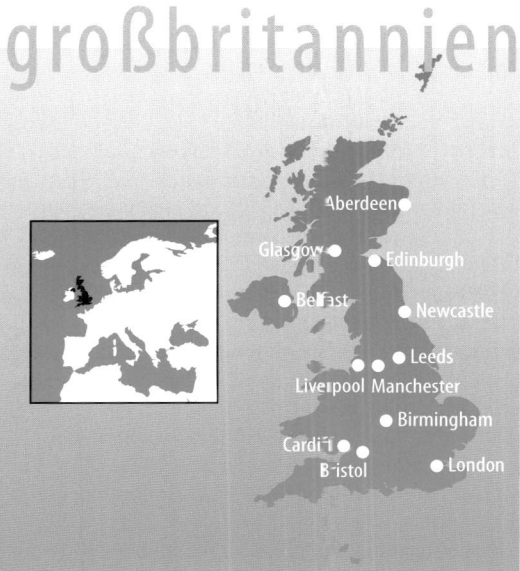

Wer beim Stichwort Großbritannien an rote Doppeldeckerbusse, den Buckingham Palace und Big Ben, grüne Felder und strohgedeckte Häuser, Dauerregen, ungenießbares Essen, Fußball-Hooligans und allgemein an ein EU- und fremdenfeindliches Volk denkt, hat die Komplexität des Vereinigten Königreichs nur zu einem winzigen Teil erfasst.

Das Land selbst ist so abwechslungsreich und vielschichtig wie seine Bewohner, seine Geographie, seine Gepflogenheiten und Gebräuche, seine Wirtschaft und seine Sprache. Die Briten sind tief in Traditionen verwurzelt, dabei aber jederzeit bereit, neue Ideen und Gewohnheiten zu erproben. Sie fahren auf der linken Straßenseite, trinken ihren Tee mit Milch und haben der Welt Shakespeare, die Beatles, das Penicillin und die Retortenbabys geschenkt. Sie haben einen Großteil der Welt kolonisiert und streiten heute immer noch darüber, ob sie nun eigentlich zu Europa gehören oder nicht. Dies ist das Land, das Cricket erfunden hat – ein Spiel, das bis zu fünf Tage dauern und dann immer noch ergebnislos ausgehen kann. Ein Land, in dem der wichtigste Teilnehmersport das Angeln ist und in dem Gärtnern mit einer fast schon zwanghaften Leidenschaft betrieben wird. Großbritannien hat mehr Nobelpreisträger hervorgebracht als jedes andere Land der Welt mit Ausnahme der USA und hat in allen Wirtschaftsbereichen Unternehmen von

United Kingdom of Great Britain and Northern Ireland (UK)
Konstitutionelle Monarchie
Das Vereinigte Königreich besteht aus den ehemaligen Königreichen England und Schottland und dem ehemaligen Fürstentum Wales sowie Nordirland. Vor kurzem wurden bestimmte Exekutivkompetenzen dem neuen schottischen Regionalparlament und der neuen Parlamentarischen Versammlung von Wales (Welsh Assembly) übertragen. Ähnliche Schritte sind für Nordirland im Gespräch. Diese Veränderungen könnten in der Zukunft erhebliche politische Konsequenzen haben.
EU-Mitglied seit 1973
Bevölkerung: 58,9 Millionen
Gesamtfläche: 244.111 km²
Hauptstädte:
  London (Vereinigtes Königreich und England)
  Edinburgh (Schottland)
  Cardiff (Wales)
  Belfast (Nordirland)
  Andere Großstädte: Aberdeen, Birmingham, Bristol, Glasgow, Leeds, Liverpool, Manchester, Newcastle
Sprache: Englisch
Währung: Pfund Sterling = British Pound = GBP
  1 Pfund = 100 Pence
  1 Euro = +/- 0,6510 GBP
Mehrwertsteuer (VAT): 17,5%
Geographie: Das Vereinigte Königreich von Großbritannien und Nordirland liegt auf den

britischen Inseln. Es ist landschaftlich gleichermaßen von Hoch- und Tiefland geprägt. Die höchste Erhebung ist der Ben Nevis (1.343 m) in den nördlichen schottischen Highlands. Die wichtigsten Flüsse sind die Themse und der Severn. Ein Großteil des Landes eignet sich für Ackerbau und Viehzucht. Die wichtigsten Hochebenen befinden sich in Schottland, Wales und Nordengland.

Grenzen: Zum Vereinigten Königreich gehört Großbritannien – bestehend aus England (53%), das die südlichen zwei Drittel der Insel einnimmt, Schottland (32%), das das nördliche Drittel bildet, und Wales (9%) im Westen – sowie Nordirland (6%), der nordöstliche Teil der Insel Irland. Das Vereinigte Königreich ist von Westeuropa im Süden durch den Ärmelkanal und im Osten durch die Nordsee getrennt. Im Norden und Westen ist es vom Atlantik umschlossen.

Zu Großbritannien/Nordirland gehören auch verschiedene Inseln. Die wichtigsten sind die Orkney- und Shetland-Inseln im Norden, die Hebriden im Westen, Anglesey und die Isle of Man in der Irischen See sowie die Isle of Wight und die Kanalinseln (Jersey, Guernsey und mehrere kleinere Inseln) im Ärmelkanal.

Die Isle of Man ist seit rund tausend Jahren ein eigener Staat, untersteht in Bezug auf ihre Verteidigungs- und Außenpolitik jedoch Großbritannien. Das Gleiche gilt für die autonomen Kanalinseln.

Klima: Meeresklima, stark beeinflusst durch den Golfstrom und durch feuchte, südwestliche Meereswinde. Die Winter sind überwiegend gemäßigt, die

Weltklasse vorzuweisen. Auf die Frage, wie es sich in Großbritannien leben und arbeiten lässt, gibt es daher keine pauschale Antwort.

BESCHÄFTIGUNGSBEDINGUNGEN

Statistisch sind die meisten ausländischen Arbeitnehmer in London anzutreffen. Das Leben und Arbeiten in der Hauptstadt bringt eine Vielzahl von Möglichkeiten und Angeboten mit sich.

Die Kehrseite der Medaille sind die Transport- und Wohnungskosten, das Verkehrschaos und die oft langen Fahrtzeiten zur Arbeit. Außerhalb der großen Städte hingegen findet man nicht zuletzt aufgrund der wunderschönen Landschaften echte Lebensqualität, muß dafür aber Einbußen beim restlichen Angebot in Kauf nehmen. Das Leben bietet jedoch überall in Großbritannien eine erstaunliche Vielfalt. Die Wahl des Standorts richtet sich daher nach der persönlichen Präferenz.

Großbritannien und Nordirland haben die größten Energieressourcen aller EU-Länder vorzuweisen. Außer umfangreichen Kohle-, Öl- und Erdgasvorkommen verfügt das Land nur über geringe mineralische Bodenschätze. Es besitzt jedoch Rohstoffe wie Kupfer, Blei, Molybdän, Phosphat, Uran, Bauxit, Gold, Eisen, Quecksilber, Nickel, Kaliumkarbonat, Silber, Wolfram und Zink.

Die Beschäftigungsstrukturen und -muster in Großbritannien haben in den vergangenen Jahren einen radikalen Wandel erfahren. Die auffälligste Veränderung war hierbei die Verlagerung vom Fertigungs- zum Dienstleistungssektor, der heute 76% aller Arbeitsplätze stellt, und die Umstellung von manuellen hin zu akademischen, leitenden und technischen Berufen sowie der verstärkten Förderung von Fachkenntnissen. Diese Entwicklung dürfte sich in den kommenden zehn Jahren fortsetzen, in denen 1,6 Millionen (6%) neue Arbeitsplätze erwartet werden. Bis zum Jahr 2006 dürften zwei von fünf Arbeitsplätzen im akademischen, leitenden und technischen Bereich liegen. Den zunehmenden Bedarf an Fachkenntnissen verdeutlicht eine Umfrage, in der 74% aller Arbeitgeber diese als eine Hauptvoraussetzung für den zukünftigen unternehmerischen Erfolg nannten. Sie hoben vor allem den Bedarf an Management- und allgemeinen Kommunikationskompetenzen, persönlichen Fähigkeiten und Computerkenntnissen hervor.

Diese Zahlen und Trends beziehen sich natürlich

auf das gesamte Vereinigte Königreich und wie in jedem anderen Land gibt es branchen- und regionsspezifische Unterschiede. Großbritannien ist auch keineswegs gegen den Druck der heute vielzitierten globalen Wirtschaft immun. Als beispielsweise 1998 in den fernöstlichen Tigerstaaten Kurseinbrüche die Preise zum Purzeln brachten, musste eine gerade eröffnete Chipfertigungsanlage in Nordost-England ihre Tore schließen. Das rapide weltweite Wachstum der „Kommunikationswirtschaft" hat nicht nur auf die Finanzwirtschaft, die elektronische Kommunikation und die Internet-Nutzung Auswirkungen. In Großbritannien arbeiten heute mehr Menschen in so genannten „Call Centres" als in der Stahlindustrie, im Kohlebergbau und in der Automobilbranche zusammen.

Wie stehen also die Chancen, in Großbritannien eine Anstellung zu finden? Wie auf jedem Markt (und der Arbeitsmarkt bildet hier keine Ausnahme) hängt die Antwort von zwei Faktoren ab – von Angebot und Nachfrage und von der Frage, was Ihr Produkt – d.h. SIE – positiv von anderen abhebt. Die Antwort auf die erste Frage setzt eine gründliche, ausführliche Recherche voraus, die zweite Frage kann jeder nur nach einer ehrlichen Selbsteinschätzung beantworten.

Bei ansonsten – rein theoretisch – gleicher Eignung (fachliche und sprachliche Voraussetzungen, Region, Mobilität, Wirtschaftszweig, Marktbedarf) spielt das Alter eine Rolle. Für junge Arbeitssuchende ist es interessant zu wissen, dass die Arbeitslosenquote in der Altersgruppe der 16- bis 25-Jährigen etwa doppelt so hoch ist wie in der restlichen Bevölkerung. Für Stellensuchende mit Familie und damit Verpflichtungen werden die Aussichten, eine Stellung zu finden, von allen oben genannten Faktoren beeinflusst. Für ältere Arbeitnehmer ist die Benachteiligung älterer Menschen ein Thema. Von den heute rund 9,3 Millionen 50- bis 64-jährigen in Großbritannien sind rund 35% nicht erwerbstätig. Der Prozentsatz der älteren Arbeitnehmer nimmt ab (anders als beispielsweise in Frankreich, Deutschland, Italien und Japan, wo der Anteil älterer Beschäftigter gestiegen ist). Viele potentielle Arbeitgeber legen bei der Stellenausschreibung Altersgrenzen fest. Dies ist auch eine Folge der jüngsten Rezession, die die Struktur des gesamten mittleren Managements verändert hat und zum Verlust einer ganzen Altersgruppe geführt hat. Ein Teil dieser Arbeitnehmer kommt jetzt ins Erwerbsleben zurück,

Sommer kühl. Wirklich kalt wird es im Winter nur, wenn Ostwinde Kontinentalluft zuführen. Aufgrund der hohen Luftfeuchtigkeit ist es jedoch oft neblig und der Himmel bleibt längere Zeit bedeckt. Es regnet an mindestens 200 Tagen im Jahr.

Weitere Informationen:
- www.fco.gov.uk
  Informationen des Außenministeriums und Commonwealth Office (nur in Englisch)
- www.open.gov.uk/government
  Informationsdienst

Central Office of Information,
Hercules Road,
GB-London SW1A 2AH
Tel. +44-20-7210 3000

Employment Services – Head Office,
St. Vincent House,
30 Orange Street,
GB-London WC2H 7HH

„Living and Working in Britain – A Survival Handbook"
„How to Live and Work in Britain"

UK.NARIC (National Academic Recognition and Information Centre) (Ratschläge und Informationen zur Anerkennung internationaler Qualifikationen)
Oriel House,
Oriel Road,
GB-Cheltenham, Glos GL50 1XP
Tel. +44-1242-260010

Unternehmen verlassen sich jedoch immer weniger auf die Erfahrung älterer Mitarbeiter, sondern besetzen offene Stellen vorzugsweise mit jüngerem Personal.

Paare, von denen beide Teile eine Vollzeitbeschäftigung in Führungspositionen anstreben, haben im Großraum London oder in anderen größeren Städten die besten Aussichten. Wenn beide hingegen weniger anspruchsvolle Jobs wie z.B. in der Freizeitbranche oder Gastronomie suchen, sind die Chancen überall praktisch gleich gut.

ARBEITEN IN GROSSBRITANNIEN/NORDIRLAND

Seit Großbritannien/Nordirland nach früherer Ablehnung die EU-Sozialcharta des Maastricht-Vertrages anerkannt hat, nähert sich der Schutz der Arbeitnehmer mittlerweile an das Niveau in den restlichen EU-Staaten an. Normalerweise sollte der Arbeitgeber dem Arbeitnehmer bei der Einstellung einen vollen Arbeitsvertrag oder eine Erklärung mit folgenden wichtigen Informationen vorlegen:

- *Name des Arbeitnehmers und Arbeitgebers*
- *Einstellungsdatum*
- *Tätigkeitsbezeichnung*
- *Gehalt und Art der Auszahlung*
- *Arbeitszeit*
- *Urlaubsanspruch*
- *Krankengeld und Zahlungen bei Unfällen*
- *Renteninformationen*
- *Kündigungsfrist bzw. Ablaufdatum bei befristeten Arbeitsverträgen*
- *Disziplinar- und Beschwerdeverfahren*

Der Arbeitsvertrag kann auch andere allgemeine Anstellungsbedingungen wie Kleiderordnung und Sicherheitsverfahren enthalten. Unter anderem verlangt der Arbeitgeber normalerweise angemessene Referenzen und in manchen Fällen eine ärztliche Untersuchung. Dies ist jedoch nur das Grundgerüst des Arbeitsvertrages und wer nach einer längerfristigen Stellung in Großbritannien sucht, sollte sich auch bezüglich anderer Punkte erkundigen, z.B. Umzugsbeihilfen, Wohn- und Fahrtkostenerstattung, Firmenwagen, evtl. Schulgebühren (in Großbritannien oft ziemlich hoch) und eine Beihilfe zu anderen Kosten, die durch den Umzug der Familie entstehen. Der Beschäftigungsvertrag ist letztendlich jedoch eine Vereinbarung zwischen zwei Parteien, in denen diese ihre Rechte und Pflichten anerkennen.

LEBEN UND LEBENSSTIL

Die meisten Briten leben in eigenen Wohnungen oder Häusern oder sind im Begriff, mit Hilfe einer Bank- oder Bausparkassenhypothek zum Eigenheimbesitzer zu werden. 66% aller Häuser werden von ihren Besitzern bewohnt, 28% werden möbliert und nur 6% unmöbliert vermietet. Die Kaufpreise sind regional sehr unterschiedlich. Ein frei stehendes Haus im Großraum London kann beispielsweise mit £264.000 zu Buche schlagen, während ähnliche Immobilien in den East Midlands bereits für £95.000 zu haben sind. Auch innerhalb der einzelnen Regionen gibt es erhebliche Preisschwankungen. Der Preis wird hier erwartungsgemäß von der Adresse, der Art der Immobilie und der Nähe zu größeren Städten bestimmt. Ähnliche Unterschiede gibt es auch bei den Mietwohnungen und -häusern, die nach verschiedenen Änderungen im Mietrecht jetzt vermehrt angeboten werden. 85% des Angebots an Wohnunterkünften entfällt auf frei stehende und Reihenhäuser und nur 15% auf Wohnungen. Wohnungen und Häuser finden sich am besten bei Immobilienmaklern und in Kleinanzeigen der Lokalzeitungen.

Ein weiterer Faktor, der regional stark variiert, sind die Lebenshaltungskosten.

Angebot und Qualität der Geschäfte und Waren in Großbritannien sind ausgezeichnet und brauchen den Vergleich mit anderen Ländern nicht zu scheuen. Erwartungsgemäß sind aufgrund der stärkeren Konkurrenz Auswahl und Angebot in den großen Städten besser als auf dem

Land. Im Lebensmitteleinzelhandel beherrschen wenige große Kettenunternehmen – Tesco, Sainsbury, Asda, Safeway, Co-Op, Waitrose und Kwiksave – die Szene. Sie erwirtschaften zusammen über 75% der Umsätze im Lebensmittelhandel. Die Ladenschlusszeiten haben jüngst eine deutliche Lockerung erfahren. Viele Läden sind wochentags von 8 bis 22 Uhr und sonntags von 10 bis 16 Uhr geöffnet.

Restaurants erfreuen sich wachsender Beliebtheit und bieten inzwischen eine riesige kulinarische Palette für jeden Geschmack – von den traditionellen Pubs (die nach Änderung der Vorschriften jetzt ganztägig geöffnet sind) bis hin zu ethnischen Restaurants aus aller Herren Länder, Bistros, Spezialrestaurants und natürlich den allgegenwärtigen Fast-food-Restaurants.

STEUERN

Im Vereinigten Königreich ist eine Einkommenssteuer auf das gesamte durch Arbeit und Anlage erwirtschaftete Vermögen, abzüglich bestimmter Freibeträge, zu entrichten. Das Steuerjahr geht von April bis März. Ehepartner werden separat besteuert. Es gibt drei Hauptsteuersätze: 20% bis zu einem Einkommen von £4300, 23% auf Einkommen zwischen £4301 und £27.000 und 40% auf Einkommen über £27.000. Angestellten wird die Steuer im Rahmen des PAYE-Systems (Pay As You Earn) direkt vom Gehalt abgezogen. Anhand der jeweiligen Freibeträge wird für jeden Erwerbstätigen ein persönlicher Steuercode ermittelt. Vor kurzem wurde in Großbritannien ein sogenanntes „Self-assessment"-System eingeführt, in dessen Rahmen jeder Einzelne jährlich persönlich seine Steuererklärung mit Angaben zum Einkommen, zu Freibeträgen etc. abgibt. Wie in allen anderen EU-Ländern gelten im Vereinigten Königreich internationale Steuerabkommen, die eine Doppelbesteuerung von Ausländern in Großbritannien und im Mutterland verhindern.

Neben der Einkommenssteuer ist eine Kommunalsteuer (Council Tax) zu entrichten, die von den örtlichen Kommunen pro Haushalt erhoben wird und sich nach dem Wert des Anwesens und der Zahl der erwachsenen Bewohner richtet. Der Satz ist von Gemeinde zu Gemeinde unterschiedlich. Aus der Kommunalsteuer werden örtliche Dienstleistungen wie die Polizei, Feuerwehr und Schulen getragen.

Egal, ob Sie sich für Schlösser oder Konzerte, Leichtathletik oder Astronomie, Fischen oder Formel 1, Diskos oder Tauchen, Briefmarkensammeln oder Fallschirmspringen begeistern, in Großbritannien kommen Sie garantiert auf Ihre Kosten. Hier gibt es Clubs und Vereine für jedes Interessensgebiet. Touristeninformationsstellen, Bibliotheken, überregionale und lokale Zeitungen und Hunderte von Spezialmagazinen und -broschüren geben Auskunft zu jedem nur denkbaren Hobby.

VERSCHIEDENES

- *Das Vereinigte Königreich ist eines von wenigen Ländern, die über keine schriftliche Verfassung verfügen.*
- *In der englischen Rechtsprechung spielt das „gemeine Recht" (common law) eine wichtige Rolle, dessen Regeln historisch auf ungeschriebenen Gesetzen fußen und das tief in der angloamerikanischen Tradition verwurzelt ist. Viele Rechtsurteile werden anhand früherer Präzedenzfälle gefällt. Dem steht das „bürgerliche Gesetz" gegenüber, das auf der in kontinentalen EU-Ländern üblichen römischen Rechtsprechung basiert. Dieser Unterschied spielt in allen rechtlichen Fragen, sogar beim Unterzeichnen von Verträgen, eine wichtige Rolle.*
- *Weiter kompliziert wird das britische Rechtssystem durch zum Teil große Unterschiede in den einzelnen Teilen des Königreichs. Schottland hat sogar ein anderes Rechtsgefüge.*
- *Die älteste Regierungsinstitution ist das britische Königshaus, dessen Geschichte*

über das 9. Jahrhundert hinausreicht. Die Königin ist zugleich das Oberhaupt des Commonwealth, des Rechtswesens, der Streitkräfte und der anglikanischen Staatskirche.

- Neben Engländern (80%), Schotten (9%), Walisern (5%) und Nordiren (3%) leben in Großbritannien 2,5 Millionen Ausländer. Rund 800.000 stammen aus EU-Ländern, zwei Drittel davon aus Irland.
- 5,5 Millionen Einwohner sind nicht-weißer Hautfarbe. Sie stammen unter anderem aus Afrika, Indien, Pakistan, Bangladesch, den Westindies und China.
- In den meisten Stadtzentren gibt es staatliche Arbeitsämter, die eine wichtige Rolle bei der Stellen- und Informationsvermittlung spielen. Die Broschüre „Just the job" gibt Auskunft über zahlreiche Programme für Arbeitssuchende.
- So genannte Career Guidance Centres, die von den Kommunen gestellt werden, können ebenfalls bei der Stellensuche nützlich sein.
- Training Access Points (TAP) bieten Zugang zu Computerdatenbanken mit Stellenangeboten und örtlichen Ausbildungskursen. Sie sind vor allem in öffentlichen Bibliotheken und Arbeitsämtern zu finden.
- Britische Firmen nehmen auf der Suche nach Führungs- oder Fachkräften oft die Dienste von Personalagenturen in Anspruch. Beispielsweise ist es üblich, dass sich Unternehmen bei der Besetzung von Akademikerstellen direkt an die Berufsberatungsstellen der Universitäten wenden. Diese Vermittlungsstellen stehen auch frisch graduierten Studienabsolventen aus anderen EU-Ländern offen.
- Die Zeitarbeit spielt auf dem britischen Stellenmarkt eine wichtige Rolle. Großbritannien ist der wichtigste Markt für Zeitarbeitskräfte in der EU. Zeitarbeitsstellen gibt es in allen Bereichen, sogar in der öffentlichen Verwaltung.
- „Silicon Glen" – in Anlehnung an das amerikanische Silicon Valley – ist ein Konglomerat aus über 500 Elektronikfirmen in der schottischen Region zwischen Edinburgh und Glasgow entlang der Autobahn M8. Auch andere Gegenden haben High-Tech-Unternehmen und ausländische Investoren angezogen, insbesondere Süd-Wales und Swindon im Süden und Newcastle im Nordosten des Landes.
- Alle Zeitungen haben einen umfangreichen Stellenteil, der vor allem in den Sonntagsausgaben zu finden ist. Viele Stellenangebote werden auch in Lokalzeitungen veröffentlicht.
- Die durchschnittliche Wochenarbeitszeit beträgt rund 37,5 Stunden. Die Arbeitszeit ist jedoch gesetzlich nicht nach oben begrenzt und daher keinen Vorschriften unterworfen. Erkundigen Sie sich beim Vorstellungsgespräch also auch nach der Arbeitszeit.
- Die Gehälter in den Management- und Chefetagen werden oft durch ansehnliche übertarifliche Zusatzvergütungen aufgebessert, die in anderen Ländern meist unüblich sind, z.B. Zuschüsse zur Ausbildung der Kinder, Leistungszulagen, Sonderbeiträge zur Rentenversicherung oder eine zusätzliche Krankenversicherung, Firmenwagen oder Fahrtkostenzuschüsse.
- In öffentlichen Bibliotheken liegen zahlreiche Handbücher mit Firmeninformationen auf, die ein nützlicher Leitfaden bei der Stellensuche sein können.
- Der öffentliche Gesundheitsdienst NHS (National Health Service) bietet eine kostenlose medizinische Betreuung für alle im Land lebenden Bürger. Zahnbehandlungen, Sehtests und Rezepte sind jedoch gebührenpflichtig. Vor der Behandlung muss man sich bei einem örtlichen Hausarzt (GP – General Practitioner) registrieren lassen, die Praxis ist jedoch frei wählbar. Die medizinische Betreuung (einschließlich Zahnbehandlungen) von Kindern und Schwangeren ist kostenlos.
- Um im Vereinigten Königreich arbeiten zu

können, braucht man eine Sozialversicherungsnummer (National Insurance Number), die von der örtlichen Contributions Agency erteilt wird.
- In Großbritannien werden Löhne meist auf Wochenbasis angegeben, die Gehälter für höhere Positionen hingegen auf Jahres- und manchmal auf Monatsbasis.
- London hat im regionalen Vergleich das weitaus höchste Gehaltsniveau, der Nordosten hingegen das niedrigste.
- Der Kündigungsschutz ist im Vergleich zu anderen Ländern sehr schwach. In keinem anderen Land der EU ist es so einfach, Mitarbeiter zu entlassen, und sichere Arbeitsplätze gibt es damit praktisch nicht. Dies schlägt sich häufig in einer mangelnden Loyalität gegenüber dem Arbeitgeber und einem ausgeprägten Karrieredenken der Arbeitnehmer nieder. Die Unternehmen leisten daher oft Bonuszahlungen und übertarifliche Zusatzvergütungen, um gute Mitarbeiter zu halten.
- Verglichen mit anderen führenden EU-Ländern ist das Gehaltsniveau relativ niedrig. Das Gehalt von 10 Angestellten in Frankreich reicht beispielsweise zur Bezahlung von 15 Mitarbeitern in Großbritannien aus.
- Während in vielen anderen EU-Ländern ein rund viermonatiger Mutterschaftsurlaub mit voller Weiterzahlung des Gehalts gewährt wird, erhalten junge Mütter in Großbritannien nur 6 Wochen lang 90% des Gehalts und sind in den folgenden drei Monaten auf ganze £91 pro Woche angewiesen.
- Die BBC (British Broadcasting Corporation) ist besonders für ihren ausgezeichneten Nachrichtendienst berühmt. Der BBC World Service strahlt seine Sendungen bis nach Kontinentaleuropa, Westasien, Südamerika und in die östlichen Mittelmeerregionen aus. Zwei Drittel der Programme werden in knapp 40 Sprachen gesendet. Die wichtigsten davon sind Arabisch, Französisch, Russisch, Deutsch und Spanisch.
- In Großbritannien hat das Schlangestehen immer noch Tradition. Versuchen Sie nie, sich vorzudrängen.

irland

Republic of Ireland/Éire
Parlamentarische Demokratie
  mit zwei Kammern: „Dáil"
  (Abgeordnetenhaus) und
  „Seanad" (Senat)
Die Verwaltung ist in vier Provinzen
  mit insgesamt 26 Counties
  gegliedert.
EU-Mitglied seit 1973
Bevölkerung: 3,69 Mio.
Gesamtfläche: 70.283 km²
Hauptstadt: Dublin
Andere Großstädte: Cork, Galway,
  Limerick, Waterford
Sprache: Englisch und Irisch
  (Gälisch)
Währung: Irisches Pfund = Iep
1 Irisches Pfund = 100 Pence
1 Euro = 0,787564 Iep
1 Iep = € 1,26974
Mehrwertsteuer: 21%
Geographie: Zentralebene aus
  Kalkstein, zum Teil hügelige
  Landschaft, bergige
  Küstenregionen. Der längste
  Fluss ist der Shannon. Zahlreiche
  Seen.
Grenzen: Große Insel, im Süden,
  Westen und Norden vom Atlantik
  und im Osten von der Irischen
  See umschlossen. Zur Republik
  Irland gehören 26 der 32
  Counties Irlands. (Die restlichen
  Counties im Nordosten der Insel
  („Nordirland") gehören zum
  Vereinigten Königreich.)
Klima: Meeresklima mit
  reichlichen Niederschlägen,
  wegen des an der Westküste
  verlaufenden Golfstroms keine
  Temperaturextreme.
Bei ihrer ersten Anstellung in Irland
  müssen Arbeitnehmer eine

In Irland tut sich etwas – besonders in Dublin, der lebendigen, jungen, kreativen, imposanten Hauptstadt, die nur so vor Leben sprüht. Selbst an kalten Winterabenden herrscht auf den beleuchteten Straßen eine lebendige, fast südländische Atmosphäre.

Für Irland hat sich seit dem EU-Beitritt vieles verändert. Die Volkswirtschaft des Landes ist heute eine der stärksten der Welt. In den letzten zehn Jahren war ein jährlicher BIP-Anstieg von 5,1% zu verzeichnen und 1999 wies der Staatsetat sogar einen Überschuss aus, ein in der westlichen Welt einmaliges Phänomen.

Das niedrige Lohnniveau, das günstige Telekommunikationsangebot und die gute Arbeitsmoral der Iren ziehen nach wie vor viele internationale Firmen an. Hinzu kommen verschiedene staatliche Anreize. Der Zuzug ausländischer Firmen hat eine Vielzahl von Beschäftigungsmöglichkeiten geschaffen. Wenn Sie also Auslandserfahrung sammeln wollen, ohne allzu viele Risiken bei der Jobsuche einzugehen, erwartet Sie in Irland ein breites Angebot.

WIRTSCHAFTLICHER HINTERGRUND

Die ersten ausländischen Firmen, die sich in Irland niederließen, waren so genannte Call Centres, die von der Insel aus Kundendienstgespräche mit ganz Europa und der restlichen Welt abwickelten. Es folgte die Einrichtung eines internationalen Finanzdienstleistungszentrums (IFSC) in den Dubliner Docklands, das ebenfalls zahlreiche neue Arbeitsplätze mit sich brachte.

Das Zentrum, in dem rund 600 Finanzunternehmen untergebracht sind, war ein Joint Venture des staatlichen und privaten Sektors. Die irische Regierung schuf zusätzliche Anreize, indem sie die Körperschaftsteuer für IFSC-Firmen auf 10% senkte, während sie im restlichen Irland 32% betrug – verglichen mit vielen anderen EU-Ländern immer noch niedrig. Dieses günstige steuerliche Klima zog noch mehr ausländische Firmen an und stärkte die irische Wirtschaft weiter. Zusätzlich beschleunigt wurde die Entwicklung, als die Regierung eine jährliche Senkung der Körperschaftssteuer ab 1999 ankündigte. Ab dem Jahr 2003 soll landesweit eine einheitliche Körperschaftssteuer von 12,5% gelten. Dem wirtschaftlichen Wachstum Irlands sind damit keine Grenzen gesetzt und immer mehr Hersteller aus den unterschiedlichsten Sparten werden sich des Potentials und der Märkte der Insel bewusst.

Die Tatsache, dass Irland das einzig englischsprachige Land in der Euro-Zone ist, trägt sicherlich zur Stärkung der IFSC-Position bei, wenngleich bisher nur amerikanische Firmen Vorteile im Handel mit Irland sehen. Jungen Arbeitssuchenden mit abgeschlossenem Finanzstudium ist hier ein Arbeitsplatz praktisch garantiert. Die Durchschnittsgehälter in IFSC-Firmen liegen etwas unter denen in anderen Finanzunternehmen, was jedoch durch ansehnliche Sondervergütungen ausgeglichen wird, die in Irland sonst weniger verbreitet sind.

Das allgemeine Lohnniveau Irlands ist zwar im Großen und Ganzen niedriger als in vielen kontinentaleuropäischen Ländern (bis zu 30%), dafür sind aber auch die Lebenshaltungskosten weit geringer. Hinzu kommt die Chance, wertvolle berufliche Erfahrungen in einem ausgesprochen angenehmen Umfeld zu sammeln. Man sollte jedoch nicht vergessen, dass in Irland hart gearbeitet wird und sich Ausländer dem herrschenden Tempo anpassen müssen. Die Löhne und Gehälter sowie die Lebenshaltungskosten werden in den kommenden Jahren sicherlich steigen, doch wird es wohl eine ganze Weile dauern, bis sie das durchschnittliche EU-Niveau erreicht haben. Der Ende 1996 unterzeichnete Sozialpakt „Partnership 2000" sieht eine Zurückhaltung bei den Lohn- und Steueranhebungen vor. Aufgrund des Mangels an gelernten Arbeitskräften werden in manchen Sparten jedoch Lohnsteigerungen gewährt, die 6 bis 7% über dem

Sozialversicherungsnummer beantragen, die dem Arbeitgeber mitzuteilen ist. Außerdem ist eine Anmeldung bei den Steuerbehörden erforderlich. Der irische Gewerkschaftskongress (I.C.T.U.) koordiniert die Arbeit aller 66 in Irland (Republik Irland und Nordirland) tätigen Gewerkschaften. Die Hälfte der erwerbstätigen Bevölkerung ist gewerkschaftlich organisiert. Ein ungewöhnlich hoher Anteil der Gewerkschaftsmitglieder (71%) entfällt dabei auf die Bereiche Transport und Kommunikation.

Weitere Informationen:
- www.irish-trade.ie
  www.fasdn.com
  Informationen über offene Stellen, Ausbildungskurse, Dienstleistungen im gewerblichen Bereich
- www.exp.ie
  Website für Stellensuchende und Stellenanbieter
- www.itw.ie
  Nützliche Informationen des Irish Trade Web über irische Firmen
- www.irlgov.ie
  Website der irischen Regierung mit verschiedenen Unterteilungen, z.B.
- www.irlgov.ie/tec
  Ministerium für öffentliche Wirtschaft
- www.irlgov.ie/iveagh
  Außenministerium
- www.irlgov.ie/entemp
  Ministerium für Wirtschaft, Handel und Beschäftigung
- www.dublincorp.ie
  Informationen über Dublin
- www.idaireland.com
  Industrial Development Authority

Office of the Ombudsman,
  52 St. Stephen's Green,
  Dublin 2

„Irish Almanac and Yearbook of Facts", verlegt bei Artcam

vereinbarten Standard liegen.

Lange Zeit wanderten viele Iren aus, um in anderen Ländern wie den USA Arbeit zu finden. Heute verläuft die Bewegung in umgekehrter Richtung. Zwischen 1993 und 1998 wurden 266.000 neue Arbeitsplätze geschaffen, 95.000 davon in den letzten 12 Monaten dieses Zeitraums. Während in den achtziger Jahren jeder fünfte Erwerbsfähige arbeitslos war, ging die Arbeitslosenquote in der zweiten Hälfte der neunziger Jahre stark zurück. Die Bevölkerung ist groß genug, um neuen Unternehmen Arbeitskräfte in ausreichender Zahl zu bieten.

Zu erwähnen ist auch, dass Irland eine junge Bevölkerung mit allgemein hohem Bildungsniveau hat. 45% der Iren sind unter 25 Jahre alt und jeder dritte hat einen Universitätsabschluss. Junge Iren verbringen häufig Ausbildungszeiten im Ausland, um ihren Stellenwert auf dem irischen Arbeitsmarkt nach der Rückkehr zu verbessern.

REGIONALE UNTERSCHIEDE IN IRLAND

Dublin ist der Mittelpunkt vieler Aktivitäten und Zentrum des allgemeinen Interesses. Die Stadt hat sich innerhalb weniger Jahre in ein ähnlich internationales Pflaster wie beispielsweise Luxemburg verwandelt, zeichnet sich dabei jedoch durch geringere Lebenshaltungskosten und ein jüngeres, entspannteres Ambiente aus. Dies hat für die – häufig per Internet tätigen – Personalagenturen den Vorteil, dass sie weltweit Stellensuchende für die attraktive Stadt rekrutieren können. Eine Besonderheit ist die wachsende Zahl von Ausländern, die montags per Flugzeug aus anderen Ländern zur Arbeit ankommen und freitags wieder nach Hause zurückkehren. Während der Woche genießen sie das Dubliner Stadtleben, ohne dauerhaft umzuziehen. Diese Entwicklung hat wiederum dazu beigetragen, Irland aus der einstigen geographischen Isolation herauszuführen.

In den kommenden Jahren wird sich Irland der wachsenden Gefahr einer Isolierung Dublins vom Rest des Landes stellen müssen. Das Umland der Hauptstadt ist noch immer stark ländlich und landwirtschaftlich geprägt. In vielen Fällen sind die Fischerei und der Fremdenverkehr die einzigen nennenswerten Einkommensquellen. Dies ist noch immer das Irland der Vergangenheit und der Kontrast zwischen Dublin und dem restlichen Land wird zunehmend deutlicher. Die Erwerbstätigen sind weniger gut ausgebildet, die Arbeitslosenquote ist höher und die Lebensbedingungen sind oft unzulänglich. Der Unterschied zwischen Stadt und Land zeigt sich besonders in Irlands schlechtem, veraltetem Straßennetz sowie dem mangelnden Angebot an Zugverbindungen und anderen öffentlichen Verkehrseinrichtungen. Zwar werden mit Hilfe von EU-Subventionen viele neue Straßen gebaut, doch wer in Dublin arbeitet, ist auch gezwungen, in der Stadt zu leben, was die Haus- und Wohnungspreise in die Höhe treibt.

ARBEITSBEDINGUNGEN

Seit dem EU-Beitritt hat die „grüne" Insel von umfangreichen finanziellen Beihilfen profitiert, die dem einst zu den ärmsten EU-Mitgliedern zählenden Land wirtschaftlich auf die Beine geholfen haben. Nach 1999 werden diese Zuschüsse (jährlich 12,1 Millionen Iep) aus dem EU-Strukturfonds jedoch eingestellt, da Irland einen mehr als befriedigenden Entwicklungsstand erreicht hat. Aus den Mitteln wurde unter anderem die IDA (Industrial Development Authority) eingerichtet, die neu gegründete und bereits existierende, in der Entwicklung befindliche Unternehmen tatkräftig unterstützt. Hierdurch werden wiederum Arbeitsplätze geschaffen, viele davon in den unterpriviligierten Regionen außerhalb der Hauptstadt.

Die zukünftige industrielle und wirtschaftliche Entwicklung Irlands wird sich voraussichtlich vor allem im Service-, Telekommunikations- und Finanzdienstleistungssektor und bei den Call Centres vollziehen. Außerdem dürften viele weitere so genannte „back offices" entstehen – Service-Zentren, die für ausländische Kunden die Abwicklung von Datenverarbeitung, Buchhaltung, Kundendienst, Telekommunikationsdiensten und Informationstechnologie übernehmen. Die Wirtschaft erfährt so eine zunehmende Diversifizierung, zu der auch der ansehnliche Erfolg des Fremdenverkehrs beiträgt. Anziehungspunkte für Touristen sind nicht nur die malerischen Landschaften, sondern auch das ausgezeichnete sportliche Angebot. Irland hat beispielsweise eine Vielzahl von Golfclubs; der Golfing Union gehören 367 Clubs an.

Die öffentliche Arbeitsmarktbehörde FAS (Foras Aiseanna Saothair) bietet nicht nur Hilfe bei der Stellensuche, sondern auch die unterschiedlichsten Ausbildungsmöglichkeiten. FAS-registrierte Personen haben Gelegenheit, an einer Vielzahl von Programmen teilzunehmen. In Dublin gibt es außerdem zahlreiche private Personalagenturen und Zeitarbeitsfirmen.

Was Irland besonders anziehend macht, ist seine Bevölkerung. Die Iren zeichnen sich allgemein durch eine umgängliche, freundliche Art und optimistische Lebenseinstellung aus, sind entgegenkommend, aber nicht aufdringlich, aufmerksam und stets hilfsbereit. Selbst die Taxifahrer gehören zu den freundlichsten in ganz Europa.

Ein wichtiges Element im irischen Leben ist „Craic", ein Begriff, der sich am ehesten mit Spaß oder Fröhlichkeit übersetzen lässt. Zu einem guten „Craic" gehören Freundschaft und Offenheit, Humor, Musik, Gesang und natürlich ein reger Meinungsaustausch. Das Reden ist ohnehin eine der irischen Lieblingsbeschäftigungen. Mittelpunkt des gesellschaftlichen Lebens sind die Pubs und zwei Drittel des Alkoholkonsums entfällt auf Bier. Im Gegensatz zur landläufigen Meinung wird in Irland jedoch weniger Alkohol konsumiert als in anderen europäischen Ländern.

Irland ist, kurz gesagt, ein Land, in dem es sich leben lässt.

VERSCHIEDENES

- *Die altirische Sprache, das Gälische, wird heute noch gesprochen und unterrichtet. Es beeinflusst unter anderem auch das irische Timbre und die Aussprache des Englischen. Trotz jahrhundertelanger englischer Herrschaft sprachen die meisten Iren 1921, als das Land seine Unabhängigkeit erlangte, noch immer Gälisch. Die Sprache hat seither ihre Rolle als irisches Identitätssymbol verloren, wird von den Einheimischen jedoch immer noch mit großem Stolz betrachtet.*
- *Musik war seit jeher ein wichtiges Element der irischen Kultur. Viele berühmte Künstler wie Enya, U2, Sinéad O'Connor, Van Morrison und The Cranberries verbinden in ihrer Musik traditionelle keltische Elemente mit modernen Ausdrucksformen.*
- *Der nationale Gesundheitsdienst Irlands gewährt allen Patienten, die bei einem dem System angehörenden Arzt registriert sind, kostenlose medizinische Behandlung. Nicht registrierte Patienten können den Arzt frei wählen, müssen jedoch selbst für die Bezahlung aufkommen. Das Gleiche gilt für die Kosten von Arzneimitteln. Die Bezahlung von Krankenhauskosten richtet sich nach dem Einkommen.*
- *Bars und Pubs schließen im Winter um 23 Uhr, im Sommer um 23.30 Uhr (sonntags um 23 Uhr). Alkoholische Getränke dürfen nur an Personen ab 18 Jahren ausgeschenkt werden.*
- *In Irland herrscht Linksverkehr.*
- *Die Einkommenssteuer beträgt bis zu einem Einkommen von Iep 9.900 (Unverheiratete) bzw. Iep 19.800 (Ehepaare) 26%, darüber 48%. Wohnungsmiete, Rentenbeiträge, medizinische Kosten und Hypothekenzinsen sind steuerlich absetzbar.*
- *Viele bekannte internationale Künstler, Schriftsteller, Sänger, Musiker und Tänzer sind Iren oder irischer Abstammung. Ausländische Künstler, die sich in Irland niederlassen, genießen steuerliche und andere Vorteile.*
- *Irland hat vier Literatur-Nobelpreisträger hervorgebracht.*

island

Ísland
Parlamentarische Demokratie
Vermutlich die älteste Demokratie der Welt, aber Republik seit 1944.
Parlament (Althing) und Präsident werden separat für die Dauer von 4 Jahren gewählt.
Mitglied des EWR (Europäischen Wirtschaftsraums) seit 1994. Die Mitgliedschaft gibt Island uneingeschränkten Zugang zum Binnenmarkt der EU.
Bevölkerung: 270.000
Gesamtfläche: 102.828 km²
Hauptstadt: Reykjavik
Andere Großstädte: Akureyri, Hafnarfjördur und Kópavogur
Sprache: Isländisch. Dänisch und Englisch werden allgemein gesprochen und verstanden. Das Isländische gehört der westnordisch-germanischen Sprachengruppe an. Das isländische Alphabet schließt zwei außergewöhnliche Buchstaben ein, die es auch im Altenglischen gab und die wie das Englische „th" ausgesprochen werden.
Währung: Isländische Krone = ikr
1 Krone = 100 Aurar (aur)
Geographie: Island ist eine Insel, deren Plateau sich 400-800 Meter aus dem nordöstlichen Atlantik erhebt. Der weitgehend unbewohnte mittlere Landesteil besteht überwiegend aus Lava und Gletscherfeldern. Die höchste Erhebung ist der Vulkan Öræfajökull (2119 m).

Island ist in erster Linie für seine Geysire und Gletscher und als Gastgeberland internationaler Gipfeltreffen bekannt. Dies ist nicht weiter verwunderlich, da das Land sehr dünn besiedelt ist und sich der Sicherheitsaspekt unkompliziert darstellt. Durch die Entfernung vom restlichen Europa ergibt sich außerdem ein gewisser „Abstand zu den Dingen".

Die wichtigsten Wirtschaftszweige sind die Fischerei und damit verbundene Aktivitäten. Die biologische Vielfalt und ungewöhnliche landschaftliche Schönheit der Insel erweisen sich außerdem zunehmend als Tourismusmagneten. Kein anderes Land der Welt hat mehr heiße Quellen vorzuweisen. Die Vulkane und Gletscherlandschaften sind weitere Attraktionen.

Einer der wichtigsten Rohstoffe Islands ist seine geothermische Energie. 81% aller Häuser werden geothermisch geheizt, das Potential ist jedoch noch weit höher.

11% der Exporte entfallen auf Aluminium, rund 12% auf andere Industriegüter wie Ferrosilizium. Den restlichen Anteil machen Fischereierzeugnisse aus.

LEBENSWEISE

Der Lebensstandard Islands gehört zu den höchsten der Welt und das Pro-Kopf-Einkommen ist mit dem in anderen skandinavischen Ländern vergleichbar. Die Häuser und Wohnungen sind allgemein von hoher Qualität, das Straßennetz lässt jedoch vor allem außerhalb der Städte zu wünschen übrig.

Das Bildungswesen ist gut. Drei Universitäten und elf andere Institute bieten eine Hochschulausbildung in den verschiedensten Fächern an. Universitätsstudenten erhalten Unterstützung in Form von Darlehen aus dem Isländischen Studiendarlehens-Fonds.

Ausländer, die mindestens drei Jahre lang in Island beschäftigt waren, können für die Ausbildung an isländischen Bildungsstätten ein Darlehen aus dem Fonds beantragen.

Um in Island arbeiten zu können, müssen Sie im Besitz eines EWR-Passes sein. EWR-/EU-Bürger genießen drei Monate uneingeschränktes Aufenthaltsrecht in Island und können sofort nach der Einreise ohne Arbeitserlaubnis zu arbeiten beginnen. Bei einem längeren Aufenthalt muss bei den Einwanderungsbehörden eine Aufenthaltsgenehmigung beantragt werden, die arbeitenden EU-Bürgern jedoch automatisch gewährt wird.

Für die Namensgebung gelten in Island besondere Gesetze, die auf alten Traditionen beruhen. Männer wie Frauen leiten ihren Familiennamen vom Vornamen des Vaters ab und Frauen behalten diesen Namen auch bei der Heirat. Daher werden Isländer stets mit dem Vornamen genannt, z.B. „der isländische Präsident Olafur Ragnar Grímson" oder „Präsident Olafur", nie aber „Präsident Grímson" (Grím-son = Sohn des Grim).

Die wichtigste Informationsquelle für Arbeitssuchende sind die Stellenangebote in den Zeitungen. Beispielsweise empfiehlt sich ein Blick in die Sonntagsausgabe des „Morgunbla_ió". Es gibt nur wenige Personalagenturen, die außerdem auf die Hauptstadt beschränkt sind. Das größte Angebot an freien Stellen findet sich bei den offiziellen Arbeitsämtern.

Für einen kürzeren Arbeitsaufenthalt bietet sich die Saisonarbeit auf isländischen Bauernhöfen an. Kontakt: Ninukot, Skeggjastooum, IS-861 Hvolsvollur, Tel. +354-487 8676.

Klima: Die Sommer sind kühl (9 bis 1°C), die Winter durch den Golfstrom aber relativ mild (-2 bis -6°).

Die Ortszeit ist die Greenwicher Zeit. Im Winter ist es in Island eine Stunde, im Sommer zwei Stunden später als in Mitteleuropa. Gegenüber Großbritannien liegt Island im Sommer eine Stunde zurück, im Winter sind die beiden Länder zeitgleich.

Notfall- und Polizei-Rufnummer: 112

Weitere Informationen:
- www.iceland.org
- www.vinnumalastofnun.is Stellenangebote der öffentlichen Arbeitsämter
- http://info-iceland.com
- www.quercus.com/iceland
- www.stjr.is
- www.invest.is

Die internationale Vorwahl für Island ist +354.

italien

Italia
Parlamentarische Republik
20 Verwaltungsregionen mit erheblicher Autonomie
Fünf Regionen – Aostatal (Valle d'Aosta), Trentino-Südtirol (Trentino-Alto Adige), Sizilien, Sardinien und Friaul-Julisch-Venetien (Friuli-Venezia Giulia) genießen eine noch weitergehende Autonomie als die 15 anderen Regionen.
Gründungsmitglied der EU
Bevölkerung: 57,56 Mio.
Gesamtfläche: 301.225 km²
Hauptstadt: Roma (Rom)
Andere Großstädte: Bologna, Cagliari, Firenze (Florenz), Genoa (Genua), Milano (Mailand), Napoli (Neapel), Palermo, Pescara, Torino (Turin), Trieste (Triest), Venezia (Venedig), Verona.
Sprache: Neben der italienischen Amtssprache wird auch Deutsch (in Südtirol in der Nähe der österreichischen Grenze), Französisch (Aostatal), Slowenisch (Triest und Gorizia) und Ladinisch (in Teilen des Aostatals) gesprochen.
Währung:
Italienische Lire = Itl, Lit., L.
1 Euro = 1936,27 Lire
1000 Lire = € 0,516457
Mehrwertsteuer: 20%
Geographie: Italien lässt sich von Norden nach Süden in vier verschiedene Landstriche untergliedern: die Alpen, die Po-Ebene (der Po ist mit 652 km der längste Fluss), die Apenninen-Halbinsel (die höchste Erhebung ist der Gran Sasso mit 2914

„Ah, la bella Italia" – wunderschönes Italien! Wen würde es nicht reizen, in diesem herrlichen Land zu arbeiten? Und warum auch nicht? Italien ist gastfreundlich und warmherzig und hat ein ausgezeichnetes Klima und eine angenehme Mentalität. Um sich hier rundum wohlzufühlen, müssen Sie lediglich zwei Voraussetzungen mitbringen: Sie müssen die Sprache fließend beherrschen und die ungeschriebenen örtlichen Gesetze befolgen. Kurzum: Flexibilität und Anpassungsfähigkeit sind in Italien der Schlüssel zum Erfolg.

Natürlich bestehen in Italien wie in anderen Ländern starke Unterschiede zwischen den einzelnen Regionen. Der wirtschaftliche Schwerpunkt hat sich in den letzten Jahrzehnten von der Landwirtschaft hin zur Industrie verlagert, diese Entwicklung hat sich jedoch in allen Landesteilen nicht gleich schnell vollzogen. Das alte Klischee, dass die Italiener nördlich von Florenz nur arbeiten, zwischen Florenz und Rom reden und arbeiten und südlich von Rom nur reden, gilt in gewisser Weise immer noch. Mittlerweile werden jedoch auch im Süden erhebliche Anstrengungen unternommen, um den wirtschaftlichen Aufschwung voranzutreiben.

Trotz alledem ist der Norden weiterhin das eigentliche Zentrum des Geschehens. Das im Norden weit verbreitete Gefühl der Eigenständigkeit hat in der Gründung der „Lega Nord" ihren Ausdruck gefunden, die sich für eine Teilung Italiens entlang der Po-Linie einsetzt und rasch Zulauf gefunden hat. Im restlichen Land wurde der Vorschlag mit wenig Begeisterung aufgenommen.

WIRTSCHAFTLICHER HINTERGRUND

Die besten Beschäftigungschancen für Ausländer bestehen im Norden Italiens, vor allem in Mailand, der größten Industriestadt des Landes. Aber auch andere Bereiche des Nordens zeichnen sich durch eine lebhafte wirtschaftliche Aktivität aus, z.B. das Trentino, Venetien (Veneto) und die Emilia-Romagna, deren Hauptstadt Bologna sich zu einem Vorreiter in innovativer Technologienutzung und fortschrittlichen Unternehmertums entwickelt hat. Ihre Verwaltung ist für viele Städte der Welt ein Vorbild: Der Bürgermeister unterhält sich beispielsweise online mit den Bürgern über so diverse Themen wie Demokratie, Kriminalität und die Organisation von Straßenbauarbeiten. Die Stadt hält Referenden per Internet ab und Genehmigungen und Lizenzen können per E-Mail zugestellt werden. Das Internet dient sogar dazu, ältere Menschen vor der sozialen Isolation zu schützen.

Am deutlichsten zeigen sich die Unterschiede zwischen Nord und Süd in den Arbeitslosenstatistiken. Aussagekräftiger als der Landesdurchschnitt von 12% ist eine Aufschlüsselung nach Regionen und Gruppen:

Männer	9.5%
Frauen	16.8%
Norditalien	6.6%
Süditalien	22.2%
14-24 Jahres	33.5%
35-54 Jahre	5.8%

Im Süden, dem „Mezzogiorno", schneiden die Regionen entlang der Adriaküste erstaunlich gut ab, während in Gegenden wie Kalabrien und Sizilien ein eher rezessives wirtschaftliches Klima herrscht.

Aber auch an florierenden Wirtschaftsstandorten wie Bologna, der Stadt mit dem zweithöchsten Pro-Kopf-Einkommen des Landes, ist die Arbeit

Metern) und die Inseln (Sizilien, Sardinien, Elba, Ischia, Capri und die vulkanischen Äolischen Inseln, zu denen auch der Stromboli gehört) In Italien herrscht eine relativ starke tektonische Aktivität (Erdbeben) und der Ätna auf Sizilien ist der höchste europäische Vulkan (3262 m).

Grenzen: Frankreich, Schweiz, Österreich und Slowenien im Norden. Im Westen und Süden ist Italien vom Mittelmeer, im Osten von der Adria umschlossen. Die unabhängige Republik San Marino und die Vatikanstadt sind Enklaven im italienischen Staatsgebiet.

Klima: Mittelmeerklima mit relativ starken regionalen Unterschieden. Die Sommer sind jedoch allgemein warm, die Winter je nach Region kalt (mit Schnee) bis mild. Die ganzjährige Sonnenscheindauer nimmt von Norden nach Süden zu.

Weitere Informationen:

„The Informer", ein monatlich erscheinendes Magazin für in Italien lebende Ausländer – Buroservice SNC, Via dei Tigli 2, I-20020 Milano

„Milan, A Survival Guide" von Jill Stainforth. Eine nützliche Lektüre für alle Italienneulinge. Tel. +390-2-76000685

„Living in Italy – The Essential Guide for Property Purchases and Residents" von Eve Menzies, herausgegeben von Robert Hale, London

„Setting up in Italy" von Sebastian O'Kelly, herausgegeben von Merehurst Ltd., London

- www.minlavoro.it Arbeitsministerium – Durch Klicken auf die englischsprachige „Guida" gelangen Sie zu den Beschäftigungsseiten und zum Informationssystem des Arbeitsministeriums (RSIA)

- www.adnkronos.com
- www.affaritaliani.it
- www.abol.it
- www.ibow.com
- www.mi.camcom.it
  Waren- und Dienstleistungsangebote und –gesuche, Kooperationsvorschläge italienischer Unternehmen.
- www.yahoo.it

.N.P.S. (Istituto Nazionale della Previdenza Sociale / Sozialversicherung),
Via della Frezza 17,
I-00100 Roma

Ministero del Lavoro e della Previdenza Sociale, Via Flavia 6,
I-00187 Roma

ungleichmäßig verteilt. Die durchschnittliche Arbeitslosenquote liegt hier bei 5,1%. Nur 1,3% der Arbeitslosen sind jedoch Männer, 8,9% hingegen Frauen – ein klarer Hinweis auf die Benachteiligung von Frauen und jungen Menschen im Erwerbsleben.

Obwohl jüngere Frauen die gleiche Ausbildung genossen haben wie ihre männlichen Kollegen und die gleichen Qualifikationen und Fähigkeiten mitbringen, gelten sie immer noch als Arbeitnehmer zweiter Klasse. Sie sind allgemein unterbezahlt und müssen bei Entlassungen als Erste gehen. Auch wenn die Regierung sich bemüht, die beruflichen Hindernisse für Frauen zu beseitigen, mangelt es immer noch an Einrichtungen wie Tagesstätten, die Müttern die Ausübung einer beruflichen Tätigkeit erleichtern würden. Für junge Menschen ist es außerdem schwierig, Arbeit zu finden, da für die meisten Positionen Berufserfahrung gefordert wird. Rund 75% der Berufstätigen, die einen neuen Arbeitsplatz antreten, sind daher zwischen 30 und 45 Jahre alt.

BESCHÄFTIGUNGSCHANCEN

Zeit- und Teilzeitarbeit waren bis 1999 (!) verboten. Die Regelungen wurden mittlerweile jedoch geändert, um vermehrt Arbeitsplätze für junge Menschen und Frauen zu schaffen. Gleichzeitig wurden Anreize geschaffen, um Arbeitgeber zur Ausbildung von Lehrlingen und zur Ausstellung so genannter „contratti di formazione" (Ausbildungsverträge) zu animieren. Lehrstellenbewerber müssen zwischen 16 und 24 Jahre alt sein. Ein weiterer Weg zur Schaffung neuer Arbeitsplätze ist die Förderung des Handwerks, Kunsthandwerks und anderer kreativer Bereiche („artisanale"). Von den Vergünstigungen profitieren nur Gegenden, in denen die Arbeitslosenquote über dem Landesdurchschnitt liegt, die Vorteile (in Form niedrigerer Beiträge) kommen jedoch sowohl den Arbeitgebern als auch den Arbeitnehmern zugute. Auch ausländische EU-Bürger können diese neu geschaffenen Vergünstigungen beantragen.

Die besten Beschäftigungschancen bestehen in Italien in der weiterhin blühenden Tourismusbranche sowie im Dienstleistungssektor allgemein. Weitere Bereiche mit gutem Arbeitsplatzangebot sind die Holz-, Gummi- und Kunststoffindustrie, der Maschinenbau und die Transportindustrie (Pkw, Lkw, Busse). In der Textil-, Bekleidungs- oder Lebensmittelbranche eine Stelle zu finden, dürfte dagegen bedeutend schwieriger sein, da die Zukunftsaussichten dieser Sparten als weniger gut gelten.

Ein Sozialpakt zwischen Regierung und Wirtschaft soll gewährleisten, dass die Lohn- und Gehaltserhöhungen einen bestimmten, an die Produktionsrate gebundenen Index nicht übersteigen.

In italienischen Unternehmen geht der Trend dahin, sich auf die Hauptgeschäftsbereiche zu konzentrieren und andere Aktivitäten auszulagern. Dies erklärt das rasche Wachstum des Dienstleistungssektors und hat dazu geführt, dass italienische Firmen zunehmend nach Mitarbeitern suchen, die technische oder betriebliche Spezialkenntnisse mitbringen. Kleinere Firmen gewinnen dabei zunehmend an Bedeutung und bieten heute einen Großteil der neu geschaffenen Stellen an. Sehr oft haben sich diese Firmen stark spezialisiert und erwarten von ihren Mitarbeitern Flexibilität und Mobilität. Für Ausländer ist dies meist einfacher als für Italiener, die generell stark in ihrem Heimatort (der oft auch der Ort ist, an dem sie geboren und zur Schule gegangen sind und geheiratet haben) verwurzelt sind. Manchmal hört man, dass selbst Städte und Gegenden, die kaum hundert Kilometer vom Heimatort entfernt sind, als „estero" (Ausland) bezeichnet werden.

WOHNEN IN ITALIEN

Die Mieten in Italien sind hoch bis extrem hoch und die Wohnungen im Stadtzentrum entsprechend meist sehr klein. Oft leben mehrere Familien zusammen unter einem Dach, um Kosten zu sparen. Als Ausländer müssen Sie aufgrund der beengten Wohnverhältnisse vielleicht längere Zeit auf eine häusliche Einladung durch italienische Freunde warten. Ein weiteres italienisches Phänomen, das ebenfalls mit der Wohnungssituation zu tun hat, ist der Hang, eng mit der Familie und vor allem mit „la mamma" verbunden zu bleiben. Die Mütter spielen sowieso in jedem italienischen Haushalt eine zentrale Rolle und vor allem viele Männer hängen sehr an ihrer Mutter, die wie eine Königin über die Familie regiert.

SOZIALVERSICHERUNG

In Italien lebende Bürger zahlen Steuern auf ihr weltweites Einkommen. Der Einkommenssteuersatz reicht in Stufen von 20% (Einkommen bis 15 Millionen Lire) über 27% (15 bis 30 Millionen Lire) und 34% (30 bis 60 Millionen Lire) bis hin zu 46% (früher: 51%) für höhere Einkommen.

Die Sozialversicherung deckt Krankenversicherung und Mutterschutz, die Versicherung gegen Arbeitsunfälle, Berufskrankheiten und Erwerbsunfähigkeit, die Renten-, Lebens- und Arbeitslosenversicherung sowie Familienbeihilfen ab. Der Arbeitgeber behält die Beiträge vom Lohn oder Gehalt ein und übernimmt die administrative Abwicklung.

Beim Umzug nach Italien ist eine persönliche Anmeldung bei der örtlichen Niederlassung der Unità Sanitaria Locale (USL) erforderlich, um als Ausländer den nationalen Gesundheitsdienst in Anspruch nehmen zu können.

ÜBERRASCHENDES

Italien ist in vielen Beziehungen für Überraschungen gut. Der zwischenmenschliche Umgang in Italien ist in vieler Hinsicht sehr locker, in anderen Bereichen hingegen ist traditionelle Förmlichkeit angesagt. Sehr wichtig sind beispielsweise Titel. Wenn Sie Ihren Titel nicht nennen, ist dies für einen Italiener unter Umständen verwirrend, denn wie kann er Sie korrekt ansprechen, wenn er Ihren gesellschaftlichen "Status" nicht kennt? Jeder, der ein Universitätsstudium absolviert und es zu irgendeinem Abschluss gebracht hat, wird respektvoll mit „Dottore" betitelt. Es erleichtert die Sache für alle Beteiligten, wenn Sie sich als „Dottore soundso" vorstellen, es sei denn Sie fallen in die Kategorie des „Professore", ein Titel, der für jedermann verwendet wird, der jemals im Schul- oder Bildungswesen tätig war. Der Titel „Sua Eminenza" mag für nichtitalienische Ohren eher hochtrabend klingen, wird in Italien jedoch noch immer respektvoll für Personen benutzt, die in kirchlichen Kreisen eine gewisse Position erlangt haben.

ELEGANZ

Die Italiener haben einen ausgeprägten Sinn für schöne Dinge. Ein elegantes, gepflegtes Erscheinungsbild gehört dazu. Diese Einstellung hat den Bewohnern Italiens den Ruf eingebracht, sich modisch und gut zu kleiden. Sie geben mehr für Kleidung und Schuhe aus als die Bürger jedes anderen EU-Landes. Es überrascht daher nicht, dass die Bekleidungs- und Schuhindustrie eine wichtige Rolle in der italienischen Wirtschaft spielen. Italien ist der größte europäische Schuhproduzent und nach China der zweitgrößte der Welt.

Neben der Quantität ist es auch die Qualität und das Design, für das die italienische Industrie bekannt ist. Das gilt für Modeartikel ebenso wie für Inneneinrichtungen, Stoffe, Möbel und sogar einfache Haushaltsgegenstände. Der Sinn für Ästhetik spiegelt sich sogar in High-Tech-Produkten wider, die sich durch eine Stilsicherheit und fließende Linienführung auszeichnen, wie man sie bei ähnlichen Produkten aus anderen Ländern nur selten findet.

KÖRPERSPRACHE

Erwähnenswert ist auch die Körpersprache. Vielleicht ist eben jener Hang zum Schönen der Grund dafür, warum die Bewegungen der Italiener allgemein fließend, elegant und ausdrucksvoll sind. Ausländern mag es nach einer Weile gelingen, fließend Italienisch zu sprechen. Bedeutend schwieriger ist es jedoch, sich die subtile Körpersprache anzueignen, die oft mehr sagt als viele Worte. Ein einfaches „Ma, …" (= aber) kann eine Fülle von Bedeutungen haben, je nach Hand-, Finger-, Schulter- und Armhaltung und natürlich dem zugehörigen Gesichtsausdruck. Die Körpersprache ist eine Kunst, ein ewiges Spiel, das für den ausländischen Beobachter höchst interessant ist.

Es kann aber auch passieren, dass ein ganzer Wortschwall mit unaufhaltsamer Geschwindigkeit über Sie hereinbricht. Oft will der Sprecher nur beeindrucken oder freundliche Gefühle zum Ausdruck bringen, einen Vorwand für eine kurze Unterbrechung im Alltagsgeschehen schaffen, oder einfach nur eine Banalität elegant ausdrücken. Andere für viele Ausländer anfangs etwas befremdliche, für Italiener jedoch ganz normale Gewohnheiten sind das ausgiebige Küssen und Händeschütteln bei Begrüßung und Abschied und die Ungezwungenheit, mit der Männer in der Öffentlichkeit Arm in Arm gehen.

POLITIK UND KULTUR

Italienische Politiker haben wahrscheinlich mehr finanziellen und wirtschaftlichen Einfluss als ihre Kollegen in allen anderen westeuropäischen Ländern. Diese Macht wird sogar formell durch die fast vollkommene parlamentarische Immunität der Politiker garantiert. Die Immunität wird in Form regelmäßiger straf- und zivilrechtlicher Amnestien, bei denen den Tätern die Strafe für eine Vielzahl von Delikten erlassen wird, indirekt auch an die Wähler weitergegeben. Die Amnestien finden meist kurz vor den Wahlen statt und sind natürlich sehr populär.

Italien war historisch ein wichtiges kulturelles und künstlerisches Vorbild, das viele andere europäische Zivilisationen inspiriert hat. Im Laufe der Jahrhunderte hat das Land einige der größten Namen der Kunst hervorgebracht. Überall in Italien liegt die Kunst geradezu greifbar in der Luft und prägt das Lebens- und Arbeitsklima. Diese Atmosphäre ist einer der besonderen Reize, die die Arbeit in Italien mit sich bringt. Auch wer nicht gern in Museen und Ausstellungen geht, kann die italienische Lebensart genießen und kulturelle Unterhaltung in jeder Form kennen lernen – selbst einfache Straßensänger können hier durch ihre Stimme bezaubern.

VERSCHIEDENES

- *Die wichtigsten Exportartikel sind Maschinen, Transport- und High-Tech-Geräte, Chemikalien, Kleidung und Schuhe.*
- *Der Fremdenverkehr ist landesweit eine wichtige und wachsende Einnahmequelle.*
- *Die gefragtesten Berufe sind:*
  - *Marketing- und Verkaufsmanager*
  - *Informatiker*
  - *Finanz- und Verwaltungsspezialisten,*
  - *Techniker/Ingenieure*
- *Ebenfalls gesucht werden Verkaufsmitarbeiter mit technischer Ausbildung, Logistiker und Industriedesigner. Im Lohnempfängerbereich werden Stellen für Kfz-Mechaniker und Maschinenführer sowie im Hotel- und Gaststättengewerbe angeboten.*
- *Führungskräfte in Italien verdienen so viel wie in den meisten anderen europäischen Ländern, Angestellte und vor allem Arbeiter bringen jedoch 15 bis 20 Prozent weniger nach Hause als ihre Kollegen in ähnlichen Positionen in Frankreich oder Deutschland.*
- *Nicht-EU-Bürger müssen bereits vor der Ankunft in Italien im Besitz eines Arbeitsvertrages sein und bei der italienischen Botschaft oder beim italienischen Konsulat ihres Wohnlandes ein Arbeitsvisum beantragen. Nach dem Umzug nach Italien ist dann eine örtliche Arbeitserlaubnis einzuholen.*
- *In Italien wird auf vielen Autobahnen (erkennbar am Buchstaben „A") eine Maut erhoben.*
- *Die Italiener fahren allgemein schnell und gut. Versuchen Sie nicht, sie mit Ihren Fahrkünsten zu beeindrucken - Sie können es aller Wahrscheinlichkeit nach doch nicht mit ihnen aufnehmen. Die Italiener lieben Autos und Motoren und kennen ihre Grenzen.*
- *In Italien gibt es verschiedene polizeiliche Organisationen. Den größten Respekt genießen die Carabinieri, eine paramilitärische Organisation. Die staatliche Polizei (la Polizia di Stato) ist vor allem in Großstädten tätig. Die Finanzpolizei (la Guardia di Finanza) ist allgemein am gefürchtetsten. Daneben gibt es die Stadtpolizei (Polizia Urbana oder Vigili Urbani), die für die Verkehrsregelung zuständig ist, sowie zahlreiche andere Uniformierte mit begrenzten polizeilichen Gewalten wie Museumswärter, Förster und Tierschutzinspektoren. Sie alle sind berechtigt, bei verbalen Angriffen auf der Stelle Verhaftungen vorzunehmen und zögern nicht, von diesem Recht Gebrauch zu machen. Bleiben Sie daher in Gegenwart von Uniformierten am besten immer ruhig und höflich.*
- *Beim Immobilienkauf in Italien gibt es viele mögliche Fallstricke. Bemühen Sie sich daher um bestmögliche Beratung.*
- *Über 80% der Banken sind in der einen oder anderen Weise staatlich kontrolliert, was sich in einer gewissen bürokratischen Schwerfälligkeit niederschlägt. Kontrollieren Sie Kontoauszüge stets auf mögliche Fehler. Und machen Sie sich bei Überweisungen aus dem Ausland auf lange Wartezeiten gefasst, auch wenn der Absender das Geld per „SWIFT"-Verfahren geschickt hat.*
- *Beziehungen können in Italien Gold wert sein. Ein Bekannter am richtigen Ort kann vermitteln oder den Weg zum richtigen Ansprechpartner weisen.*
- *Die Ladenöffnungszeiten sind montags bis samstags meist von 8.30 bis 12.30 Uhr und von 15.30/16.00 Uhr bis 19.00/19.30 Uhr.*

luxemburg

Letzeburg/Luxembourg/ Luxemburg
Großherzogtum
Konstitutionelle Monarchie
Gründungsmitglied der EU
Bevölkerung: 420.000
Gesamtfläche: 2.586 km²
Hauptstadt: Luxemburg (Stadt)
Andere Städte: Esch an der Alzette, Diekirch, Differdingen, Düdelingen, Echternach, Ettelbrück
Sprache: Lëtzebuergesch (Luxemburgisch), Französisch, Deutsch
Währung:
Luxemburgischer Franc = LuF
1 Franc = 100 Centimes
1 Euro = 40,3399 LuF
100 LuF = € 2,47894
Mehrwertsteuer: 15%
Geographie: Topographisch ist das Land in zwei Regionen gegliedert: das Ösling, ein 450 m hohes Plateau, das zu den Ardennen gehört, und das Gutland mit einer durchschnittlichen Höhe von 250 m ü.M. Das Land ist von mehreren kleinen Flüssen durchzogen; die wichtigsten sind die Mosel, die Sauer, die Our und die Alzette, die in den Rhein münden, und die Chiers, die zur Maas fließt.
Grenzen: Belgien im Westen und Norden, Deutschland im Osten und Frankreich im Süden.
Klima: Gemäßigt, ohne extreme Werte. Gute Luftqualität.

Luxemburg kommt trotz seiner geringen Größe in Europa eine wichtige Rolle zu. Bei einem Pro-Kopf-Bruttosozialprodukt, das 5% über dem der USA und 7% über dem der Schweiz liegt, sind seine Bewohner die reichsten der Welt. Über ein Drittel der Einwohner – 34% – stammen aus dem Ausland. Es gibt praktisch keine Arbeitslosigkeit, was zum Teil auch auf die sehr strengen gesetzlichen Regelungen zurückzuführen ist, die den Bezug von Arbeitslosenunterstützung auf ein Jahr begrenzen.

Die luxemburgische Geschichtsschreibung beginnt im Jahr 963, als der Ardennengraf Siegfried, der Gründer des ersten Hauses Luxemburg, auf dem Gebiet der heutigen Hauptstadt Luxemburg eine Burg bauen ließ. Hieraus entwickelte sich eine beeindruckende Festungsstadt, die den Beinamen „Gibraltar des Nordens" trug. Nach längerer Fremdherrschaft erlangte Luxemburg 1815 die nationale Unabhängigkeit, wurde zum Großherzogtum erhoben und zum persönlichen Besitz des Königs der Niederlande, Wilhelm I. von Oranien-Nassau, erklärt. 1890 ging die Krone des Großherzogtums an die älteste Linie des Hauses Nassau über und das Land erhielt somit seine eigene Dynastie. Der Großherzog hat auch heute noch die vollziehende Gewalt inne und kann wie die Abgeordnetenkammer Gesetzesvorlagen einbringen.

Der 11. Mai 1867 ist ein wichtiges Datum in der Geschichte Luxemburgs. Der Londoner Vertrag bekräftigte erneut die territoriale Unversehrbarkeit und die politische Autonomie des Landes. Darüber hinaus wurde Luxemburg im Londoner Abkommen der Status der immer währenden Neutralität gewährt, der im

Laufe der Geschichte eine wichtige Rolle gespielt und Luxemburg eine bedeutende Position gegeben hat.

WIRTSCHAFTLICHER HINTERGRUND
Der Grundstein für den wirtschaftlichen Wohlstand Luxemburgs wurde 1850 mit der Entdeckung reicher Eisenerzvorkommen im Südwesten des Landes gelegt, aus denen eine wichtige Stahlindustrie entstand. Zehntausende Arbeiter pilgerten in den für seine „rote Erde" bekannten Landesteil, der der gesamten Nation zum Wohlstand verhalf. Das Stahlunternehmen ARBED ist auch heute noch der größte private Arbeitgeber Luxemburgs und nimmt unter den europäischen Stahlproduzenten Platz fünf ein.

Seit dem Ende des Zweiten Weltkrieges wurden von Regierungsseite wichtige Schritte unternommen, um diesen stark monolithisch geprägten Sektor zu diversifizieren. Dies hat zu Investitionen durch viele große ausländische Firmen geführt, für die Luxemburg wegen der günstigen zentralen Lage inmitten der europäischen Absatzmärkte interessant ist. Der Anteil der industriellen Fertigung ist jedoch gegenüber dem Dienstleistungsgewerbe rückläufig. Zudem spielt Luxemburg heute eine wachsende Rolle als internationaler Finanzplatz. Die Steuergesetze aus dem Jahr 1929 erleichtern die Gründung von Banken und Holdinggesellschaften und haben die Situation in Luxemburg grundlegend verändert. Die günstigen Steuerbedingungen, die auch der Grund sind, warum Luxemburg so viele ausländische Bürger hat, tragen zum Wohlstand des Landes bei.

Luxemburg ist ein weiter expandierender Finanzplatz. Über 220 Banken (die meisten davon Niederlassungen von Banken aus 25 anderen Ländern), 900 Investmentfonds, über 7000 Holdinggesellschaften sowie große Versicherungs- und Rückversicherungsgesellschaften haben Filialen im Großherzogtum eingerichtet.

ARBEITEN IN LUXEMBURG
Aufgrund der ausgezeichneten wirtschaftlichen Situation wächst die Erwerbsbevölkerung jährlich um 4%. Dies ist nicht nur ein Anreiz für ausländische Arbeitnehmer, sich im Land niederzulassen, sondern auch für die 32,4% der erwerbstätigen Bevölkerung, die täglich über die französische, belgische oder deutsche Grenze nach Luxemburg zur Arbeit pendeln. Die Löhne und Gehälter sind hoch, das Gleiche gilt jedoch auch für die Lebenshaltungskosten im

---

Weitere Informationen:
„Accueil des Etrangers"
+352.4796-2751
- www.editus.lu
  Die gelben Seiten Luxemburgs im Internet
- www.men.lu
  Ministerium für Erziehung und Berufsbildung
- www.luxweb.lu
  Allgemeine Informationen, Zeitungen etc.
- www.restena.lu/gover/documents
  Luxemburg im Überblick
- Arbeitsministerium
  Ministère du Travail,
  26 rue Zithe,
  L-2763 Luxemburg
- Arbeitserlaubnis
  10 rue Bender, B.P. 2208,
  L-1022 Luxemburg

Großherzogtum und vor allem die Mieten in der Hauptstadt. Auch der Lebensstil der Luxemburger ist recht luxuriös. Die wenigsten bringen belegte Brote mit ins Büro. In der Mittagspause geht man zum Essen und oft am Abend noch einmal. Internationale Schulen und die Kinderbetreuung sind ebenfalls teuer. Die Steuern in Luxemburg sind jedoch niedrig und alle Arbeitnehmer haben Anspruch auf mindestens 25 bezahlte Urlaubstage pro Jahr. Die Sozial- und Rentenversicherungsbeiträge werden wie die Steuern direkt vom Gehalt abgezogen. Die Steuersätze sind progressiv und von der jeweiligen familiären Situation abhängig. Es empfiehlt sich, bei den Steuerbehörden ein jährliches Einkommenssteuerformular anzufordern, um eventuelle Steuernachlässe in Anspruch nehmen zu können.

Im Krankheitsfall ist ein Besuch durch den Hausarzt und eine Krankmeldung beim Arbeitgeber erforderlich. Die vom Arzt abgezeichnete Krankmeldung mit Angabe der voraussichtlichen Abwesenheitsdauer muss innerhalb von drei Tagen nach Krankheitsbeginn beim Arbeitgeber eingehen. Ein diesbezügliches Versäumnis kann mit fristloser Entlassung geahndet werden.

Die zunehmenden ausländischen Einflüsse haben bei vielen Luxemburgern das starke Bedürfnis wachgerufen, ihre eigene nationale Identität zu wahren und deutlicher gegen fremde kulturelle Elemente abzugrenzen. Dies bringt auch den verstärkten Wunsch nach einer eigenen Sprache mit sich. Wenngleich sich die deutsche und französische Kultur in Luxemburg vermengen und die Sozialstruktur durch die französisch-deutsche Zweisprachigkeit geprägt ist, gilt im Rechtswesen, an den Hochschulen und im Parlament Französisch als die Amtssprache. Lëtzebuergesch (das Luxemburgische) symbolisiert jedoch die nationale Identität und wurde daher 1984 per Gesetz zur Nationalsprache erhoben. Obschon sein Ursprung im Germanischen wurzelt, hat sich das Luxemburgische so sehr vom Deutschen wegentwickelt, dass es von Deutschen nicht verstanden wird. Es wird in Schulen unterrichtet, in der Regel aber nur von Einheimischen gesprochen. Fast niemand im Land spricht jedoch nur Luxemburgisch und viele Luxemburger beherrschen die englische Sprache ebenfalls gut. Dies gilt vor allem in der Hauptstadt, weniger auf dem Lande. Da jedoch beinahe ein Viertel der Bevölkerung in und um die Hauptstadt Luxemburg lebt, wo der Anteil der Ausländer über 50% beträgt, dürfte die sprachliche Verständigung keine Probleme bereiten.

Luxemburg wird aus gutem Grund oft als „kleinere Schweiz" bezeichnet. Diese Ähnlichkeit bezieht sich nicht nur auf die landschaftlichen Reize, sondern auch auf den Hang zu Sauberkeit und Ordnung sowie die Förmlichkeit im zwischenmenschlichen Umgang. Das Leben wird durch Arbeit und Karriere bestimmt. Äußerlichkeiten wie Automarke, Kleidung und Wohnort werden als Indikatoren des Status gewertet.

Das Großherzogtum ist so klein, dass jeder sehr bald jeden kennt und sich über Neuankömmlinge innerhalb weniger Tage ein Bild gemacht haben – sei es positiv oder negativ.

Wer Gelegenheit zur Arbeit in Luxemburg hat, sollte vor allem eine Faustregel beachten: Verwenden Sie in Bezug auf Ihr Gastland nie Begriffe wie „klein", „niedlich" oder gar „reizend". Solche Kommentare werden von den Luxemburgern oft als herablassend empfunden und können sogar das Ende einer Freundschaft bedeuten.

Das Leben in Luxemburg ist allgemein sehr ruhig. Zwar gibt es viele gute Restaurants und Kneipen, damit ist das Kapitel Unterhaltung aber auch fast schon abgeschlossen. Die Luxemburger schätzen die Gemütlichkeit in den eigenen vier Wänden, viele von ihnen unternehmen jedoch regelmäßig Wochenendausflüge in gut erreichbare Großstädte wie Paris (300 km) und Brüssel (200 km) oder in die Vogesen (250 km).

WESTEUROPA

VERSCHIEDENES

- Luxemburg unterhält besonders enge, geschichtlich verwurzelte Kontakte mit Belgien und den Niederlanden. Die Monarchen des Großherzogtums sind direkt mit den holländischen und belgischen Regenten verwandt.
- „Luxemburg" ist auch der Name einer Provinz im benachbarten Belgien. Sicherheitshalber sollten Sie daher immer „Großherzogtum Luxemburg" sagen, nicht nur „Luxemburg".
- Um Verwechslungen zu vermeiden, wird die Hauptstadt auch oft als „Luxemburg-Stadt" (Luxembourg-ville) bezeichnet.
- Luxemburg hat eine eigene Währung, die jedoch eng mit dem belgischen Franc gekoppelt ist. Der Umtauschkurs gegenüber anderen Währungen ist der gleiche, die Banknoten und Münzen sehen dem belgischen Franc sehr ähnlich und beide Währungen werden in Luxemburg akzeptiert.
- Im malerischen Moseltal an der Grenze zu Deutschland wird ausschließlich Weißwein und Sekt produziert.
- Luxemburg stellt auch verschiedene berühmte Biere und Obstwässer her.
- Die Löhne und Gehälter sind an die Lebenshaltungskosten gebunden. Wenn der Preis für einen bestimmten Warenkorb, der regelmäßig überwacht wird, ansteigt, werden die Einkommen entsprechend angeglichen.
- Luxemburg ist aufgrund seiner grünen Landschaft ein beliebtes Reiseziel. Selbst mitten in der Hauptstadt ist noch unberührte Natur zu finden.
- Smog war noch nie ein Problem im Großherzogtum.
- Das Land ist sehr kinderfreundlich. Das Kinderbetreuungsangebot ist ausgezeichnet, so dass auch Mütter bedenkenlos einer Erwerbstätigkeit nachgehen können.
- Teilzeitarbeit ist unpopulär und auch schwer zu finden.
- Die Kriminalität ist sehr gering.
- Erscheinen Sie zu Verabredungen in Luxemburg immer pünktlich. Egal, ob es sich um ein geschäftliches oder ein privates Treffen handelt – man erwartet, dass Sie sich an die vereinbarte Uhrzeit halten.
- Selbst bei ungezwungenen Einladungen zum Abendessen empfiehlt es sich, sich förmlich zu kleiden. Legere Kleidung ist allgemein sehr selten.
- Für die Arbeit in Luxemburg ist ein Universitätsabschluss meist unerlässlich. Er ist höchstens durch eine mehrjährige Berufserfahrung zu ersetzen.
- Je mehr Sprachen Sie sprechen, umso einfacher gestaltet sich die Arbeitssuche.
- In Luxemburg haben verschiedene europäische Institutionen ihren Sitz, z.B. das Generalsekretariat des Europäischen Parlaments, der Europäische Gerichtshof, die Europäische Investitionsbank, das europäische statistische Amt Eurostat und das Amt für offizielle Publikationen der Union.
- Verschiedene Nationalitäten unterhalten in Luxemburg sehr aktive Clubs. Auskunft darüber, wie Sie im Großherzogtum mit Landsleuten in Kontakt treten können, erhalten Sie in der Regel bei den Botschaften.
- Beim Umzug müssen Sie sich bei den Behörden der betreffenden Stadt oder Gemeinde anmelden und erhalten dann einen unangemeldeten Besuch von der örtlichen Polizei, die kontrolliert, ob Sie tatsächlich unter der angegebenen Adresse wohnen. Detaillierte persönliche Fragen, z.B. nach dem Einkommen oder der Miete, gehören ebenfalls zur Routine.
- Trotz seines Neutralitätsstatus wurde Luxemburg in beiden Weltkriegen besetzt und die Ardennen-Offensive im Winter 1944/45 spielte sich weitgehend auf Luxemburger Territorium ab. Die Armee, darunter auch die Militärkapelle, besteht heute aus insgesamt 700 Freiwilligen.

niederlande

Nederland
Monarchie
Parlamentarische Demokratie
Regierungssitz:
  's Gravenhage (Den Haag)
  12 Provinzen
Gründungsmitglied der EU
Bevölkerung: 15,65 Mio.
Gesamtfläche: 41.160 km²
Hauptstadt: Amsterdam
Andere Großstädte: Eindhoven, Enschede, Haarlem, Groningen, Rotterdam, Utrecht
Sprache: Niederländisch
Währung: Gulden (also: Florijn) = NLG, hfl
  1 Gulden = 100 Cent
  1 Euro = 2,20371 NLG
  100 Gulden = € 45,3780
Mehrwertsteuer (BTW): 17,5%
Geographie: Der Name "Nederland" bedeutet wortwörtlich "Tiefland". Ein Großteil des Landes liegt unterhalb des Meeresspiegels und musste vom Meer und den Binnengewässern zurückgewonnen werden. Das flache Land ist von Seen, Flüssen und Kanälen durchzogen. Die einzigen Erhebungen sind die Deiche. Im Südosten ist die Landschaft etwas hügeliger. Dort befindet sich auch der Vaalsberg, der mit 321 m der höchste Punkt des Landes ist.
Grenzen: Deutschland im Osten, Belgien im Süden, die Nordsee im Norden und Westen.
Klima: Gemäßigtes, regnerisches Klima mit Meereseinflüssen. In den Wintermonaten liegen die Temperaturen um 0°C, im Juni und Juli erreichen sie bis zu 28°C.

Vielerorts herrscht eine etwas stereotype Vorstellung von den Niederlanden als ein sauberes, ordentliches Land mit hart arbeitender Bevölkerung, Windmühlen und Wasser. Manche denken beim Stichwort Amsterdam als Erstes an „Coffeeshops", andere wiederum an Sexshops oder die Schwulenszene. In der Geschäftswelt gelten die Niederländer jedoch als gründlich und erfolgreich und haben den Ruf, Vorreiter in der Entwicklung neuer Systeme zu sein. Wenn es in Europa ein Land gibt, das auf den ersten Blick viele Gemeinsamkeiten mit den USA aufweist, dann sind es die Niederlande. Oder sollte man das eher andersherum betrachten? Immerhin hieß New York einst New Amsterdam und die Niederlande haben einen wichtigen Einfluss auf die amerikanische Geschichte ausgeübt. Außerdem betrachten die Niederländer sich sozusagen als die Amerikaner Europas.

Das kleine Land hat einige der wagemutigsten und erfolgreichsten Seeleute der Welt hervorgebracht. Die Niederländer beschränkten sich aber nicht nur auf die Entdeckung neuer Gebiete. Die Siedler, die den Entdeckern folgten, eroberten Land selten mit Gewalt, sondern zogen es vor, zu verhandeln und Handel zu treiben. Die Niederländer hatten schon immer einen eigenen Sinn fürs Geschäft und eine recht individuelle Weltanschauung. Sie erklärten ihr Land zur Republik, bevor andere Nationen überhaupt daran dachten, und wurden wieder zur Monarchie, als Republiken anderswo an Popularität gewannen.

LEBEN IN DEN NIEDERLANDEN

Die Niederländer haben einen ausgeprägten Sinn für Gleichheit und Gleichberechtigung, was sich in der Einförmigkeit der Häuser und der wenig abwechslungsreichen Landschaft widerspiegelt. Das macht das Leben hierzulande nicht gerade abenteuerlich. Man könnte sogar sagen, dass die Mehrzahl der Niederländer darum bemüht ist, sich in keiner Weise von der Masse abzuheben und keine Aufmerksamkeit auf sich zu ziehen. Als Ausländer müssen Sie sich vielleicht erst an den Gedanken gewöhnen, dass hier niemand die Vorhänge zuzieht und die erleuchteten Fenster der Wohnhäuser am Abend Schaufenstern gleichen. In den Augen der Niederländer heißt das lediglich, dass sie nichts zu verbergen haben.

Davon sollte man sich aber nicht täuschen lassen. Jeder hat Momente im Leben, in denen er Dampf ablassen muss, sich von der grauen Masse abheben oder profilieren will. Die Kehrseite der Medaille sind Hooligans, eine in vielen anderen Ländern undenkbare Toleranz gegenüber Drogen, Sex und Sexshops, Homosexualität, Transvestiten sowie lautes Gebaren und Schlägereien auf der Straße und die Gewohnheit, der Langeweile durch Alkohol zu entkommen.

STEUERN UND EINKOMMEN

Statistisch gesehen bestehen in den Niederlanden – gefördert durch das Steuersystem – geringere Einkommensunterschiede als in anderen Ländern. Alle Bürger beziehen ein relativ hohes Mindesteinkommen. Studenten und Rentner erhalten ein festes Einkommen, unabhängig davon, ob sie dieses durch Arbeit oder einen Rentenfonds zusätzlich selbst aufstocken. Gleichzeitig ist das Finanzamt berechtigt, bei den Banken Auskünfte über Bewegungen auf Privatkonten einzuholen, ohne dass die Kontoinhaber etwas davon erfahren. Geldangelegenheiten müssen transparent gehalten werden.

In den meisten Ländern wären all diese Faktoren vielleicht ein Grund, weniger hart zu arbeiten oder sich nicht unbedingt um einen guten Job zu bemühen. Nicht so in den Niederlanden: Einige der reichsten Personen der Welt sind Niederländer, viele große multinationale Konzerne sind holländisch und einige der wohlhabendsten Orte befinden sich in den Niederlanden.

Weitere Informationen:
„Expat Toolkit – A guide to the Dutch Workplace" – zusammengestellt von Samson BV
- www.postbus51.nl
  Allgemeine Informationen der niederländischen Regierung
- www.minfin.nl
  Steuerfragen in den Niederlanden
- 0800-8051 Telefonischer Bürgerinformationsservice der niederländischen Regierung

Die Niederlande sind also in vieler Hinsicht ein Land der Widersprüche, in dem Gleichberechtigung jedoch groß geschrieben wird.

Hier ist praktisch alles möglich. Der Alltag hat mit dem romantischen Postkartenbild oft wenig gemeinsam und manchmal ist das Leben gar nicht so einfach. Viele Niederländer neigen zum Besserwissertum und haben oft den Drang, jedem ihre Vorstellungen mitzuteilen. Vergnügen wird nicht unbedingt groß geschrieben, da Spaß und Amüsement nach Ansicht vieler Niederländer schon fast eine Sünde sind. Jeder kann allerdings tun, was er will, ohne schief angesehen zu werden. Und wenn er damit Erfolg hat, ist ihm Bewunderung sicher, solange er „den Vorhang offen lässt".

Sie sollten sich darüber im Klaren sein, dass die Niederländer Ausländern gegenüber eher vorsichtig sind. Wenn Sie zum (finanziellen) Erfolg und guten Ruf Ihres Unternehmens beitragen, ist Ihnen Anerkennung gewiss. Gehört dies nicht zu Ihren Plänen, sollten Sie lieber zu Hause bleiben.

Auffällig im Straßenbild ist die Vielzahl der Einwanderergruppen. Durchaus nicht alle Niederländer haben einen hellen Teint und blonde Haare. Wie in vielen anderen europäischen Ländern leben hier Farbige aus ehemaligen Kolonien, die die niederländische Staatsbürgerschaft besitzen und häufig zu Sündenböcken für die sozialen Probleme des Landes gemacht werden. Neben diesen Bevölkerungsgruppen finden sich in den Niederlanden nur relativ wenige Ausländer, besonders wenn man die internationale Rolle des Landes bedenkt. Vielleicht ein Zeichen dafür, dass das Leben als Ausländer hier nicht ganz einfach ist.

Im selbstbewussteren und dichter besiedelten Westen des Landes wird mit härteren Bandagen gekämpft. Weiter östlich oder südöstlich hingegen ist das Leben gemächlicher und weniger anstrengend. Um dem Überlegenheitsgefühl der Randstader etwas entgegen zu setzen, kultivieren die Einwohner der östlichen Regionen ihre eigenen Dialekte, was für Ausländer zu Verständigungsschwierigkeiten führen kann. Die Unterschiede in der Aussprache und Betonung zwischen Rotterdam und Maastricht sind eine Wissenschaft für sich.

ARBEITEN IN DEN NIEDERLANDEN

Wenn Sie in den Niederlanden arbeiten wollen und einigermaßen fließend Englisch sprechen, haben Sie gute Chancen, eine Stelle in einem englischsprachigen Arbeitsumfeld zu finden. Die meisten Niederländer, insbesondere Geschäftsleute, sprechen ausgezeichnet Englisch. Französischkenntnisse hingegen sind weniger hilfreich. Die niederländische Umgangssprache enthält zwar zahlreiche französische Wörter, doch ist die Aussprache kaum wieder zu erkennen. Versuchen Sie es am besten auch nicht mit Deutsch. Die meisten Niederländer sprechen zwar fließend Deutsch, doch bestehen gegenüber Deutschland immer noch Ressentiments aus dem zweiten Weltkrieg.

Fons Trompenaars, ein niederländischer Experte für kulturübergreifendes Management, hat festgestellt, dass die Niederländer es im Geschäftsleben am liebsten mit Angehörigen anderer Nationalitäten zu tun haben, die ihnen vom Charakter her ähnlich sind. Die Briten stehen auf der Rangliste der Geschäftspartner an oberster Stelle, da sie von den Niederländern als „Gentlemen" und daher als noch diplomatischer betrachtet werden als sie selbst. An zweiter Stelle stehen die Schweden, mit denen die Niederländer ebenfalls eine Seelenverwandtschaft verspüren, wenn sie auch etwas extrovertierter sind. Weitere beliebte Geschäftspartner stammen aus Ländern außerhalb Europas, z.B. aus Singapur (wegen der Mischung aus fernöstlicher und britischer Kultur), den USA (die Niederlande sind die fünftgrößten Investoren in den Vereinigten Staaten) und aus Israel (die Niederländer glauben, dass sie mit den Israelis unter anderem den Sinn für Humor teilen).

WESTEUROPA

Die geographische Lage der Niederlande im Herzen Europas bestimmt die niederländische Wirtschaft, die in hohem Maße international orientiert ist. Handel und Transport gehören zu den wichtigsten Wirtschaftszweigen. Rotterdam ist der größte Warenumschlagplatz der Welt. Daneben verfügen die Niederlande über eine bedeutende Chemie- und Automobilbranche sowie eine in hohem Maße mechanisierte Landwirtschaft. Außerdem sind sie im Elektronikbereich stark vertreten. Die Erdöl- und Erdgasgewinnung spielt ebenfalls eine wichtige Rolle.

Konzerne wie Philips, Heineken, Unilever, Shell und C&A wurden in den Niederlanden gegründet und haben dort immer noch ihren Hauptsitz. Daneben gibt es viele andere Unternehmen, die sich hauptsächlich auf den niederländischen Markt konzentrieren. Auch sie haben häufig eine beachtliche Größe. Die Druckindustrie, Supermärkte und Textilanbieter, Fischerei und Landwirtschaft, Banken und Versicherungen zählen zur Weltspitze.

Niederländische Unternehmer sind erfinderisch, haben ein Gespür für die richtige Präsentation und Vermarktung ihrer Produkte und sind flexibel genug, um sich den ständig wandelnden Marktbedingungen anzupassen.

Durch diese Flexibilität lassen sich selbst ungünstige Entscheidungen einfacher korrigieren und sogar in Erfolge umwandeln. Das Delegieren von Verantwortung scheint in niederländischen Unternehmen besser zu funktionieren als in manchen anderen Ländern. Über Teamwork spricht man erst gar nicht, so tief ist dieses Konzept im Arbeitsalltag verankert. In den Niederlanden ist harte Arbeit gefordert, wenn man vorankommen will.

Die niederländische Geschäftswelt ist jedoch eine Männerdomäne. Verheiratete Frauen geben ihren Beruf normalerweise auf, sobald sie Kinder haben. Dies ändert sich zwar allmählich durch das bessere Angebot an Teilzeitarbeit, Kindertagesstätten und andere Formen der Kinderbetreuung werden jedoch nicht von der Regierung gestellt und sind daher teuer und limitiert. Aus diesem Grunde bleibt vielen Frauen fast nichts anderes übrig, als zu Hause zu bleiben, und eine frustrierend hohe Zahl intelligenter, cleverer Holländerinnen befindet sich nicht in den Chefetagen, sondern in Stellungen, die weit unter ihren Fähigkeiten liegen.

ARBEITSUMFELD

Die Arbeitsplätze sind relativ sicher, da Unternehmen Angestellte von Rechts wegen nur dann entlassen können, wenn diese mehrere andere Stellenangebote innerhalb des Betriebs abgelehnt haben. Aus diesem Grunde haben die meisten größeren Unternehmen so genannte „Mobilitätszentren" eingerichtet. Ihre Aufgabe in besser strukturierten Firmen ist es, die Mitarbeiter in ihrer beruflichen Mobilität und gegebenenfalls beim Umstieg auf neue und andersartige Karrieren und Positionen zu unterstützen. Diese neue Aufgabe fällt in den Verantwortungsbereich der Personalleiter, die „Personal- und Organisationschefs" (P&O) genannt werden, wird jedoch zunehmend auch den unmittelbaren Vorgesetzten der Angestellten übertragen. Ein enger Kontakt der Vorgesetzten mit den Mitarbeitern ist wichtig, um einem „Burn-out" vorzubeugen und frühzeitig zu erkennen, ob jemand zusätzliche Unterstützung benötigt. Der Personalabteilung bleibt somit mehr Zeit, sich auf die Rotation von Arbeitnehmern im Unternehmen und die Erhaltung von Arbeitsplätzen zu konzentrieren. Auch dieses System lässt die niederländische Personalverwaltung in den Augen vieler Ausländer vorbildlich erscheinen. Die Niederländer selbst hingegen betrachten es lediglich als Weg, sich neuen Verpflichtungen oder neuen Anforderungen anzupassen.

ZEITARBEIT

Die Zeiatarbeit gehört wohl zu den meistdiskutierten Neuheiten auf dem niederländischen Arbeitsmarkt, auch wenn der Anteil der Zeitarbeiter verglichen beispielsweise mit Großbritannien eher gering ist. In den meisten Fällen sind Zeitarbeiter in den Niederlanden bei den Zeitarbeitsfirmen („Uitzendbureaus") fest angestellt und werden in Unternehmen entsandt, die wegen der möglichen Schwierigkeiten bei Entlassungen keine neuen Mitarbeiter einstellen wollen. Daher besteht die Belegschaft neuer Betriebe manchmal vollständig aus Zeitarbeitskräften.

Andererseits sind Zeitarbeiter unter Umständen nur für einen begrenzten Zeitraum an der gleichen Stelle beschäftigt, so dass sich ihr Tätigkeitsbereich ständig ändert. Einigen Leuten liegt das, anderen weniger, und die Zeitarbeit hat für viele etwas von ihrer ursprünglichen Attraktivität verloren. Das Interesse an Zeitarbeitsplätzen ging Ende 1998 stark zurück und 1999 konnten die Zeitarbeitsfirmen ihren Marktanteil nur langsam zurückgewinnen. Das System hat eindeutig seine Grenzen, ist für Ausländer, die den niederländischen Arbeitsmarkt kennen lernen möchten, jedoch durchaus interessant.

Stellensuchende mit Qualifikationen im IT-Bereich werden in den Niederlanden mit offenen Armen aufgenommen. Einer Erhebung einer Consultingfirma zufolge steht eine Karriere in der Computerbranche unter den Traumberufen der niederländischen Oberstufenschüler nur an 15. Stelle. Der Bedarf an IT-Experten ist bei weitem nicht gedeckt und einige Unternehmen zeigen bemerkenswerte Kreativität bei der Werbung geeigneter Mitarbeiter. Eine Agentur verteilte beispielsweise 250.000 Untersetzer mit Stellenangeboten in 700 Kneipen, um Studenten eine Laufbahn im IT-Sektor schmackhaft zu machen. Zu den weiteren Anreizen für IT-Spezialisten zählen attraktive Firmenwagen, erstklassige Gehälter und Schulungen im Ausland.

POLDERMODEL
Einfallsreichtum und Flexibilität haben auch das berühmte „Poldermodel" hervorgebracht, ein sozioökonomisches Modell, das den Erfolg der Niederländer im Kampf gegen die Rezession erklärt. Ein wichtiges Element des Modells ist ein Konsens zwischen Gewerkschaften und Unternehmen, Regierung und Gesellschaft, der die Schaffung von Arbeitsplätzen, geringere Einkommenssteigerungen und einen Verzicht auf Streiks vorsieht. Ein anderer wesentlicher Faktor ist die niederländische Erfindungsgabe, die Fähigkeit, sich Situationen so anzupassen, dass sich dies positiv auf die Leistungsfähigkeit des Unternehmens auswirkt.

Auf die Frage eines ausländischen Journalisten, ob sich das Poldermodel auch in andere Länder exportieren ließe, äußerte der Premierminister Zweifel, denn „das System funktioniert nur in einem kleinen, kulturell relativ homogenen Land."

DER NIEDERLÄNDISCHE CHARAKTER
So erstaunlich es auch erscheinen mag – den Niederländern ist es eher gleichgültig, wie sie im Vergleich zu anderen abschneiden oder welches Bild andere von ihnen haben. Das gilt sowohl für den Einzelnen als auch für die Nation als Ganzes. Ein entscheidender Grund für diesen Individualismus ist der Calvinismus, der das irdische Leben durch das Leben im Jenseits prädestiniert sieht. Die Niederländer scheinen sich und ihr Verhalten nie in Frage zu stellen, was sie distanziert und manchmal sogar arrogant wirken lässt und sich selbst in ihrem äußeren Erscheinungsbild widerspiegeln kann. Gleichzeitig sind sie stets bereit, einen mahnenden Finger zu erheben, weil sie vieles am besten zu wissen glauben.

Wenn Sie vorhaben, in den Niederlanden zu arbeiten, sollten Sie auf diese Einstellung gefasst und gleichzeitig bereit sein, Ihren eigenen Weg zu gehen. Die Niederländer werden es zu schätzen wissen.

VERSCHIEDENES

- Der Name „Holland" wird häufig anstelle der „Niederlande" verwendet, doch ist Holland eigentlich nur ein Teil des Landes, der die westlichen Küstenprovinzen Nordholland und Südholland umfasst. Historisch war Holland die dominierende Region und ist auch heute wirtschaftlich noch die treibende Kraft.
- In geschäftlichen Angelegenheiten passen sich die Niederländer ausländischen Gepflogenheiten an und verwenden oft selbst den Namen „Holland".
- Für weitere Verwirrung sorgt die Tatsache, dass einige Städte im Niederländischen zwei Namen haben. Die beiden wichtigsten Beispiele sind Den Haag/s'Gravenhage und Den Bosch/s'Hertogenbosch. Beide Namen sind gebräuchlich, doch für Nicht-Niederländer verwirrend.
- Falls Sie je eine Verabredung in Gorkum haben, sollten Sie daran denken, dass Sie auf der Karte nach Gorinchem suchen müssen.
- Ein weiterer schwieriger Name ist „Randstad". Er bezieht sich nicht – wie die Endung „stad" vermuten ließe – auf eine Stadt, sondern auf das gesamte Industriegebiet im Westen des Landes, das sich von Rotterdam bis Den Haag und weiter bis Amsterdam und Utrecht erstreckt. Der Name „Randstad" wird von den Niederländern häufig verwendet, die Region ist jedoch offiziell nicht genau definiert.
- Mit einer durchschnittlichen Bevölkerungsdichte von 452 Einwohnern pro Quadratkilometer sind die Niederlande der am dichtesten besiedelte Staat der westlichen Welt.
- Friesisch ist die zweite Amtssprache des Landes. Sie wird in der nordöstlichen Provinz Friesland gesprochen, die ihre eigene Kultur pflegt und eine äußerst interessante Geschichte hat. Im Mittelalter gehörte Friesland zu einem der einflussreichsten Gebiete Nordosteuropas und hatte ein eigenes demokratisches System. Es gab weder ein Staatsoberhaupt noch irgendeine Form von Adel. Die Leiter der „Staaten" (großen Güter) kamen alljährlich zu einer Versammlung zusammen, auf der die Allgemeinheit betreffende Angelegenheiten besprochen und Beschlüsse gefasst wurden.
- Für Radfahrer sind die Niederlande der Himmel auf Erden – nicht nur in sportlicher Hinsicht, sondern auch für die tägliche Fortbewegung. Anfänger sollten allerdings erst üben, bevor sie sich in den allgemeinen Radverkehr wagen, da die Niederländer selbst bei kompliziert erscheinenden Verkehrssituationen geradezu halsbrecherisch in die Pedale treten.
- Dieses Verhalten legen die Niederländer allerdings nur auf dem Rad an den Tag. Im Auto sind sie als besonders vorsichtige und langsame Fahrer bekannt, die auf Autobahnen häufig unterhalb des Tempolimits auf der linken Spur dahinkriechen.
- Die meisten Autobahnen haben in beiden Richtungen jeweils nur zwei Spuren. So entstehen jeden Tag kilometerlange Staus. Angeblich soll dies mehr Leute dazu bewegen, ihr Auto gegen öffentliche Verkehrsmittel einzutauschen, doch hat die Regierung aus Kostengründen gleichzeitig das Budget für öffentliche Verkehrsmittel gekürzt.
- Die relativ geringe Anzahl der Brücken und Tunnel, die den Verkehr über bzw. unter den vielen das Land durchziehenden Flüssen hindurch leiten, trägt ebenfalls zu der chaotischen Verkehrslage bei.
- Es mag vielleicht scheinen, als ob sich alle Welt – insbesondere jüngere Leute – mit dem Vornamen anspricht. Im Büro und gegenüber Geschäftspartnern und Personen, die älter sind als Sie, sollten sie jedoch nur dann den Vornamen verwenden, wenn man Ihnen dies ausdrücklich angeboten hat.
- Wenn Sie nach Ihren Initialen gefragt werden, so sind damit die Anfangsbuchstaben Ihrer Vornamen gemeint. Die Niederländer haben häufig

drei oder mehr Initialen vor dem Familiennamen. Daher nennen sie im Geschäftsleben bei der Vorstellung häufig nur den Nachnamen. Sollte das nicht ausreichen, so geben sie meist statt des ganzen Namens nur die Initialen des/r Vornamen/s an.

- *Bei Familiennamen werden „van", „de" oder „den" (außer am Satzanfang) immer kleingeschrieben. Diese Zusätze haben nicht wie in den Nachbarländern mit Adelstiteln zu tun. Der belgische Familienname Van Den Berg würde in den Niederlanden beispielsweise „van den Berg" geschrieben, da Berg als der eigentliche Name gilt. Im Telefonbuch ist „van den Berg" folglich unter B zu finden.*
- *Adelstitel sind in den Niederlanden selten. Neue Titel werden überhaupt nicht mehr vergeben und das Bedürfnis, sich durch Titel auszuzeichnen, ist den Niederländern suspekt.*
- *Wer über einen Doktortitel verfügt, stellt seinem Namen jedoch das Kürzel „drs" voran (bzw. „ir" für Ingenieure und „mr" für Juristen).*
- *Wie im Deutschen oder Französischen gibt es im Niederländischen eine familiäre und eine höfliche Anredeform: „je" wird unter Freunden oder von älteren Personen gegenüber jüngeren verwendet, während ältere oder höher gestellte Personen mit „u" angesprochen werden. Kinder reden ihre Eltern oft nur mit „u" an.*
- *Holland (die Provinz) ist als das „Land der Tulpen" bekannt. Die Blumenart wurde im 16. Jahrhundert aus der Türkei über Österreich in die Niederlande eingeführt. Anfangs waren die Tulpenzwiebeln sehr teuer und ihr Besitz galt als eine Art Statussymbol.*
- *Die tägliche Blumenauktion in Aalsmeer südlich von Amsterdam ist in Bezug auf Umschlagsmengen und Umsatz die größte der Welt. Jeden Tag werden dort fast 14 Mio. Blumen und 1,5 Mio. Pflanzen verkauft. Das Auktionsgebäude hat die Größe von 100 Fußballfeldern.*
- *Blumen werden aus der ganzen Welt zur Versteigerung nach Aalsmeer eingeflogen. Daher werden 59% der Schnittblumen der Welt aus den Niederlanden exportiert.*
- *Relativ lockere Regelungen hinsichtlich „weicher Drogen" haben den Niederlanden einen Ruf als Drogenland eingebracht. Während harte Drogen nicht geduldet werden, wird der Besitz von Cannabis für den persönlichen Gebrauch nicht strafrechtlich verfolgt. In den so genannten „Coffeeshops" wird es sogar offen angeboten und konsumiert.*
- *Rembrandt und Van Gogh sind wahrscheinlich die weltweit bekanntesten niederländischen Maler. Doch haben die Niederlande noch viele andere wichtige Künstler hervorgebracht, darunter auch Vermeer, Mondrian, Escher und Frans Hals.*
- *Von staatlicher Seite wird die kommerzielle Nutzung der Kunst stark gefördert. Beispielsweise wird auf Kunst und Kunsterzeugnisse nur eine Mehrwertsteuer von 6% erhoben.*

norwegen

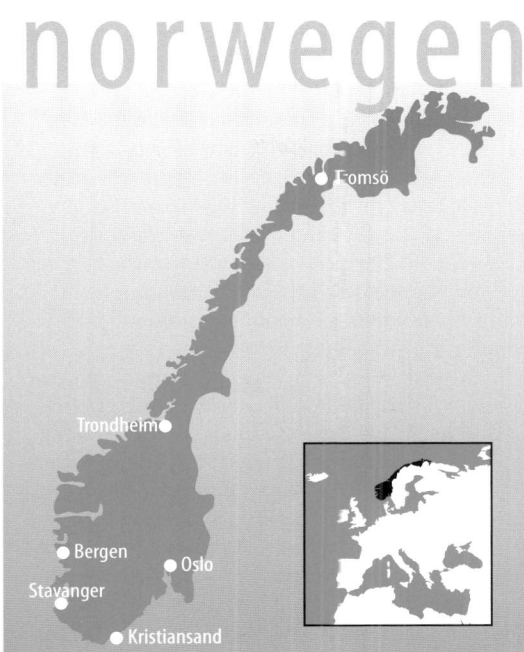

Norge
Konstitutionelle Monarchie
Parlamentarische Demokratie
Mitglied des EWR (Europäischen Wirtschaftsraums)
Bevölkerung: 4,3 Mio.
Gesamtfläche: 324.000 km²
Hauptstadt: Oslo
Andere Großstädte: Bergen, Kristiansand, Stavanger, Tromsø, Trondheim
Sprache: Norwegisch, in 2 offiziellen Varianten
Währung: Norwegische Krone (Norske Krone) = nkr
1 nkr = 100 Øre
1 Euro = ca. 8,2110 nkr
Mehrwertsteuer: 23%
Geographie: Norwegen bildet den westlichen Teil der skandinavischen Halbinsel. Die Landschaft ist durch starke Gletschererosion entstanden, die die typische Landesgestalt geprägt hat. Nach der letzten Eiszeit hob sich das Land so weit, dass einstige Küstenlinien heute 100 – 300 m über dem Meeresspiegel liegen. Norwegen besteht zum Großteil aus Hochland. Das Jotunheimen-Gebirge mit den höchsten Gipfeln (bis 2.472 m) befindet sich im Süden des Landes.
Zum norwegischen Hoheitsgebiet gehören auch eine Reihe von arktischen Inseln (Svalbard und Jan Mayen) sowie Gebiete in der Antarktis (Bouvet-Insel und Peter-I.-Insel). Zusammen machen sie weitere 62.000 km² des norwegischen Territoriums aus.

Norwegen ist für seine zahlreichen Freiluftmuseen bekannt und das ganze Land wirkt durch seine überwältigende Naturschönheit fast wie ein gut instand gehaltenes Museum. Die berühmten Fjorde entlang der Westküste sind eine einmalige Attraktion und werden besonders im Licht der Mitternachtssonne zu einem unvergesslichen Naturschauspiel.

Die Landschaft und der reichliche Schneefall machen Ski im Winter zu einem schnellen und zuverlässigen Transportmittel. Im Sommer ist die Natur von atemberaubender Schönheit. Norwegens lange und vielgestaltige Küste bietet großzügigen Lebensraum für Wild- und Zuchtfische. Die lange Reifephase aller im milden skandinavischen Sommer angebauten Pflanzen verleiht Beeren, Früchten und Gemüse einen außergewöhnlich intensiven Geschmack und die Tiere, die sich vom saftigen, grünen Gras der Weiden ernähren, liefern Fleisch, das sich ebenfalls durch einen eigenen, kräftigen Geschmack auszeichnet. Norwegen ist ein Land für Genießer.

WIRTSCHAFTLICHER HINTERGRUND

Norwegen ist gleichzeitig jedoch auch ein modernes, urbanisiertes Land mit einer boomenden

Grenzen: Der Atlantik im Westen, Russland und Finnland im Nordosten, Schweden im Osten.

Klima: Bedingt durch die große Längserstreckung und den Meereseinfluss bestehen erhebliche Temperaturunterschiede zwischen dem Norden und dem Süden. Die Westküste wird von starken Winden heimgesucht und weist hohe Niederschlagswerte auf.

Die arbeitende Bevölkerung verteilt sich in etwa wie folgt auf die Wirtschaftssektoren:
- Land- und Forstwirtschaft, Jagd und Fischerei: 5,5%
- Ölgewinnung, Bergbau, industrielle Fertigung, Elektrizitäts-, Gas- und Wasserwirtschaft: 16,9%
- Baugewerbe: 5,8%
- Groß- und Einzelhandel, Hotel- und Gaststättengewerbe: 17,4%
- Transport, Lagerwirtschaft und Kommunikation: 7,9%
- Finanzwesen, Versicherungen, Immobilien und gewerbliche Dienstleistungen: 7,6%
- Sozialwesen und private Dienstleistungen: 38,7%

Weitere Informationen:
„Looking for work in Norway", erhältlich bei allen norwegischen Arbeitsämtern
Telefonische Information der Arbeitsämter: +47-80 03 31 66
- www.aetat.no
  Norwegisches Arbeitsamt
- www.aetat.no
  Stellenauskünfte (in norwegischer Sprache)
- http://odin.dep.no
  Homepage der norwegischen Regierung mit täglichen Kurznachrichten aus der nationalen Presse unter odin.dep.no/ud/publ/daily.
- www.efta.int/structure
  Informationen über die Mitgliedsländer der EFTA (Europäische Freihandelszone), einschließlich Norwegen

Erdölindustrie und einem blühenden Technologiesektor. Das Bruttoinlandsprodukt und der Wohlstand der Nation sind eng mit den Rohöl- und Erdgasvorkommen im Atlantik verknüpft. Die Öl- und Erdgasförderung und die damit verbundenen Industriezweige machen 30% des BIP aus.

Der einst bedeutende Schiffbau hat in der heutigen Wirtschaft nur mehr einen geringeren Stellenwert und der Großteil der Handelsflotte segelt unter ausländischer Flagge. Mit einem Anteil von 4,3% an der weltweiten Flotte der Schiffe mit mindestens 100 Bruttoregistertonnen rangiert Norwegen allerdings immer noch an 6. Stelle.

Norwegen hat eine sehr niedrige Arbeitslosenquote (3 bis 3,5%) und der Anteil der erwerbstätigen und beschäftigten Personen im Alter von 16 – 74 Jahren an der Gesamtbevölkerung beträgt 70%. Im Industriesektor ist zwar ein Stellenrückgang zu verzeichnen, doch nehmen die Arbeitsplätze im gewerblichen Bereich, im Gesundheitswesen und im Sozialsektor zu. Das Baugewerbe erzielt ebenfalls gute Ergebnisse.

ARBEITEN IN NORWEGEN

Die steigende Zahl der jungen Einwanderer aus anderen skandinavischen Ländern ist der beste Beweis dafür, dass Norwegen eine ausgezeichnete Anlaufstelle zum Sammeln von Auslandserfahrungen ist. Die größte Zahl an Stellenangeboten finden sich in der Zeitung „Aftenposten". Daneben gibt es eine kostenlose Telefonnummer für Auskünfte zu offenen Stellen. Sie sollten unbedingt mit der norwegischen Sprache vertraut sein, auch wenn die Mehrzahl der Norweger fließend Englisch spricht.

Norweger sind Experten fürs Praktische. Sie haben unter anderem solch nützliche Gegenstände wie Büroklammern und Käseschneider erfunden. Schulkinder werden ab dem 12. Lebensjahr als Schullotsen ausgebildet. Die Fjorde mit ihrem klaren, von den Gezeiten beeinflussten Wasser werden zur Fischzucht genutzt. Dieser Sinn fürs Praktische zieht sich wie ein roter Faden durch das gesamte norwegische Alltagsleben. Die Norweger sind vernünftig, offen und direkt, haben dennoch eine recht ausgeprägte „Inselmentalität" und fürchten, in einem größeren Umfeld ihre Identität zu verlieren. Sie arbeiten hart und haben einen gewissen Hang zum Puritanismus – Pomp und Gehabe sind ihnen zuwider. Diese Dünkellosigkeit ist gepaart mit einer natürlichen Höflichkeit. Die Norweger schätzen Ehrlichkeit und verabscheuen krumme Touren. Sie sind nicht unbedingt überschwänglich, aber immer freundlich.

STEUERN

Wer in Norwegen arbeiten will, sollte wissen, dass die Arbeitskonditionen dort zwischen Arbeitgeber und Arbeitnehmer ausgehandelt werden. Daher wird Ihnen bei der Einstellung in der Regel ein schriftlicher Vertrag vorgelegt. Lesen Sie sich die Vertragsbedingungen genau durch und vergewissern Sie sich, dass Sie alles verstehen. Bitten Sie im Zweifelsfall um eine Übersetzung. Kontrollieren Sie, wie und wie oft die Lohnauszahlung erfolgt.

Die Steuern in Norwegen sind hoch, doch decken sie sämtliche Sozialleistungen sowie die Kosten für bestimmte Güter wie beispielsweise einige Lebensmittel ab. Sie werden an die Kommunen, die Kreisverwaltung und den Staat entrichtet.

Bevor Sie eine Stelle annehmen, sollten Sie Ihre Steuersituation mit dem Arbeitgeber abklären und in Erfahrung bringen, wie viel Steuern und Sozialversicherungsbeiträge von Ihrem Einkommen abgezogen werden.

Wer in Norwegen arbeitet, hat Anspruch auf medizinische Behandlung durch das öffentliche Gesundheitswesen, das durch Pflichtbeiträge der gesamten Bevölkerung finanziert wird. Bis auf „lebenswichtige" Arzneien werden die Kosten für Medikamente üblicherweise von den Bürgern selbst getragen. Notfallbehandlungen sind kostenlos. Für den Besuch beim Allgemeinarzt ist jedoch eine geringe Gebühr zu entrichten. Der Arzt ist frei wählbar und die meisten Ärzte sprechen Englisch.

UMFELD

Das kulturelle Leben in Norwegen ist sehr facettenreich. Für ein relativ dünn besiedeltes Land hat Norwegen eine beachtliche Zahl von international bekannten Künstlern hervorgebracht, darunter Henrik Ibsen, Edvard Grieg und Edvard Munch. Die Norweger sehen es als ihr Erfolgsgeheimnis an, dass das Land so selten in Kriege verwickelt war und sich das kulturelle Leben daher ungehindert entfalten konnte.

Die Norweger sind stark an Umweltfragen interessiert. Es gibt zahlreiche Gesetze und Vorschriften zum Schutz der Natur und Tierwelt und zur umweltfreundlichen Nutzung natürlicher Ressourcen. Die ehemalige norwegische Premierministerin Gro Harlem Brundtland war Vorsitzende der Kommission der Vereinten Nationen für Umwelt und Entwicklung.

Dieses Verantwortungsbewusstsein für die Umwelt ist wohl der norwegischen Naturverbundenheit zuzuschreiben, die das Land so besonders macht.

VERSCHIEDENES

- *Das Norwegische umfasst zwei Sprachvarianten: Nynorsk oder „Neunorwegisch" wird hauptsächlich in ländlichen Gegenden gesprochen, während Bokmål oder „Buchnorwegisch" weiter verbreitet ist und vor allem in Stadtgebieten gesprochen wird. Die beiden Sprachvarianten sind seit etwa hundert Jahren gleichberechtigte Amtssprachen des Landes.*
- *Die Samen (Lappen) haben allgemein das Anrecht auf Unterricht in ihrer eigenen Sprache.*
- *Das gesamte öffentliche und zum Teil auch das private Bildungswesen wird vom Staat subventioniert.*
- *Norwegen hat das Amt eines Ombudsmannes für Kinder- und Jugendfragen eingerichtet, der unabhängig vom Kinder- und Familienministerium tätig ist.*
- *Bürger von EU- und EWR-Mitgliedsländern brauchen in Norwegen keine Arbeitserlaubnis.*
- *Die norwegische Behörde für Arbeit und Beschäftigung nennt sich „Arbeidsmarkedsetaten" und die Arbeitsämter, von denen es 170 im ganzen Land gibt, heißen „Arbeidskontor".*
- *Die „Vikarbyrå", privat geleitete Agenturen, vermitteln nur Zeitarbeitsstellen.*

österreich

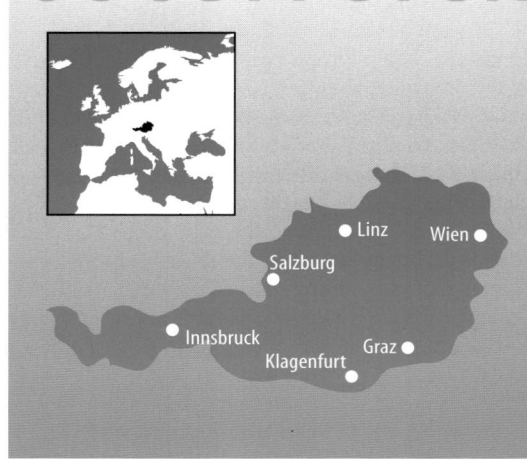

Österreich
Bundesrepublik
9 Bundesländer
Parlamentarische Demokratie
EU-Mitglied seit 1995
Bevölkerung: 8,07 Mio.
Gesamtfläche: 83.857 km²
Hauptstadt: Wien
Andere Großstädte: Graz, Linz, Salzburg, Innsbruck, Klagenfurt
Sprache: Deutsch mit österreichischem Akzent
Währung: Österreichischer Schilling = ÖS, ATS
  1 Schilling = 100 Groschen
  1 Euro = 13,7603 Schilling
  100 Schilling = € 7,26728
Mehrwertsteuer (MwSt.): 20%
Geographie: Die Alpen nehmen etwa zwei Drittel der Fläche ein, wobei der Großglockner mit 3.797 m der höchste Berg ist. Österreich ist das am dichtesten bewaldete Land Mitteleuropas. 350 km des insgesamt 2.860 km langen Flusslaufs der Donau ziehen sich durch Österreich.
Grenzen: Schweiz und Liechtenstein im Westen, Deutschland (Bayern) und Tschechien im Norden, Italien und Slowenien im Süden, Ungarn und die Slowakei im Osten.
Klima: Durchschnittliche Tagestemperatur im Januar 1°C, im Juli 25°C

Österreich ist ein Land mit jahrhundertealten Traditionen und einer beeindruckenden Geschichte, die sich im Charakter des Landes widerspiegelt. Praktisch überall wird man durch die historischen Abteien, Schlösser, Museen und Theater, durch die Musik und Architektur an die Geschichte erinnert. Die Landschaft mit ihren imposanten Bergen, Wäldern, Flüssen, Seen und Tälern steht dieser Pracht in nichts nach.

Die heutigen Grenzen des Landes sind jedoch erst in diesem Jahrhundert aus dem riesigen Herrschaftsbereich der ehemaligen Habsburg-Dynastie hervorgegangen (die spanische Linie der Habsburger regierte über ein fast ebenso großes Gebiet). Der Prunk und der Geist der Vergangenheit sind selbst heute noch allgegenwärtig. Österreich blickt auf eine lange, durch die verschiedensten kulturellen Einflüsse geprägte Geschichte zurück und ist daher heute eine multikulturelle Gesellschaft. Der Großteil des Landes zeichnet sich durch eine kosmopolitische Atmosphäre aus, die sich vor allem in Wien, der eleganten Hauptstadt mit ihrem internationalen Flair, bemerkbar macht. Wenn Sie Österreich für eine Art kleineres Deutschland halten, werden Sie also überrascht sein.

MULTIKULTURELL
Diese bunte kulturelle Mischung manifestiert sich auf verschiedenste Weise, z.B. in der Tatsache, dass

zahlreiche internationale Organisationen wie die UNO und die OPEC (Organisation Erdöl exportierender Länder) ihren Sitz oder Niederlassungen in Wien und anderen größeren Städten haben. Außerdem leben in Österreich verschiedene ethnische Minderheiten, denen im Staatsvertrag von 1955 spezifische Rechte zugesprochen wurden.

In Österreich gibt es offiziell anerkannte Nationalitätengruppen, deren Angehörige bereits seit mindestens drei Generationen in Österreich leben und die über die österreichische Staatsbürgerschaft verfügen. Sie haben das Recht, in gewissen Bereichen des öffentlichen Lebens wie beispielsweise in der Erziehung und Bildung sowie bei der Arbeit von ihrer eigenen Sprache Gebrauch zu machen. Die ethnischen Gruppen sind in bestimmten Regionen konzentriert:

- *Kroaten und Ungarn im Burgenland*
- *Slowenen in Kärnten und der Steiermark*
- *Tschechen und Slowaken in Niederösterreich und Wien*
- *Roma und Sinti im Burgenland und in Wien*

Daneben leben und arbeiten etwa 300.000 Ausländer in Österreich, von denen die meisten im Bauwesen, im Tourismus und in der Textilindustrie beschäftigt sind.

Österreich ist nicht nur das Land von Mozart, Strauss und Maria-Theresa, es hat auch Persönlichkeiten wie Freud, Jung und Hitler hervorgebracht – wenngleich man oft länger suchen muss, um Hinweise auf einige dieser Berühmtheiten zu finden. An diesem Umstand ist der Hang der Österreicher zu Extremen zu erkennen, den die einen als geradezu „schizophren" betrachten, der für andere jedoch erklärt, warum in Österreich ausgerechnet zu Zeiten des prunkvollen Habsburger Kaiserreichs die Psychoanalyse ins Leben gerufen wurde.

Die einzigartigen Hundertwasser-Bauten in Wien betonen den traditionellen Baustil, der im Großteil des Landes vorherrscht. Jugendstil-Kaffeehäuser, Dirndl und ein Hang zur Bürokratie existieren Seite an Seite mit einer offenen, freundlichen Lebensart, modernen Geschäftspraktiken und einer führenden Rolle im Umweltschutz.

Österreich nimmt in Umweltfragen eine Vorreiterrolle ein. Am eindrucksvollsten sind sein gut organisiertes und instandgehaltenes Straßen- und Schienennetz und seine „saubere" Landwirtschaft.

Weitere Informationen:
- www.austria.org/ausgen.htm
  Allgemeine Informationen zum Land
- www.austria.gv.at/
  Österreichische Bundesregierung
- www.wifo.ac.at/
  Wirtschaftsdaten
- www.bmaa.gv.at/index.html.en
  Bundesaußenministerium
  (Fakten und Zahlen zum Thema Österreich)
- www.wk.or.at/wkoehome.htm =
  Wirtschaftskammer Österreich
  Wiener Hauptstrasse 63
  A-1045 Wien
  Tel. +43 -1-50105-3539

Städtebauliche Projekte zeichnen sich durch individuellen Charakter aus. Auffallend sind die sauberen Straßen.

Ideal ist Österreich auch für Wintersportler, denn eine Skipiste ist nie allzu weit entfernt. Kulturell Interessierte kommen hier ebenfalls auf ihre Kosten, denn Österreich gehört zu den kulturell reichhaltigsten Ländern der Welt. Wer in Österreich arbeiten will, sollte sich von der entspannten Atmosphäre jedoch nicht täuschen lassen. Die Österreicher sind äußerst freundlich, arbeiten jedoch hart - und in der Arbeitswelt müssen Sie wirklich „dazugehören". Das heißt, dass Sie die Sprache kennen und sich an den Arbeitsrhythmus Ihrer Kollegen anpassen müssen.

WIRTSCHAFTSLAGE

Österreich gehört zu den wohlhabendsten Industrieländern der Welt. Die österreichische Wirtschaft konnte über die Jahre ein kontinuierliches Wachstum verzeichnen und war von der Rezession weniger stark betroffen als die Wirtschaft einiger Nachbarländer. Der Auslandshandel hat in Österreich schon immer eine wichtige Rolle gespielt und seit dem Fall des Eisernen Vorhangs konnte das Land seine Position als wichtiges Tor zu den Ländern Ost- und Mitteleuropas noch ausbauen.

Die Wirtschaft fußt in erster Linie auf Privatunternehmen, vor allem kleinen und mittelständischen Betrieben. Etwa 85% aller Unternehmen beschäftigen weniger als 100 Angestellte. Dieser Faktor trägt zweifellos zu den hervorragenden Arbeitsbedingungen und der guten Wirtschaftslage bei, die durch gute Beziehungen zwischen Arbeitgebern und Arbeitnehmern gefördert wird. Zwischen Arbeitgeberverbänden und Gewerkschaften herrscht eine gute Zusammenarbeit und Streiks sind eine Seltenheit.

Österreich verfügt über eine gut entwickelte Stahlindustrie, die alle Aspekte der Stahlgewinnung und -anwendung einschließt und vor allem als Zulieferer für die Automobilindustrie fungiert (pro Jahr werden ca. 800.000 Autos hergestellt). Darüber hinaus hat das Land eine gesunde Elektronikindustrie vorzuweisen, die sich unter anderem auf die Anfertigung maßgeschneiderter Systeme, integrierter Schaltkreise und Chips konzentriert. Daneben gibt es einen wichtigen, auf Zellulose, Stickstoff und petrochemische Erzeugnisse spezialisierten Chemiesektor und verschiedene lebensmittelerzeugende Betriebe.

Die wichtigste Grundlage der österreichischen Wirtschaft bilden jedoch der vielseitige und effiziente Dienstleistungssektor – insbesondere ein starker Finanzdienstleistungsbereich - und eine blühende Tourismusbranche.

LEBENSWEISE

Österreich verfügt über ein gut ausgebautes Gesundheitswesen. In den meisten Gemeinden beraten offiziell berufene Ärzte die Kommunalbehörden in Bezug auf die erforderlichen gesundheitspolitischen Maßnahmen. Zudem gibt es im ganzen Land Familienplanungszentren, die kostenlos Rat erteilten. Die Krankenversicherung ist gesetzlich vorgeschrieben und hängt von der Berufsgruppe des

Länder	Hauptstadt	Gesamtfläche in km²	Bevölkerung
Burgenland	Eisenstadt	3.965 km²	266.840
Kärnten	Klagenfurt	9.533 km²	541.839
Niederösterreich	Sankt Polten	19.174 km²	1.428.742
Oberösterreich	Linz	1.980 km²	1.300.304
Salzburg	Salzburg	7.154 km²	464.582
Steiermark	Graz	16.387 km²	1.180.956
Tirol	Innsbruck	12.648 km²	613.699
Vorarlberg	Bregenz	2.601 km²	316.294
Wien	Wien	415 km²	1.482.825

Versicherten ab. Zusätzlich zur gesetzlichen Krankenversicherung sind viele Österreicher privat versichert, um Krankenhauskosten und ähnliche Extras abzudecken.

Die Sozialeinrichtungen sind ebenso umfassend. Besondere Betreuung genießen Schwangere, Mütter und Kinder, Drogenabhängige und Behinderte. Für Rentner werden spezielle Leistungen angeboten, um ihnen so lange wie möglich ein Leben in den eigenen vier Wänden zu gestatten.

Allgemein gilt, dass in Österreich das gesamte Einkommen zu versteuern ist, auch wenn es nicht in Österreich selbst erworben wurde, so weit darauf nicht bereits Steuern in einem anderen Land entrichtet wurden. Die Einkommensteuer ist progressiv, doch gibt es bestimmte Freibeträge. Die Steuer wird vom Arbeitgeber automatisch vom Gehalt abgezogen. Wer über kein anderes Einkommen verfügt, braucht keinen Steuerbescheid abzugeben, es sei denn sein Einkommen ist relativ hoch. In Österreich gibt es keine Vermögenssteuer, doch fällt eine Kommunalsteuer an.

BILDUNGSWESEN

Österreich hat ein gutes Bildungssystem vorzuweisen, das auch mehrere internationale Schulen umfasst.

Die zwölf Universitäten und Kunsthochschulen bieten 490 verschiedene Fächer und 640 Studiengänge an. Über 12,5% der Universitätsstudenten stammen aus dem Ausland.

ARBEITSLAGE

Österreichs Arbeitslosenquote liegt bei nur 4% und der Anteil der Teilzeitbeschäftigten ist ebenfalls niedrig. Frauen sind - vor allem in führenden Positionen - unterrepräsentiert.

Das Arbeitsamt unterstützt Arbeitssuchende mit zahlreichen kostenlosen Leistungen. Bis vor kurzem wurden derartige Leistungen ausschließlich von Behörden bereitgestellt. Die Hilfs- und Beratungsleistungen sind vielseitig und auf die persönliche Situation des Arbeitssuchenden zugeschnitten. Personalberatungen beschränken ihre Leistungen hauptsächlich auf die Suche von Führungskräften und Fachpersonal und sind meist auf internationaler Ebene tätig. Wenn Sie versuchen, vom Ausland aus Arbeit in Österreich zu finden, lohnt sich ein Blick in die Samstagsausgaben des „Standard", des „Kurier", der „Salzburger Nachrichten", der „Kleinen Zeitung", der „Oberösterreichischen Nachrichten" oder in das Wochenmagazin „Die Presse". Daneben gibt es Spezialzeitschriften wie etwa „Die Industrie", ein zweiwöchig erscheinendes Magazin, in dem Arbeitsuchende die Möglichkeit haben, sich der Leserschaft - Führungskräften und potentiellen Arbeitgebern – vorzustellen.

Österreich bietet Abwechslung und Kontraste. Hier erwarten Sie ein positives Geschäftsklima und eine hervorragende Lebensqualität.

Wenn Sie Spaß am Skifahren haben, ein Fan von Sissi, Klimt und Operette sind, dann ist Österreich genau das richtige Land für Sie.

VERSCHIEDENES

- *Für Autobahnfahrten benötigen Fahrzeuge eine Autobahngebühr-Plakette.*
- *Das Auffinden von Hausnummern und/oder Straßennamen ist eine Wissenschaft für sich. In manchen Straßen gibt es die gleiche Hausnummer gleich zweimal - sofern Sie sie überhaupt finden können.*
- *Das Mittagessen ist die wichtigste Mahlzeit des Tages. Daher kommt das öffentliche Leben ab Mittag bis etwa 14.00 oder 15.00 Uhr praktisch völlig zum Stillstand.*
- *Zeitangaben lauten in manchen Teilen Österreichs anders. Im Gegensatz zum deutschen ‚viertel nach vier' heißt es dort beispielsweise ‚viertel fünf'.*
- *Grüßen ist wichtig. Selbst wenn Ihnen eine unbekannte Person auf der Straße entgegenkommt, sollten Sie kurz nicken und „Grüß Gott" sagen (auch wenn es nur gemurmelt ist).*
- *Anreden wie „gnädige Frau" und der Handkuss gehören in Österreich nicht unbedingt der Vergangenheit an!*
- *Trinkgeld: 5-10% des Rechnungsbetrags für Kellner/innen, Taxifahrer/innen etc.*

portugal

Portugal
Parlamentarische Republik
18 Verwaltungsbezirke auf dem Festland sowie die Azoren und Madeira
EU-Mitglied seit 1986
Bevölkerung: 9,96 Mio.
Gesamtfläche: 92,389 km²
Hauptstadt: Lisboa (Lissabon)
Andere Großstädte: Braga, Coimbra, Evora, Porto, Setúbal
Sprache: Portugiesisch (weltweit von 200 Mio. Menschen gesprochen)
Währung: Escudo = PTE, ESC
Als Abkürzung für den Escudo wird das Dollarzeichen verwendet. Es steht zwischen Escudos und Centavos, z.B. 100$00
1 Escudo = 100 Centavos
1 Euro = 200,482 PTE
100 Escudos = € 0,498798
Daneben wird im Handel auch die Einheit „Contos" verwendet.
1 Conto = 1.000 Escudos
Mehrwertsteuer (IVA): 5% bis 17% (Madeira und Azoren: 4% bis 12%)
Geographie: Die portugiesische Landschaft ist sehr vielgestaltig: Berge (Montanhas) wechseln sich mit Ebenen (Planicies), Hügeln, Dünen und sandigen oder felsigen Küstenstreifen ab (Atlantikküste von Norden nach Süden: Costa Verde, Costa de Prata, Costa da Lisboa, Algarve). Die Serra da Estrela ist mit 1991 ü. M. die höchste Erhebung des Landes. Flüsse: Rio Tejo, Rio Douro, Rio Guadiana. Die Azoren sind eine Gruppe aus neun vulkanischen Inseln im Atlantik, auf etwa einem Drittel der Strecke von Portugal nach New York gelegen. Madeira, ein Archipel vulkanischen Ursprungs,

Der Beitritt zur EU war für Portugal ein signifikanter Schritt. Besucher sind häufig über die zahlreichen Straßen- und anderen Bauprojekte erstaunt, die oft von der Europäischen Union finanziert werden und ein Zeichen für die bemerkenswert dynamische Wirtschaftslage sind. Als Portugal der EU beitrat, gehörte es zu den ärmsten Ländern Europas, doch ist der Lebensstandard schnell gestiegen. In den Städten liegt er kaum noch unter dem europäischen Durchschnitt. Zwischen den einzelnen Regionen bestehen allerdings noch immer erhebliche Unterschiede in Bezug auf die Einkommenslage, die Altersstruktur der Bevölkerung, die kulturellen Einrichtungen und das Industrialisierungs- bzw. Beschäftigungsniveau.

Portugal verbindet die natürlichen Vorteile eines südlichen Landes und einer freundlichen, entgegenkommenden Mentalität mit einem reichen künstlerischen und archäologischen Erbe.

Die Einflüsse einer glorreichen Vergangenheit, in der Portugals Flotte die Weltmeere beherrschte und das Land Kolonien auf fast jedem Kontinent besaß, sind auch heute noch spürbar, doch ist Portugals Blick heute klar auf die Zukunft und die damit verbundenen neuen Herausforderungen gerichtet.

EINE WACHSENDE WIRTSCHAFT

Der Wandel und das Wachstum, die Portugal vollzogen hat, sind enorm. In den Schlüsselbereichen der portugiesischen Wirtschaft – u.a. bei den Finanzdienstleistungen und -märkten, auf dem Telekommunikationssektor und in der industriellen

Fertigung – haben fundamentale Veränderungen stattgefunden. In den meisten Teilen des Landes haben junge, gut ausgebildete und engagierte Arbeitskräfte den Übergang von eher elementaren zu anspruchsvolleren Fertigungsmethoden problemlos bewältigt. Neben der durchschnittlich längsten Arbeitswoche und den wenigsten Fehltagen innerhalb der EU (1995 weniger als 0,1%) sind die geringen Lohnkosten, eine niedrige Inflationsrate und eine geringe Besteuerung der Unternehmenserträge weitere Faktoren, die Unternehmen nach Portugal ziehen und dem Land eine sehr hohe Beschäftigungsquote bescheren.

Schätzungen zufolge leben 3 Millionen Portugiesen auf der ganzen Welt verstreut, viele davon in Frankreich, Deutschland und Luxemburg. Dies ist eine Folge der Auswanderungswelle unter jungen Männern, die zur Zeit der Unabhängigkeitskriege in den portugiesischen Kolonien zwischen 1960 und 1972 das Land verließen, um den Militärdienst zu umgehen. Diese Emigranten sind vermutlich für das enorme wirtschaftliche Wachstum Portugals mitverantwortlich, da die Gelder, die sie nach Hause zurückschicken, eine vielleicht ebenso wichtige Rolle spielen wie Investitionen aus dem Ausland. Die portugiesische Regierung verfolgt eine unternehmerfreundliche Wirtschaftspolitik, um ausländische Investitionen anzuziehen, und hat die Wirtschaftslage erfolgreich stabilisiert.

LEBENSWEISE

Attraktive Lebensbedingungen, ein guter Immobilienmarkt, eine niedrige Kriminalitätsrate und günstige Lebenshaltungskosten schlagen in Portugal positiv zu Buche. Frauen sind im Berufsleben allerdings nach wie vor unterrepräsentiert, da die portugiesische Gesellschaft noch immer sehr matriarchalisch geprägt ist. Frauen und Mütter spielen im Familienleben eine zentrale Rolle, die sich nicht unbedingt mit einer beruflichen Karriere vereinbaren lässt. Die Zahl der arbeitenden Frauen nimmt jedoch zu.

Der portugiesische Arbeitsrhythmus ist für Ausländer unter Umständen gewöhnungsbedürftig. Die Devise „Zeit ist Geld" ist hier praktisch unbekannt.

DER ARBEITSMARKT

Wer auf der Suche nach einer Stelle ist, sollte sich mit

---

liegt 550 km von der afrikanischen Küste entfernt und fast 1000 km südlich von Portugal.
Grenzen: Spanien im Norden und Osten, der Atlantik im Westen und Süden
Klima: Gemäßigt und mild, mit angenehmen Wintern und nicht übermäßig heißen Sommern.
Natürliche Ressourcen: Fisch, Kork, Wolfram, Zink, Kupfer, Marmor, geringe Uran-, Eisen- und Manganvorkommen.
Wichtigste Industriezweige: Textilien, Bekleidung, Schuhe, Automobilbau, Zellstoff, Papier, Korkprodukte, Wein, Keramik, Chemie.
Verteilung nach Branchen:
Land- und Forstwirtschaft, Fischerei: 4%
Industrielle Fertigung, Bau, Energiegewinnung: 33%
Dienstleistungen: 63%
Bruttoinlandsprodukt (BIP):
1997 +3,5%, 1998 +3,8%
Staatliche Ausgaben für das Gesundheitswesen: 4,5% des BIP
Bevölkerungswachstum: -0,1%
Weitere Informationen:
- www.portugal.org
  Allgemeine Informationen zu Land und Wirtschaft
- www.infocid.pt
  Bürgerinformationen

„Portrait of the regions – Portugal in figures" zusammengestellt von Eurostat
Tel.: +352-43 01 34 567
Fax: +352-43 01 43 64 04
ICEF – Investimentos, Comércio e Turismo de Portugal
Av. 5 de Outubro 101
P-1015 Lisboa
Tel.: +351-1-793 01 03
Fax: +351-1-355 68 97
Serviço de Estrangeiros & Fronteiras
Silvestre Ribeiro 4
P-1600 Lisboa
Tel.: +351-1-715 52 68
Instituto de Emprego e Formação Professional (IEFP)
Rua das Picoas 14
P-1050 Lisboa
Tel.: +351-1-722 70 00
Fax: +351-1-722 70 01

dem Instituto do Emprego e Formação Professional (IEFP), dem Nationalen Institut für Beschäftigung und Bildung, in Verbindung setzen. In den örtlichen Niederlassungen des Instituts, den Centros de Emprego (Arbeitsämter), können Sie sich kostenlos über Stellenangebote informieren. Sie müssen sich allerdings dort registrieren lassen, wenn Sie möchten, dass Ihr Stellengesuch veröffentlicht wird oder wenn Sie an den angebotenen Programmen teilnehmen wollen (z.B. Fortbildungskurse, Berufsberatung). Wichtig: Für eine berufliche Tätigkeit in Portugal sollten Sie relativ fließend Portugiesisch sprechen und die Sprache ist nicht unbedingt einfach zu lernen. Auf eventuelle Spanischkenntnisse können Sie sich nicht verlassen, da viele Portugiesen aus einer Art Minderwertigkeitskomplex gegenüber dem Nachbarland dem Spanischen eher abgeneigt sind.

SOZIALVERSICHERUNGSBEITRÄGE UND STEUERN

Die Sozialversicherungsbeiträge sind in das normale Einkommenssystem integriert, und die Beitragshöhe ist gesetzlich geregelt. Die Beiträge werden zum Teil vom Arbeitgeber, zum Teil vom Arbeitnehmer beglichen, jedoch durch den Arbeitgeber abgeführt. Die Sozialversicherung zahlt bei Krankheit, Mutter- und/oder Vaterschaftsurlaub (auch bei Adoptionen), Arbeitsunfällen, Berufskrankheiten und Invalidität sowie für die Alters- und Hinterbliebenenrente, Arbeitslosigkeit und bei Bedarf an Familienbeihilfen. Für die medizinische Behandlung kommt das staatliche Gesundheitswesen auf, das allen Portugiesen und EU-Bürgern offen steht.

Das Steuersystem für Arbeitnehmer ist progressiv und relativ kompliziert. Der Arbeitgeber zieht einen Teil der Steuern direkt vom Gehalt ab, der dann von der endgültigen zu zahlenden Steuersumme subtrahiert wird, die wiederum aus verschiedenen Einkommenselementen mit oder ohne Freibeträgen berechnet wird. Bei einem derart komplexen System empfiehlt es sich, sich einen genauen Überblick über die persönliche Steuersituation zu verschaffen. Im Allgemeinen sind die Steuereingangsstufen niedrig, dennoch zahlt fast die Hälfte der Haushalte aufgrund eines mangelnden Einkommens gar keine Steuern.

LANDSCHAFTLICHE REIZE

Der Rio Tejo, der seinen Ursprung in Spanien hat und bei Lissabon in den Atlantik mündet, teilt das Land geographisch in zwei Hälften. Im Norden ist die Landschaft grün und hügelig und durch Wälder, Weinberge, kleine Dörfer, alte Landsitze und zahlreiche kleinere Bauernhöfe, andererseits aber auch durch eine starke Industrialisierung geprägt. Der Süden besteht aus einer Tiefebene, das Bild ist ländlicher und die Bevölkerungsdichte geringer. Typisch für diese Gegend sind ihre kleinen, weiß getünchten und oft weit versprengten Häuser mit großen Kaminen.

DER PORTUGIESISCHE CHARAKTER

Wissenswert ist, dass die portugiesische Bürokratie zur Korruption neigt. Gute Kontakte können selbst bei alltäglichen Behördengängen hilfreich sein. Die Regierung ist darum bemüht, den Staatsapparat zu modernisieren, doch sind alte Angewohnheiten manchmal schwer abzulegen.

Die Portugiesen sind allgemein umgänglich und Fremden gegenüber offen. Portugal ist vor allem bei ausländischen Rentnern beliebt, die das südländische Klima mit dem rauen Einfluss des Atlantiks dem eher milden Mittelmeer vorziehen. Viele von ihnen haben zumindest einen Teil ihres Berufslebens hier verbracht und den Charme und Charakter des Landes lieben gelernt.

VERSCHIEDENES

- *In Portugal gilt die westeuropäische Zeit, d.h. das Land liegt eine Stunde hinter der mitteleuropäischen Zeit zurück.*
- *In Portugal gibt es keine Siesta. Gearbeitet wird von 8.30/9.00 Uhr bis 18.00/18.30*

WESTEUROPA 133

Uhr. Eine Arbeitswoche von insgesamt 42-44 Stunden ist Standard.
- Manche Geschäfte sind zwischen 13.00 und 15.00 Uhr geschlossen.
- Trinkgeld: Rein theoretisch sollten Sie 10% des Preises als Trinkgeld für Taxifahrer und Kellner geben, es kann aber auch weniger sein.
- Taxifahrten sind günstig, doch erhöht sich der Preis zwischen 22.00 und 6.00 Uhr um 20%.
- Portugal ist bekannt für seine Heilquellen und seine zahlreichen Thermalbäder.
- In Portugal werden wie in Spanien Stierkämpfe veranstaltet, doch werden die Tiere hier nicht getötet.
- Die iberische Halbinsel ist geschichtlich stark von arabischen Einflüssen geprägt. Daran erinnern heute noch die portugiesische Sprache, die Architektur und sogar der Volkscharakter.
- Zu den bekanntesten portugiesischen Erzeugnissen zählen die Azulejos, die berühmten handbemalten Keramikfliesen, und der Portwein, der aus einem Experiment mit Wein und Brandy entstand.
- Angesichts des riesigen frischen Fischangebots ist es erstaunlich, dass das Lieblingsgericht der Portugiesen ausgerechnet „Bacalhau" ist – Kabeljau, der in Löschkalk getrocknet wird und vor dem Kochen erst eingeweicht werden muss.
- In Restaurants werden zu Getränken verschiedene leckere Appetithäppchen serviert. Sie sind ein Symbol der portugiesischen Gastfreundschaft, werden von Touristen jedoch oft dazu missbraucht, sich satt zu essen. Daher bieten viele Lokale diese Vorspeisen heute nicht mehr kostenlos an.

schweden

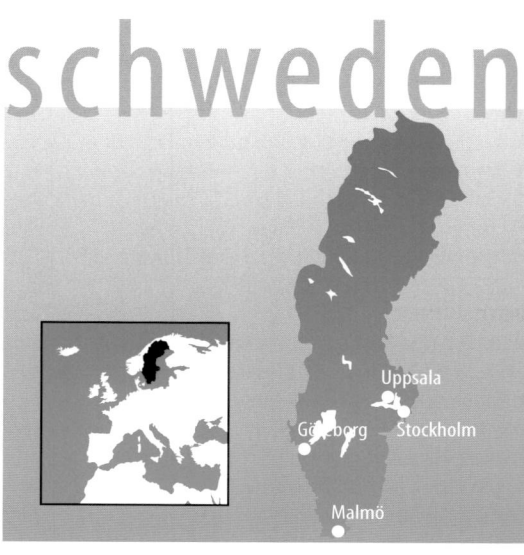

Sverige
Konstitutionelle Monarchie
Parlamentarische Demokratie
EU-Mitglied seit 1995
Bevölkerung: 8,8 Mio.
Gesamtfläche: 450.000 km²
Hauptstadt: Stockholm
Andere Großstädte: Göteborg, Malmö, Uppsala
Sprache: Schwedisch und in einigen Regionen Finnisch und Sami (die Sprache der Lappen)
Währung: Svenska Krone = Schwedische Krone = SEK
1 Krone = 100 Öre
8,950 SEK = +/-€ 1
Mehrwertsteuer: 25%
Geographie: Im Zentrum Nordeuropas gelegen. Das Land ist relativ flach und etwa zur Hälfte bewaldet. Weitere geographische Elemente sind eine lange Gebirgskette im Nordwesten (die Skanden, die höchste Erhebung ist der Kebnekajse mit 2.111 m) sowie Tausende von Seen und Inseln.
Grenzen: Finnland im Nordosten, Norwegen im Nordwesten und Westen, die Ostsee im Osten, der Kattegat (Seegebiet zwischen Schweden und Dänemark) im Süden.
Klima: Obwohl der Polarkreis durch seine nördlichste Provinz verläuft, herrscht in Schweden aufgrund des warmen Golfstroms aus dem Atlantik kein arktisches Klima. Im Juli erreichen die Temperaturen in Stockholm durchschnittlich 18°C. Im Winter kommt es zumindest im dichter besiedelten südlichen

Schweden wird mehr als jedes andere Land mit ausgeprägten Stereotypen assoziiert. So mancher denkt beim Wort „Schweden" sofort an langbeinige, blonde Schönheiten mit Sex-Appeal, an ein hervorragendes Sozialsystem und lange, melancholische Winternächte. Die wenigsten sind sich jedoch bewusst, dass dieses Bild seinen Ursprung in der persönlichen Sicht eines erfolgreichen Filmemachers aus den 50er und 60er-Jahren hat: Ingmar Bergman. „Das siebente Siegel" und „Wilde Erdbeeren" gelten als cinematische Meisterwerke, stellen die Schweden jedoch nicht unbedingt auf realistische Weise dar.

Schweden ist ein wunderschönes Land mit endlos langen Winternächten und ebenso langen Sommertagen. Die Schweden genießen beides. Wie die meisten Skandinavier zeichnen sie sich durch einen besonderen Sinn für Ästhetik und klares, harmonisches Design sowie durch Einfallsreichtum aus.

DER SCHWEDISCHE CHARAKTER

Schweden ist schon seit langem kein ethnisch homogenes Land mehr, das nur junge blonde Göttinnen und Götter hervorbringt. Das Sozialsystem ist tatsächlich in vieler Hinsicht ausgezeichnet, jedoch nicht unbedingt ein Modell für den Rest der Welt.

Die Schweden sind im Allgemeinen entgegenkommend und freundlich. Sie versuchen, Konflikte zu vermeiden und das Leben so angenehm wie möglich zu gestalten.

Die Melancholie der langen Winterabende erzeugt

in ihnen jedoch oft eine Art Schwermütigkeit, die sie gern in Gesellschaft mit einem Glas Alkohol lindern.

In Schweden findet man sich als Neuling meist schnell zurecht, da die Bevölkerung hilfsbereit und die Infrastruktur effizient ist. Menschen mit besonderen Anforderungen finden außergewöhnlich starke Berücksichtigung. Das Land ist beispielsweise ideal für junge Eltern oder Behinderte, für die besondere Transportmöglichkeiten bereit gestellt werden.

ARBEITSUMFELD
Die Arbeitsatmosphäre ist sehr offen und im Vergleich zu den meisten südlicher gelegenen Ländern weniger hierarchisch. Alle Mitarbeiter, vom Vorstandsvorsitzenden bis zur Putzfrau, sprechen sich mit Vornamen an und es ist nicht weiter ungewöhnlich, mit seinem Chef auf ein Bier oder zum Segeln zu gehen.

Der zunehmende Arbeitskräftemangel unterstreicht die enorme Bedeutung, die der geographischen und beruflichen Mobilität zukommt. Ein Berufswechsel auf höherem Niveau wird jedoch durch die gestiegenen Anforderungen erschwert. Daher suchen jetzt bereits Schulen nach neuen Arbeitsprozessen, um den sich wandelnden Trends gerecht zu werden.

Die Behörden erwarten von den Schulen die Entwicklung von Lehrplänen, die sich stärker am Geschäfts- und Arbeitsleben orientieren. Dieser Trend dürfte sich in den kommenden Jahren auch in anderen Ländern durchsetzen, doch nimmt Schweden wie so oft eine Vorreiterrolle ein. Die Arbeitgeber sind in vollem Umfang für das lebensbegleitende Lernen und die Weiterbildung ihrer Angestellten verantwortlich. Mitarbeiter, die ihre beruflichen Ziele neu stecken möchten, müssen bei der Suche nach geeigneten Weiterbildungsmöglichkeiten und deren Finanzierung unterstützt werden

STEUERN
Für ein Land, das für seine Chancengleichheit bekannt ist und das neben den Niederlanden die geringsten Einkommensunterschiede aufweist, hat Schweden in den letzten Jahren eine interessante Entwicklung durchlaufen. Führungskräfte mit den höchsten Gehältern kamen in den letzten Jahren in den Genuss enormer Einkommenszuwächse. Diese Gruppe profitierte auch am meisten von den Steuerreformen.

Schweden ist für seine hohen Steuern bekannt. Das

Teil des Landes zu gemäßigtem Schneefall und die Durchschnittstemperaturen liegen unter dem Gefrierpunkt.

Weitere Informationen:
- www.regeringen.se
  Website der Regierung (in schwedischer Sprache) mit Links zur Site des Schwedischen Instituts (mit Informationen in englischer, französischer und deutscher Sprache).
- www.si.se
  Schwedisches Institut
- www.isa.se
  Institut für Investitionen in Schweden
- www.scb.se
  Nationales Statistisches Amt
- www.amv.se/ams
  Arbedsmarknadverket (AMS), der Nationale Schwedische Arbeitsmarktverband
- www.stockholm.se
- www.alltomstockholm.se

Schwedischer Industrieverband
  Postfach 5501
  SE-114 85 Stockholm
Nationale Schwedische
  Steuerbehörde
  (Riksskatteverket RSV)
  SE-171 94 Solna
Einwanderungsbehörde
  Statens Invandrarverk
  Postfach 6113
  SE-600 06 Norrköping
  Tel.: +46-11-15 60 00

schwedische Steuersystem ist recht kompliziert, da im Gegensatz zu anderen Ländern die Kommunalsteuern normalerweise wesentlich höher sind als die staatlichen Abgaben – außer für Besserverdienende, die aufgrund eines prozentualen Rechnungssystems unter Umständen einen höheren Steueranteil an den Staat entrichten müssen.

Die Kommunalsteuern liegen zwischen 32% und 46% des Einkommens. Die staatlichen Abgaben betragen 200 skr für Einkommen bis zu 238.000 skr und 20% des darüberliegenden Betrags für höhere Einkommen. Hinzu kommen eine Kapitalsteuer von 30%, eine Vermögenssteuer von 1,5%, eine Grundsteuer von 1,7%, eine Mehrwertsteuer (6-12 bzw. 25%) und in einigen Fällen Rentenfondsbeiträge in Höhe von 6,95%.

Das Positive an diesem System ist, dass die Steuern eine Vielzahl von Sozialleistungen abdecken, z.B. Schulgebühren, ein großzügiges Krankenversicherungssystem (im Krankheitsfall werden 80% des regulären Einkommens weiterbezahlt), Kindergeld (monatlich mindestens 750 skr pro Kind), kostenlose Zahnbehandlung für Kinder, Erstattung eines Teils der Kosten von Brillen und Arzneimitteln für Kinder, Vorauszahlung von Unterhaltszahlungen für Kinder, Sozialversicherung, Rente, Hinterbliebenenrente sowie Mutter-/Vaterschaftsurlaub. Schwedische Frauen haben im Vergleich zum europäischen Durchschnitt mehr Kinder (1,7) was wohl zum Teil auf den großzügig bemessenen Mutter-/Vaterschaftsurlaub von 450 Tagen und die hervorragenden Einrichtungen zur Kinderbetreuung zurückzuführen ist.

WOHNUNGSMARKT

Ausländern fallen in Schweden meist zuerst die allgemein hohen Preise auf. Der weitaus größte Posten im Haushaltsbudget ist die Miete (32%), gefolgt von Lebensmittel- (17%) und Fahrtkosten (17%). Die Mieten sind allgemein hoch, außerhalb der Großstädte jedoch etwas niedriger. Dafür sind in ländlichen Gegenden, vor allem im dünn besiedelten Norden, die Lebensmittelpreise wegen der hohen Transportkosten oft höher. Auf dem Land gehen jedoch viele Schweden selbst zum Fischen oder auf die Jagd, sammeln Beeren und Pilze und führen ein Leben, das sich in vieler Hinsicht nur wenig von dem ihrer Vorfahren unterscheidet.

Fast alle Wohnungen und Häuser – egal, ob Eigenheime oder gemietet – sind modern und mit allen Extras ausgestattet. Der durchschnittliche Wohnraum in Schweden beträgt 47m^2 pro Person, was im Vergleich zu Norwegen (43m^2), Frankreich (32m^2), Großbritannien (27m^2) und Spanien (24m^2) relativ hoch ist. Schweden verfügt über einen hohen Anteil an Single-Haushalten (landesweit 40%, in Stockholm sogar 50%). Erwähnenswert ist auch, dass ein Viertel der erwachsenen Bevölkerung ein Wochenendhäuschen besitzt.

ARBEITEN IN SCHWEDEN

Wie gut die Schweden organisiert sind, zeigt sich unter anderem an den zahlreichen Informationsstellen für Einwanderer in den Städten. Diese Stellen helfen Neuankömmlingen bei Formalitäten und Behördengängen und beraten sie auch in anderen Bereichen. Sie vermitteln Dolmetscher und stellen Informationen in mehreren Sprachen zur Verfügung. Nach der Registrierung beim Einwohnermeldeamt erhalten Ausländer per Post Informationen über Schweden. All diese Leistungen gibt es in über 20 Sprachen. Und das ist noch nicht alles: Eine staatliche Stiftung gibt einen Rundbrief für Ausländer mit dem Titel „Invandrartidningen"heraus, der Nachrichten und Informationen zum Land enthält. Er wird wöchentlich in zehn Sprachen veröffentlicht sowie in einfachem Schwedisch, um Einwanderern zu helfen, sich mit der Sprache vertraut zu machen.

WIRTSCHAFT

Für ein relativ kleines Land hat Schweden eine relativ vielschichtige Wirtschaft. Die traditionellen Gewerbe auf der Grundlage der beiden wichtigsten Rohstoffe – Holz und Eisenerz – spielen nach wie vor eine wichtige Rolle. Andere bedeutende Bereiche sind der Maschinenbau (ABB, Electrolux, Atlas Copco, Alfa Laval), die Automobilindustrie (Volvo, Saab, Scania), die Chemie- und Pharmaindustrie (Astra, Pharmacia & Upjohn, Ferring) sowie die Lebensmittelbranche. Der Hightech- und Telekommunikationssektor erlebt derzeit ebenfalls einen starken Zuwachs und Schweden ist zu Recht stolz auf seine Atom- und Luftfahrtindustrie.

Die 400 nationalen Arbeitsämter sind sehr aktiv. Sie helfen nicht nur bei der Arbeitssuche, sondern bieten auch zahlreiche andere Leistungen, Informationen und Schulungen sowie einen Berufsberatungsservice an. Einige Arbeitsämter sind auf bestimmte Gebiete spezialisiert, z.B. Kunst, Buchhaltung und Finanzen, Technologie oder IT. Private Stellenvermittlungen konzentrieren sich meist auf Bürokräfte, und bestimmte Interessenverbände vermitteln Arbeitsplätze für bestimmte Berufsgruppen wie beispielsweise Ingenieure.

FREUNDSCHAFTEN

Die Schweden verbringen einen Großteil ihrer Freizeit im Freien – im Winter mit Aktivitäten wie Skifahren, Schlittschuhlaufen und Wandern, im Sommer mit Radfahren, Schwimmen, Kanufahren und Rollschuhlaufen. Für Ausländer bietet es sich an, einem der über 20.000 Sportvereine beizutreten – auch für weniger Sportbegeisterte eine gute Möglichkeit, Freundschaften zu schließen und am gesellschaftlichen Leben teilzunehmen. Gelegenheit Kontakte zu knüpfen bietet auch die Mitgliedschaft in anderen Organisationen, z.B. in einem der in Schweden sehr beliebten Chöre. Darüber hinaus gibt es zahlreiche Möglichkeiten, Sprachen zu lernen, an Studienkreisen teilzunehmen, sich künstlerisch zu betätigen oder anderen Hobbys nachzugehen.

Theater- und Opernfans kommen sowohl in Stockholm als auch in kleineren Städten auf ihre Kosten.

Dank der neuen 16 km langen Brücke und des Tunnels, die die schwedische Stadt Malmö mit der dänischen Hauptstadt Kopenhagen verbinden, sowie des erstklassigen Straßennetzes ist Schweden heute enger mit dem Rest Europas verbunden und einfacher zu erreichen. Wer in Schweden arbeiten will, muss sich eventuell auf einen neuen Lebensstil einstellen. Das Spektrum – von der aufregenden, charmanten Hauptstadt Stockholm bis hin zum ländlicheren Norden mit seiner zauberhaften Natur und seinen freundlichen, warmherzigen Bewohnern – ist endlos.

Schweden hat in jeder Hinsicht viel zu bieten.

VERSCHIEDENES

- *Stockholm liegt im Osten des Landes und ist sowohl das politische als auch das wirtschaftliche Zentrum Schwedens. Göteborg, an der Westküste der Halbinsel gelegen, ist der größte schwedische Hafen.*
- *85% der Bevölkerung leben im südlichen Teil des Landes.*
- *Über eine Million Einwohner sind Einwanderer. Viele von ihnen stammen aus anderen nordischen Ländern, jedoch auch aus dem ehemaligen Jugoslawien, Italien, Griechenland und der Türkei.*
- *Der AMS (Arbeitsverband) erwartet für die kommenden Jahre einen Anstieg der Beschäftigungszahlen in den Stadtgebieten des gesamten Landes. Daneben wird ein erhöhter Bedarf an Arbeitskräften in der Computerbranche, im technischen Bereich und im Bildungswesen vorhergesagt. Die größten Probleme werden bei der Beschaffung geeigneter Arbeitskräfte im Baugewerbe und im Gesundheitswesen erwartet. Es mangelt vor allem an Krankenpflegern und Psychologen.*
- *Schweden ist das Mutterland vieler multinationaler Konzerne, die zum Wohlstand Schwedens beigetragen haben.*

ARBEITEN IN EUROPA

- *Schweden hat die stärkste Gewerkschaftsbewegung (80% der Arbeitskräfte gehören einer Gewerkschaft an) und einen der größten öffentlichen Sektoren der westlichen Welt.*
- *Alfred Nobel, der Erfinder des Dynamits und wohlhabender Industrieller des 19. Jahrhunderts, stiftete den Nobelpreis, einen der angesehensten akademischen Preise der Welt. In seinem Testament legte er fest, dass das Einkommen aus seinem Nachlass jährlich in Form von Preisen an Personen zu vergeben sei, die den größten Beitrag zum Wohl der Menschheit geleistet haben.*
- *Seit 1901 wird jedes Jahr am 10. Dezember vom schwedischen König der Nobelpreis für Literatur und Naturwissenschaften (Physik, Chemie und Medizin) verliehen.*
- *Seit 1968 gibt es außerdem einen Nobelpreis für Wirtschaftswissenschaften, der von der schwedischen Zentralbank gesponsert wird.*
- *Norwegen, das bis 1905 mit Schweden vereinigt war, ernennt den Friedensnobelpreisträger.*
- *Der 13. Dezember, St. Lucia, ist in Skandinavien ein traditioneller Feiertag. Ganz in Weiß gekleidete junge Mädchen tragen grüne Girlanden und brennende Kerzen im Haar. Die weiße Kleidung und das Kerzenlicht symbolisieren die Hoffnung auf Licht zu Beginn der dunkelsten Zeit des Winters.*
- *Umweltverschmutzung ist in Schweden kein Problem. Selbst Fische, die aus den Gewässern im Stadtzentrum von Stockholm stammen, sind genießbar!*
- *Die meisten Stellenangebote finden sich in den Sonntagsausgaben der Zeitungen.*

schweiz

Die Schweiz als demokratischer Zusammenschluss existiert seit 1291, als das Land sich von der österreichischen Vorherrschaft befreite. Der Bund wuchs im Laufe der Jahrhunderte weiter und erreichte vor ca. 140 Jahren seine heutige Form. Die Schweizer haben wenig Sinn für Prunk und Pomp, sie sind aus historischen Gründen eher bescheiden und bürgerlich. Die langjährige Neutralität und Unabhängigkeit der Schweiz sowie die Tradition, per Volksentscheid über Gesetze und Vorschriften abzustimmen, sind die Hauptgründe, warum die Schweiz bisher nicht der Europäischen Union oder dem Europäischen Wirtschaftsraum beigetreten ist und damit in West- und Zentraleuropa eine etwas isolierte Position einnimmt. Diese Sonderstellung gestaltet auch die Lage für die dort lebenden Ausländer etwas komplizierter.

Die Schweiz ist berühmt für ihre atemberaubenden Berglandschaften und ihr gesundes Klima. Politische Stabilität und die Verfassung haben eine sehr starke Mittelklasse hervorgebracht. Extreme Armut ist ebenso selten wie extremer Reichtum. Den Schweizern wird häufig neben Zuverlässigkeit, Ehrlichkeit, Fleiß (die durchschnittliche Wochenarbeitszeit beträgt immer noch 42 Stunden, bei 4 Wochen Urlaub pro Jahr) und Freiheitsliebe (der Militärdienst ist zwingend vorgeschrieben) häufig eine gewisse Inselmentalität sowie Dickköpfigkeit nachgesagt. In den letzten 50 Jahren ist die Schweiz

Schweiz/Suisse/Svizzera
Demokratische Bundesrepublik
26 unabhängige Kantone
Bevölkerung: 7,2 Millionen.
  1,5 Millionen Ausländer leben ständig in der Schweiz.
Gesamtfläche: 41.284 km²
Hauptstadt: Bern (Berne)
Andere Großstädte: Basel (Bâle), Genf (Genève) (Sitz internationaler Organisationen und gemeinnütziger Verbände), Lugano, Luzern, Zürich (größte Stadt und bedeutendstes Wirtschaftszentrum)
Sprachen: Schweizerdeutsch (Schweizerdeutsch ist die mündliche Verkehrssprache, die von 70% der Bevölkerung in der Zentral- und Nordost-Schweiz gesprochen wird; die Schriftsprache ist Deutsch), Französisch (20%, im westlichen Teil des Landes), Italienisch (8%, im Süden des Landes), Rätoromanisch (1%, in einigen Kantonen im Südosten der Schweiz) und andere Sprachen.
Währung: Schweizer Franken = Sfr
  1 Sfr = 100 Rappen oder Centimes
  +/- 1,64 Sfr = € 1
Mehrwertsteuer: 2% auf Nahrungsmittel, Getränke und andere Grundbedarfsartikel, 3,5% auf Hotels und Pensionen. Der Standardsatz ist 7,5%.
Geographie: Das Land gliedert sich landschaftlich in drei Teile: den Jura (bewaldete Hügellandschaft) im Norden, das Mittelland (Wälder, Agrarland, Städte und Seen) im mittleren Landesteil und die Alpen im Süden. Die höchste Erhebung ist die Dufourspitze (Wallis) mit 4634 Metern. Der tiefste Punkt

ARBEITEN IN EUROPA

ist der Lago Maggiore (Tessin) mit 193 Metern. Die Rhône, der Rhein, der Tessin (Nebenfluss des Po) und der Inn (Nebenfluss der Donau) entspringen in den Schweizer Bergen.

Grenzen: Deutschland im Norden, Österreich und Liechtenstein im Osten, Italien im Süden, Frankreich im Westen.

Klima: Im Norden mild und erfrischend, im Süden wärmer. Das Wallis ist für seine Trockenheit bekannt. Die Durchschnittstemperaturen liegen im schneereichen Winter bei 0ºC, im Sommer steigen sie auf etwa 20ºC an.

Anfangsgehälter in der Schweiz (in Euro):

Technik	40.503
Wirtschaft	38.716
Informatik	39.311
Recht	40.503

Die Gehälter nehmen sich auf den ersten Blick vielleicht relativ hoch aus. Die Schweiz hat bekanntlich eines der höchsten Pro-Kopf-Einkommen der Welt. Es ist jedoch zu bedenken, dass auch die Lebenshaltungskosten ziemlich hoch sind.

Religion: 46% Katholiken, 40% Protestanten.

Weitere Informationen:
- www.europeonline.com.ch
- http://203.149.0.41/worldwide
- www.admin.ch
- www.gov.ch
- www.ch-regio.ch
- www.locationswitzerland.ch
- www.osec.ch

OSEC, die Schweizerische Zentrale für Handelsförderung, ist die offizielle Institution zur Förderung des Schweizer Außenhandels.

jedoch – nicht zuletzt durch die wachsende Zahl ausländischer Arbeitnehmer – etwas weltoffener geworden.

BESCHÄFTIGUNGSSITUATION

Die Beschäftigungslage in der Schweiz ist relativ stabil. Die offizielle Arbeitslosenquote liegt bei 3,4% (120.000 Personen). Diese Zahl ist allerdings etwas irreführend, da die Langzeitarbeitslosen nicht in den offiziellen Statistiken erscheinen. In Wirklichkeit sind schätzungsweise doppelt so viele Personen auf Arbeitssuche. Frauen sind in Führungspositionen nur schwach vertreten (unter 5%), da aufgrund der unregelmäßigen Schulzeiten und mangelnden Kinderbetreuungsstätten sehr wenige verheiratete Mütter einer bezahlten Tätigkeit nachgehen. Rund ein Viertel der erwerbstätigen Bevölkerung (20% der Gesamtbevölkerung) sind Ausländer.

Die Wirtschaft ist ebenfalls solide, weist jedoch kein Wachstum auf. Die Schweiz hat sich bisher nicht zum EU-Beitritt entschlossen. Die Meinungen darüber, ob eine EU-Mitgliedschaft der wirtschaftlichen Situation eher zu- oder abträglich wäre, gehen auseinander und erschweren eine Entscheidung weiter. Die Trendanalysen sind allgemein eher pessimistisch und für die kommenden Jahre wird ein Sinken der Gehälter erwartet.

Für junge Arbeitsuchende ist die Zukunft jedoch noch immer viel versprechend. Vor allem bei guten Qualifikationen ist es noch immer möglich, sich eine erfolgreiche Karriere aufzubauen. Die meisten Universitätsabsolventen finden bereits in den ersten Monaten nach dem Studienabschluss eine Stellung. Ein Mangel herrscht hingegen bei den Lehrstellen. In der Vergangenheit galt eine Lehre als solide Laufbahn für viele junge Menschen, die nicht an einer Hochschulausbildung interessiert waren.

LEBEN UND ARBEITEN IN DER SCHWEIZ

Familien, die in die Schweiz umziehen, werden im Land meist rasch Fuß fassen. Die Ausbildung an den staatlichen Schulen ist gut und kostenlos. Selbst Kinder aus wohlhabenden Familien besuchen in der Regel staatliche Schulen. Besonders reizvoll sind die Landschaften um Gstaad, St. Moritz, Zermatt und Ascona. Bei den vielseitigen Möglichkeiten zum Skifahren, Wandern, Wassersport und anderen Arten der Freizeitgestaltung in herrlicher Umgebung kommen selbst die verwöhntesten Leute auf ihre Kosten.

Als Ausländer benötigen Sie in der Schweiz eine Arbeitserlaubnis und eine Aufenthaltsgenehmigung. Die Einholung dieser Dokumente kann ein langwieriges und gelegentlich umständliches Verfahren sein, soweit der (die) Antragsteller(in) nicht dringend von einer Firma benötigt wird, die die Abwicklung der Formalitäten übernimmt, oder mit einem Schweizer Staatsbürger verheiratet ist.

Weitere Probleme warten auf die Partner von ausländischen Arbeitssuchenden in der Schweiz. Dies beginnt bereits damit, dass die Schweizer Behörden unverheiratet zusammenlebende Paare nicht anerkennen. Wenngleich für Ehegatten bei der Vergabe von Arbeitserlaubnissen keine Quotenregelung mehr besteht, muss der zukünftige Arbeitgeber bei den Behörden nachweisen, dass es keinen arbeitslosen Schweizer Staatsbürger mit gleichen Qualifikationen gibt, mit dem die freie Stelle besetzt werden könnte. Oft gelingt es Firmen zwar, eine Arbeitserlaubnis für den zukünftigen Mitarbeiter zu erhalten, aber keine zweite für den/die Ehepartner(in). Oft ist es auch schwierig, eine geeignete Betreuung für Kinder zu finden. Die Sprache stellt eine weitere Hürde dar. Wer die örtliche Sprache nicht beherrscht, hat praktisch nur die Möglichkeit, in einer internationalen Firma unterzukommen, in der Englisch als Umgangssprache akzeptiert ist. Selbst in diesem Fall kann die Sprachbarriere die Integration und Teilnahme am gesellschaftlichen Leben erschweren. Viele Schweizer sprechen mindestens zwei, oft sogar drei Sprachen relativ fließend. Dies gilt jedoch eher für städtische als für ländliche Gebiete.

ARBEITSERLAUBNIS

Ein Arbeitsplatz ist in der Schweiz oft leichter zu erlangen als eine Arbeitserlaubnis. Der Grund hierfür ist eine strenge Einwanderungspolitik und eine Quotenregelung für die Erteilung von Arbeitserlaubnissen. Es gibt verschiedene Arten von Arbeitserlaubnis: A – saisonale Arbeitserlaubnis, B - einjährige Arbeitserlaubnis, C - ständige Arbeitserlaubnis, G - Erlaubnis für grenzüberschreitende Tätigkeit, L - begrenzte Arbeitserlaubnis. Auch bei einer festen Anstellung in der Schweiz muss die Aufenthaltsgenehmigung bis zu fünf Jahre (Bürger der EU und USA) bzw. 10 Jahre (Bürger anderer Länder) lang jährlich verlängert werden.

„Living and working in Switzerland"
Die Broschüre enthält Informationen, Tipps und Ratschläge und kann beim Bundesamt für Industrie und Arbeit, Abteilung Einwanderung und Ausbildung angefordert werden unter: Monbijoustrasse 43, CH-3003 Bern.

„Living and working in Switzerland – A Survival Handbook" von David Hampshire ist ein nützlicher Leitfaden für alle, die einen Aufenthalt in der Schweiz planen. ISBN 0 951 9804 8 3

Bundesausschuss für Fremdenfragen
EKA/CFE,
Monbijoustrasse 61,
CH-3003 Bern.
Der Ausschuss veröffentlicht Informationen zu zahlreichen Beschäftigungsthemen wie z.B. Arbeitsverträgen in deutscher und französischer Sprache.
Tel. +41-31 325 91 16.

Inhaber einer Arbeitserlaubnis vom Typ B sind in den ersten Jahren in der Schweiz nicht berechtigt, den Arbeitgeber oder die berufliche Tätigkeit zu wechseln. Eine Verlängerung der einjährigen Arbeitserlaubnis kann abgelehnt werden, wenn ein arbeitsloser Schweizer Staatsbürger oder ein Inhaber einer Genehmigung vom Typ C die Stelle übernehmen kann.

Aufenthaltsgenehmigungen sind auch für Au-pairs, Studenten und Auszubildende erforderlich. Sie unterliegen nicht der Quotenregelung, deren Arbeitserlaubnisse gelten jedoch meist nur für ein Jahr. Vor der Ankunft in der Schweiz ist die Einholung der „Zusicherung einer Aufenthaltsgenehmigung" erforderlich. Ausländer aus bestimmten Ländern benötigen ein Visum, selbst wenn sie sich in der Schweiz niederlassen oder dort arbeiten wollen. Neuankömmlinge aus Nicht-EU-Ländern müssen sich innerhalb von 72 Stunden nach der Einreise bei einem Gesundheitsamt an der Grenze zu einer ärztlichen Untersuchung melden.

BESCHÄFTIGUNGSBEDINGUNGEN

Die Stellensuche kann sich schwierig gestalten, da die Schweizer Arbeitsämter nur Stellen an Schweizer und ausländische Staatsbürger vermitteln, die bereits im Besitz einer Aufenthaltsgenehmigung vom Typ B oder C sind. Internationale Stellenvermittlungen konzentrieren sich meist auf Führungskräfte und leitende Angestellte. Es empfiehlt sich daher, die Stellenangebote in Schweizer Zeitungen nachzuschlagen oder sich direkt bei multinationalen Konzernen mit Niederlassungen oder Geschäftsstellen in der

Kanton	PLZ/Hauptstadt	Sprache	Telefon-Vorwahl
Aargau (AG)	5001 Aarau	Schweizerdeutsch	062
Appenzell Ausserrhoden (AR)	9100 Herisau	Schweizerdeutsch	071
Appenzell Innerrhoden (AI)	9050 Appenzell	Schweizerdeutsch	071
Basel – Landschaft (BL)	4410 Liestal	Schweizerdeutsch	061
Basel – Stadt (BS)	4001 Basel	Schweizerdeutsch	061
Bern (BE)	3000 Bern	Schweizerdeutsch	031
Freiburg / Fribourg (FR)	1701 Freiburg	Französisch und Schweizerdeutsch	026
Genf / Genève (GE)	1211 Genf / Genève	Französisch	022
Glarus (GL)	8750 Glarus	Schweizerdeutsch	055
Graubünden/Grischun/Grigioni (GR)	7001 Chur	Schweizerdeutsch, Rätoromanisch	081
Jura (JU)	2800 Delémont	Französisch	032
Luzern (LU)	6002 Luzern	Schweizerdeutsch	041
Neuenburg / Neuchâtel (NE)	2001 Neuenburg / Neuchâtel	Französisch	032
Nidwalden (NW)	6371 Stans	Schweizerdeutsch	041
Obwalden (OW)	6061 Sarnen	Schweizerdeutsch	041
Solothurn (SO)	4509 Solothurn	Schweizerdeutsch	032
Schaffhausen (SH)	8200 Schaffhausen	Schweizerdeutsch	052
Schwyz (SZ)	6430 Schwyz	Schweizerdeutsch	041
St. Gallen (SG)	9001 St. Gallen	Schweizerdeutsch	071
Thurgau (TG)	8510 Frauenfeld	Schweizerdeutsch	052
Tessin / Ticino (TI)	6501 Bellinzona	Italienisch	091
Uri (UR)	6460 Altdorf	Schweizerdeutsch	041
Wallis / Valais (VS)	1950 Sion	Französisch und Schweizerdeutsch	027
Waadt / Vaud (VD)	1014 Lausanne	Französisch	021
Zug (ZG)	6301 Zug	Schweizerdeutsch	041
Zürich (ZH)	8090 Zürich	Schweizerdeutsch	01

Schweiz bzw. bei Schweizer Firmen zu bewerben. Bedenken Sie jedoch, dass unaufgeforderte Bewerbungsschreiben bei den Firmen oft im Papierkorb landen. Legen Sie der Bewerbung stets Ihren Lebenslauf sowie Kopien von Arbeits- und Ausbildungszeugnissen bei.

Bei Gehaltsgesprächen sollten Sie nicht die Lebenshaltungskosten in der Schweiz, vor allem nicht die hohen Mieten, vergessen. Vieles ist hier bedeutend teurer als in anderen westlichen Ländern. Denken Sie auch daran, dass die Ansprüche von Schweizer Firmen an ihre Mitarbeiter sehr hoch sind und die Arbeitswoche lang ist. Ein positiver Punkt dagegen ist, dass die Einkommenssteuersätze und Rentenbeiträge progressiv und damit niedriger sind als in den meisten Ländern.

REGIONALE UNTERSCHIEDE
Die 26 Kantone haben eigene Gesetze. Nähere Informationen über Steuern, Versicherungen, Schulen usw. sollten Sie daher einholen, wenn Sie sich für einen bestimmten Kanton entschieden haben. Auch die Steuerabgaben können je nach Wohnort um bis zu 100% schwanken. Die Sozialversicherungsbeiträge sind sehr günstig. In der Schweiz wird die Krankenversicherung nicht immer vom Arbeitgeber getragen, und da es kein staatliches Gesundheitswesen gibt, ist der Abschluss einer privaten Krankenversicherung für die ganze Familie zwingend vorgeschrieben.

Die politische Führung der Schweiz liegt in den Händen einer ausgewogenen Koalitionsregierung. Das Land wird von einem aus sieben Ministern bestehenden Bundesrat regiert, der jedes Jahr aus seinen Reihen einen neuen Bundespräsidenten wählt. Die sozio-ökonomische Lage ist ebenfalls stabil, da Arbeitgeber und Gewerkschaften seit 60 Jahren einer friedlichen Lösung von Arbeitskonflikten verpflichtet sind. Dieses einvernehmliche Klima hat dazu geführt, dass die Belegschaften allgemein hoch motiviert und Streiks eine Seltenheit sind.

Wer sich durch Regeln und Vorschriften leicht eingeengt fühlt, Bürokratie verabscheut, eine blitzsaubere Umgebung als unerträglich steril empfindet und nicht bereit ist, von den Schweizern zu lernen, der ist in der Schweiz vermutlich fehl am Platz. Die meisten Ausländer in der Schweiz haben relativ wenig Kontakt mit der örtlichen Bevölkerung, weil sie dazu neigen, sich in Gruppen zusammenzuschließen. Doch wie überall ist es dem Einzelnen überlassen, seine eigene Lebensart im fremden Land zu finden.

VERSCHIEDENES
- *Die deutschsprachigen Schweizer sind bemüht, sich möglichst stark von den Deutschen abzuheben – eine Reaktion auf die historische Furcht, von einem deutschen Superstaat einverleibt zu werden.*
- *In manchen Städten wie Genf oder Zürich gibt es kostenlose Informationszentren für Ausländer. Auch anderswo herrscht allgemein ein gutes Informationsangebot, die Auskünfte sind jedoch meist in der Landessprache gehalten. Englische Informationen sind relativ selten.*
- *Eine gute Informationsquelle und Anlaufstelle sind die American Women's Clubs (AWC) in Bern, Basel, Genf, Lausanne und Zürich. Sie organisieren Einführungsprogramme für Neulinge und bieten eine umfassende Informationsbroschüre zum Verkauf an.*
- *Die Läden sind in der Regel dienstags bis freitags von 8 oder 9 Uhr bis ca. 18.30 Uhr geöffnet. Montags bleiben die meisten Läden am Vormittag geschlossen. Am Samstag schließen die meisten Läden um 16 oder 17 Uhr (in kleineren Städten oft sogar schon um 14 Uhr). Einmal wöchentlich bleiben die Geschäfte normalerweise bis 20 oder 21 Uhr geöffnet.*
- *Alle Bewohner werden angehalten, einen Notvorrat an Lebensmitteln für atomare Notfälle anzulegen. Eine Informationsbroschüre zu diesem Thema ist bei allen Gemeinden oder telefonisch unter 031/322 21 85 erhältlich.*

- Vor der Einfuhr von Haustieren empfiehlt es sich, sich bezüglich der Vorschriften zu erkundigen. Hunde müssen eine Registrierungsmarke tragen, die regelmäßig zu erneuern ist. Die Kosten für die Registrierung richten sich nach dem Kanton. Denken Sie auch daran, dass eventuell am Ende Ihres Aufenthalts bei der Ausreise bzw. Rückkehr in ein anderes Land für Hunde und andere Haustiere ein Quarantäneaufenthalt vorgeschrieben ist.
- In der Schweiz ist es üblich, sich für einen Gefallen durch ein kleines Geschenk erkenntlich zu zeigen. Diese Gewohnheit sollten Sie sich ebenfalls zu Eigen machen.
- Bis zum Alter von 20 Jahren brauchen Personen, die in die Schweiz einreisen, eine Genehmigung der Eltern.
- Eine Broschüre mit nützlichen Informationen zu Steuerfragen und ein Leitfaden für Investoren können von der Website http://locationswitzerland.ch herunter geladen werden.
- Die Schweiz hat das am besten ausgebaute Eisenbahnnetz der Welt. Auch die Organisation ist vorbildlich. Sie können beispielsweise bereits am Bahnhof Ihres Abflugortes das Fluggepäck einchecken und erhalten es dann erst am Zielort zurück. Das gleiche Verfahren ist auch in umgekehrter Richtung möglich.
- Für ihre geringe Größe hat die Schweiz ein riesiges Angebot an Zeitungen. 247 Titel erscheinen in den verschiedenen Sprachen und Regionen.
- Vor der Autobahnbenutzung ist der Kauf einer Vignette erforderlich, die innen an der Windschutzscheibe angebracht wird.
- Trinkgeld: Die Bedienung ist im Preis inbegriffen, in Restaurants und Taxis ist es jedoch üblich, den Betrag durch ein kleines Trinkgeld aufzurunden. Kein Trinkgeld für Platzanweiser in Theatern und Kinos.
- Die Umgangsformen sind sehr förmlich. Sie sollten andere Personen nur dann duzen oder mit Vornamen anreden, wenn sie ihnen dies ausdrücklich angeboten haben.
- Sagen Sie überall bei der Ankunft „Guten Tag" und beim Abschied „Auf Wiedersehen". Schütteln Sie Ihrem Gegenüber zur Begrüßung und zum Abschied die Hand. Ziehen Sie vor dem Händeschütteln die Handschuhe aus.
- So förmlich die Schweizer in ihren Umgangsformen sind, so zwanglos können sie in der Kleidung sein. Selbst im Büro kleidet man sich oft sehr leger.
- Es empfiehlt sich, Quittungen und andere Belege für größere Anschaffungen, die Sie während Ihres Aufenthalts in der Schweiz getätigt haben, aufzubewahren. Sie sparen sich dadurch Zeit und Geld, wenn Sie sie bei der Ausreise deklarieren müssen, da die Schweiz nicht der EU angehört.
- Sonntags ist jede Art von Arbeit verboten, wenngleich in manchen Kantonen Sondergenehmigungen für bestimmte Arbeiten (z.B. in der Landwirtschaft) eingeholt werden können. Normalerweise gilt sogar schon das Aufhängen von Wäsche als „Arbeit" und wenn Sie den Rasen mähen, können Sie sicher sein, dass in Kürze die Polizei vor der Tür steht.

spanien

Spanien bewegt sich wirtschaftlich im Mittelfeld der EU, hat jedoch das Entwicklungsniveau anderer progressiver Nationen noch nicht erreicht. Seit seinem Beitritt zur Europäischen Union hat Spanien stark von wirtschaftlichen und finanziellen Beihilfen profitiert. Aufgrund seiner geographischen Lage in Südwesteuropa, seiner Nähe zum afrikanischen Kontinent und seinen Beziehungen zu Lateinamerika spielt es strategisch eine wichtige Rolle.

Spaniens Wirtschaft nähert sich zunehmend dem Niveau anderer, weiter entwickelter Länder an. Landwirtschaft und Bergbau sind leistungsstark, müssen ihre Produktivität jedoch noch erheblich steigern. Die Investitionen in die industrielle Fertigung kommen zum Großteil aus dem Ausland. Besonders stark vertreten sind ausländische Anleger, die bereits in den 60er- und 70er-Jahren in Spanien investiert und dem Land zu einer starken Sonderrolle unter den südeuropäischen Volkswirtschaften verholfen haben.

POLITISCHER HINTERGRUND

1978 trat nach einer dreijährigen Übergangsphase im Anschluss an die Franco-Diktatur eine Verfassung in Kraft, die das Land zur parlamentarischen Monarchie machte. In der Verfassung ist das Recht aller geographischen Regionen verankert, ihre Autonomie innerhalb des spanischen Staatsgefüges zu erklären.

España
(Reino de España = Königreich Spanien)
Konstitutionelle Monarchie Parlamentarische Demokratie
17 autonome Regionen sowie zwei Exklaven in Nordafrika (Ceuta und Melilla), die Sonderstatus genießen.
EU-Mitglied seit 1986
Bevölkerung: 39,35 Mio.
Gesamtfläche: 504.782 km^2
Hauptstadt: Madrid
(ausgesprochen „Madrí")
Andere Großstädte: Barcelona, Bilbao, Málaga, Sevilla, Valencia, Zaragoza (Saragossa)
Sprache: (Kastilisches) Spanisch. Katalanisch, Baskisch und Galizisch sind offiziell anerkannte Sprachen in ihren jeweiligen Regionen.
Währung: Peseta = Pta
1 Euro = 166,386 Pta
100 Pta = € 0,601012
Mehrwertsteuer: 16%, reduzierte MwSt. 7%, besonders reduzierte MwSt. 4% Auf den Kanarischen Inseln, in Ceuta und Melilla gibt es keine Mehrwertsteuer. Davon unabhängig wird auf den Kanarischen Inseln jedoch eine Steuer von 4,5% erhoben.
Geographie: Spanien nimmt den größeren Teil der iberischen Halbinsel ein und ist nach der Schweiz das gebirgigste Land Europas. Darüber hinaus finden sich eine Vielzahl anderer Landschaftstypen, darunter trockene Hochebenen im Landesinneren. Die Balearen im Mittelmeer und die Kanarischen

Inseln im Atlantik sowie Ceuta und Melilla in Nordafrika gehören ebenfalls zum spanischen Hoheitsgebiet.

Grenzen: Frankreich und Andorra im Norden, das Mittelmeer im Osten und Süden, Gibraltar im Süden, Portugal im Westen, der Atlantik im Nordwesten. Gesamt-Küstenlänge: 5.849 km.

Klima: Regional unterschiedlich, die Sommer sind jedoch allgemein heiß (die Durchschnittstemperatur beträgt 24ºC, 38º C sind jedoch nicht ungewöhnlich) und die Winter mild (2ºC-4ºC, auf Hochebenen bis -10ºC). Auf den Kanarischen Inseln herrscht subtropisches Klima.

Beschäftigung: Prozentuale Verteilung nach Wirtschaftszweigen:
– Landwirtschaft und Fischerei: 8,7%
– Industrielle Fertigung und Bau: 9,6%
– Dienstleistungen und Tourismus: 61,7%

Bevölkerungswachstum: 0,2%

Wichtigste Industriezweige:
Automobilbau, Chemie, Maschinen und Geräte

Weitere Informationen:
Ministerio De Asuntos Exteriores (Außenministerium)
Plaza de la Provincia, 1
E-28012 Madrid
Tel. +34-9-1-379 97 00

Secretaria de Estado de Comercio, Ministerio de Economica e Hacienda
(Wirtschafts-, Handels- und Finanzministerium)
Paseo de la Castellana 162
E-28046 Madrid
Tel. +34-9-1-349 35 00

- www.la-moncloa.es
  Kommunikations-Website der Regierung
- www.map.es
- www.yahoo.es

Spanien besteht daher heute aus 17 autonomen Regionen.

Katalonien und das Baskenland nehmen beide für sich in Anspruch, historisch eigenständige Länder zu sein, obwohl keine dieser Regionen je ein unabhängiges Staatsgebiet war. Ihr Streben nach Autonomie hat seine Wurzeln in der eigenständigen wirtschaftlichen Entwicklung während des 19. Jahrhunderts.

Daneben spielen auch andere Faktoren wie die regionalen Traditionen und die sprachlichen Eigenheiten eine Rolle. Andere autonome Regionen wie Madrid, Navarra, Kantabrien, La Rioja, Murcia, Valencia und die Balearen sind Kunstgebilde, die zu Beginn der neuen demokratischen Ära geschaffen wurden, um ihren relativen Wohlstand gegen die Einmischungsversuche der zentralen Regierung abzusichern.

Heute könnte man die Situation der autonomen Regionen als einen permanent schwelenden, wenngleich wohlkontrollierten Konflikt bezeichnen. Darüber hinaus zeichnet sich die Tendenz ab, den autonomen Körperschaften mehr und mehr Verantwortung (Bildungswesen, Polizei, Gesundheitswesen) und in einigen Fällen sogar die Verfügungsgewalt über einen beträchtlichen Teil der Staatsgelder zu überlassen. Verständlicherweise wehren sich die ärmeren Regionen gegen die Versuche der wohlhabenderen Gebiete, das erwirtschaftete Einkommen auch selbst zu verwalten.

WIRTSCHAFTLICHER HINTERGRUND

Durch ihren Kohäsionsfonds gehört die EU zu den wichtigsten Finanzquellen für die ärmeren Regionen. Diese Tatsache steht im Einklang mit der Absicht der Europäischen Union, eher bestimmte Regionen als eine traditionelle Zentralverwaltung zu unterstützen.

Regionale Eigenheiten und Ziele spielen im spanischen Geschäftsleben eine besondere Rolle. Gleichzeitig profitieren die Unternehmen jedoch von den Chancen, die sich aus dem verstärkten Wettbewerb in vielen Dienstleistungs- und Industriezweigen ergeben. Insgesamt hat die spanische Wirtschaft seit Einführung der parlamentarischen Demokratie im Jahr 1978 einen ungeahnten quantitativen wie qualitativen Wachstumsschub erfahren. Der Beitritt zur EU hat diesen positiven Trend weiter verstärkt. Dennoch hat diese Entwicklung wie auch in anderen Ländern nicht nur Vorteile gebracht.

Spanien blickt heute auf mehr als 20 Jahre Demokratie zurück, die dem Land Stabilität verliehen und es ihm erlaubt haben, eine Rolle als politisch anerkanntes Mitglied der internationalen Gemeinschaft zu spielen.

Internationale demokratische Institutionen wie das Naumann-Institut und die Friedrich-Ebert-Stiftung haben Spanien bei dieser Entwicklung unterstützt. Das Königshaus hat einen umfassenden Beitrag zur nationalen Stabilität geleistet und wird hierfür von allen Bürgern, unabhängig von ihren politischen Überzeugungen, respektiert. Auch die politischen Parteien konnten ihre Struktur in den letzten 20 Jahren stärken.

BEZIEHUNGEN ZWISCHEN DEN TARIFPARTNERN

Seit der Wiederherstellung der Demokratie wurden mit Hilfe der Regierung und des wichtigsten Arbeitnehmerverbands (CEOE) drei umfassende Reformen des Arbeitsrechts vollzogen. Eines der Vermächtnisse der Franco-Ära war ein rigides Arbeitssystem, in dem Gewerkschaften nicht existierten. Im demokratischen Spanien sahen sich die Arbeitgeber hingegen mit umfassenden Regelungen zum Schutz der Arbeitnehmer sowie mit freien Gewerkschaften konfrontiert, die ihnen oft die Hände banden und die Inflation anheizten. Die bisherigen Reformen konzentrierten sich auf die Erleichterung von (individuellen und kollektiven) Kündigungen und die Förderung von Einstellungspraktiken, die sich positiv auf eine Steigerung der Beschäftigungsquote auswirken können. Diese Strategie zeigte keine Erfolge, da im industriellen Sektor bereits ein Überschuss an Arbeitskräften herrschte und in wichtigen Bereichen wie den modernen Technologiesektoren Investitionen zur Schaffung neuer Arbeitsplätze fehlen.

Die Arbeitsrechtsreform von 1997 hatte einen Kernpunkt: Arbeitnehmern mit neuen Arbeitsverträgen sollte im Falle einer nichtkollektiven Entlassung eine Abfindung ausgezahlt werden, die dem Bruttogehalt für 33 Arbeitstage pro Anstellungsjahr – anstatt wie bisher für 45 Tage – entspricht.

Derartige Regelungen haben sich als positiver Anreiz für Arbeitgeber erwiesen und obwohl natürlich auch andere Faktoren eine Rolle gespielt haben, haben sie sicherlich maßgeblich zur Senkung der Arbeitslosenquote in Spanien um fast 3% (von 25% der erwerbsfähigen Bevölkerung auf 22%) beigetragen.

In einigen größeren Unternehmen wurde erfolgreich die Einrichtung „betriebseigener" Gewerkschaften gefördert, die (oft sogar bewusst) an die Stelle von traditionellen Arbeitnehmervereinigungen treten sollten.

RENTEN

Wie fast alle Länder hat auch Spanien mit einer Überalterung seiner Bevölkerung zu kämpfen. Die Geburtenrate tendiert gegen Null. Schätzungen zufolge wird Spanien als eines der letzten europäischen Länder ein Null-Bevölkerungswachstum erlangen, wird hiervon jedoch – vor allem in Bezug auf die Renten – besonders stark betroffen sein. Private (kumulative) Rentenversicherungen erfreuen sich daher in der spanischen Mittel- und Oberschicht zunehmender Beliebtheit und versprechen derzeit beträchtliche Renditen. Interessant ist in diesem Zusammenhang beispielsweise, dass das Verhältnis zwischen staatlicher Rentenversicherung und der Einzahlung in Investmentsfonds in Spanien mindestens dreimal höher ist als in Deutschland. Das Vertrauen der Spanier in das Bankensystem ist offenbar enorm.

Die Sicherheit der staatlichen Renten bleibt jedoch nach wie vor ein ungelöstes Problem, das sich etwa um 2004 zuspitzen dürfte. Die politischen Parteien haben sich darauf geeinigt, die Rentenfrage nicht zum Wahlthema zu machen, doch scheint keine Regierung bereit, den politischen Preis für eine Umwandlung des derzeit umverteilenden in ein kumulatives Rentensystem zu zahlen.

Spanien hat allgemeine wie auch spezifische Probleme, die mit der insgesamt positiven Entwicklung der Wirtschaft einher gehen. Dazu gehören Umweltverschmutzung,

Dürreperioden, Drogenabhängigkeit der jüngeren Generation und die Entwicklung einer materialistischen, konsumorientierten Kultur, wie sie auch in anderen Ländern der Welt zu finden ist.

ARBEITEN IN SPANIEN

Für Arbeit suchende Ausländer ist es wichtig zu wissen, welche Wirtschaftsbereiche in Spanien die besten Aussichten bieten. Das Finanzwesen erfährt derzeit eine grundlegende Umstrukturierung. Madrid ist nicht nur die politische Hauptstadt, sondern auch das Finanzzentrum des Landes. Die Zahl der Fusionen nimmt zu, um angesichts fallender Zinsen die Gewinnmargen zu wahren.

Ausländische Banken sind mit Ausnahme von wenigen Fällen dem Anreiz unwiderstehlich günstiger Kapitaleinlagen erlegen, was die lokalen Geldinstitute stärker machte. Telekommunikation und Informationstechnologie florieren ebenso wie alle Bereiche des Gesundheitswesens und der Unterhaltungsindustrie. Spaniens Arbeitskräfte sind gut ausgebildet, so dass ausländische Arbeitsuchende mit einem starken Wettbewerb von spanischer Seite konkurrieren.

Viele Ausländer, die ihr Arbeitsleben in Spanien verbracht haben, kosten auch den Ruhestand dort aus. Dafür gibt es viele individuell unterschiedliche Gründe.

VERSCHIEDENES

- *54% der Fläche werden landwirtschaftlich genutzt. Die wichtigsten Agrarprodukte sind Zitrusfrüchte, Trauben und Oliven. Spanien gehört zu den größten Weinproduzenten. Olivenöl ist ebenfalls ein wichtiger Exportartikel.*
- *Die Fischerei ist ein bedeutender Industriezweig. Die spanische Flotte ist eine der größten der Welt.*
- *Der Tourismus leistet einen beträchtlichen Beitrag zur spanischen Wirtschaft.*
- *Spanien verfügt über ein progressives Steuersystem, d.h. der Steuersatz steigt mit dem Einkommen. In Spanien lebende Ausländer zahlen Steuern auf ihr weltweites Einkommen. Zusätzliche Steuern werden von den jeweiligen Kommunen erhoben.*
- *Das Sozialversicherungssystem umfasst das Institut für öffentliche Gesundheit (INSALUD), das Nationale Institut für soziale Sicherheit (INSS) und das Nationale Institut für Beschäftigung*

Region	Hauptstadt	Bevölkerungszahl
Andalucia	Sevilla	6,8 Millionen
Aragon	Zaragoza	1,2 Millionen
Principado de Asturias	Oviedo	1,1 Millionen
Cantabria	Santander	0,6 Millionen
Castilla-La Mancha	Toledo	1,7 Millionen
Castilla-León	Valladolid	2,6 Millionen
Cataluña	Barcelona	6,1 Millionen
Communidad de Valencia	Valencia	3,8 Millionen
Extremadura	Mérida	1,1 Millionen
Galicia	Santiago de Compostela	2,9 Millionen
La Rioja	Logroño	0,3 Millionen
Madrid	Madrid	4,9 Millionen
Murcia	Murcia	1 Millionen
Navarra	Pamplona	0,5 Millionen
País Vasco (Baskenland)	Vitoria-Gasteiz	2,2 Millionen
Baleares	Palma de Mallorca	0,7 Millionen
Canarias	Las Palmas	1,5 Millionen
Enklaven in Marokko	Ceuta and Melilla	130.000

- (INEM) (Arbeitslosenversicherung).
- Die Arbeitslosenquote in Spanien ist hoch und betrifft in erster Linie ungelernte Arbeiter. Hochschulabsolventen finden leichter Beschäftigung. Allerdings hat Spanien einen – in Europa praktisch einmaligen – Überschuss an Ingenieuren. Dies liegt daran, dass wesentlich mehr Frauen diesen Studiengang belegen als in anderen Ländern.
- Die Aussprache ist je nach Region sehr unterschiedlich. Als Faustregel gilt jedoch, dass ‚v' normalerweise als ‚b' ausgesprochen wird, Doppel-l zu ‚lj' wird und ‚d' am Wortende meist stumm ist.
- Neben Portugal hat Spanien die geringste Anzahl an ausländischen Einwohnern: Sie machen nur 1,5% der Bevölkerung aus.
- Entlang der Mittelmeerküste gibt es jedoch viele Immobilien, die Ausländern gehören oder von diesen gemietet werden.
- Die spanische Bevölkerung ist ethnisch sehr vielschichtig. Unter anderem sind noch immer starke maurische Einflüsse spürbar, die aus der Zeit herrühren, in der große Teile der iberischen Halbinsel von den Mauren besetzt waren (ca. 700 bis 1400).
- Das Straßennetz wurde in den letzten Jahren stark ausgebaut, vor allem 1992, als sowohl die Olympischen Spiele in Madrid (in jenem Jahr auch europäische Kulturhauptstadt) als auch die Weltausstellung in Sevilla stattfanden. Im Vergleich zu anderen europäischen Ländern nimmt sich das spanische Straßennetz allerdings noch immer recht bescheiden aus.
- Paella ist wohl das bekannteste spanische Gericht. Der Name kommt von der typischen runden Pfanne mit zwei Griffen, in der die Paella gekocht wird. In Valencia, der Gegend, aus der das Gericht stammt, wird es einfach nur als „Arroz" (Reis) bezeichnet.
- Der Stierkampf, ein altes und symbolisches Ritual zwischen Mensch und Tier, ist in Spanien bereits seit Ende des 16. Jahrhunderts beliebt. Er galt als Triumph des einfachen Volkes in Gestalt des Toreros (ohne Pferd) über die Feudalherren (in Form des berittenen Picadors). Die Corrida ist ein fester Bestandteil der meisten öffentlichen Feierlichkeiten.
- Stierkämpfer genießen in Spanien hohes Ansehen.
- Spanien hat viele berühmte Künstler hervorgebracht, darunter Goya und Velázquez und in jüngerer Zeit Dalí, Picasso, Miró und Gaudí.
- Spuren des maurischen Einflusses sind vor allem in Andalusien auch heute noch in Kunst und Architektur zu finden. Glanzlichter der maurischen Kultur sind die Alhambra in Granada, der Alcázar in Sevilla und die Mesquita in Cordoba.
- Der äußerlich wenig ansprechende Prado in Madrid beherbergt eine phantastische Kunstsammlung, während das neu errichtete Guggenheim-Museum der modernen Kunst in Bilbao zu den großen architektonischen Meisterwerken der Welt zählt.
- Die Spanier stehen später auf und gehen später zu Bett als die meisten anderen Europäer. Die Geschäfte öffnen selten vor 9.30 Uhr und das Abendessen wird frühestens um 21.30 Uhr eingenommen.
- Spanien bietet ausgezeichnete Bedingungen für Golffreunde. Der Nationalsport ist wie in den meisten romanischen Ländern jedoch der Fußball.
- Zu den weiteren Attraktionen des Landes gehört die Möglichkeit, das ganze Jahr über Ski zu fahren (Pyrenäen und Sierra Nevada) und das warme Küstenklima zu genießen.
- Die – oft aus religiösen Anlässen stattfindenden – Fiestas sind ein wichtiger Bestandteil der spanischen Kultur. Bei den Ferias ziehen berittene Hidalgos – oft begleitet von aufwendig gekleideten Mädchen im Sattel – durch die Straßen. Sehenswert sind auch die Prozessionen während der Semana Santa (Karwoche), die allgemein als Urlaubswoche gilt. Örtlich verehrte Heilige geben ebenfalls reichlich Anlass zu Festen und Feiertagen.
- Sherry wird im Süden Spaniens in und um die Kleinstadt Jerez de la Frontera produziert.

ANDERE LÄNDER

Daneben gibt es in Westeuropa noch verschiedene kleinere Länder, die in diesem Handbuch jedoch nicht näher beschrieben sind. Der Grund ist, dass sich in diesen Ländern wenig Beschäftigungschancen bieten und der Aufenthalt und das Arbeiten dort mit erheblichen Schwierigkeiten verbunden sind. Das wichtigste gemeinsame Merkmal der meisten dieser Länder ist ihr steuerlicher Sonderstatus, der sie zu Steueroasen macht. Mit Ausnahme von Liechtenstein, das dem EWR (Europäischen Wirtschaftsraum) angehört, haben diese Staaten keine Bindung an die EU, was eine berufliche Tätigkeit für Ausländer weiter erschwert.

Allgemeine Informationen lassen sich bei den Botschaften dieser Länder (soweit vorhanden) sowie schriftlich bei den Außenministerien, den Handelskammern oder den Arbeitsministerien einholen. Eine genaue Anschrift ist oft nicht erforderlich, da die Länder so klein sind, dass das Postamt die Adresse der betreffenden Stelle kennt. Weitere Informationen sind auf den angegebenen Websites zu finden. Bevor Sie Ihre derzeitige Stelle kündigen und eines dieser Länder ansteuern, sollten Sie jedoch unbedingt ausreichende Informationen einholen.

ANDORRA

Das Fürstentum Andorra, in den östlichen Pyrenäen zwischen Frankreich und Spanien gelegen, verweist gerne auf seine über tausendjährige Geschichte, besitzt jedoch erst seit 1993 eine eigene Verfassung. Trotz seines Status als Fürstentum untersteht Andorra keinem Monarchen. Die Atmosphäre ist einladend und angenehm, Andorra ist jedoch vor allem auf den Tourismus ausgelegt. Im Winter bieten sich gute Möglichkeiten zum Skifahren in den Pyrenäen.
- www.andorra.ad

GIBRALTAR

Gibraltars einziger landseitiger Nachbar ist Spanien. Auf allen anderen Seiten ist die Halbinsel vom Meer – der Straße von Gibraltar, die den Übergang vom Atlantik zum Mittelmeer bildet – umgeben. Diese strategische Position hat Gibraltar im Laufe der Geschichte eine wichtige Rolle gegeben. Die nur 6,5 km² große Halbinsel ist ein zum Vereinigten Königreich gehörendes selbstverwaltetes, unabhängiges Territorium – ein Status, der seit der Eroberung durch die Briten im 18. Jahrhundert immer wieder zu Zwistigkeiten mit Spanien geführt hat. Gibraltar verfügt über einen wichtigen Hafen und Flughafen, der vor allem von Urlaubern auf dem Weg in die benachbarten spanischen Ferienorte genutzt wird.
- www.gibraltar.gi

KANALINSELN UND ISLE OF MAN

Die Kanalinseln (auch Normannische Inseln genannt) und die Isle of Man genießen einen verfassungsrechtlichen Sonderstatus innerhalb Großbritanniens. Sie sind unabhängige Territorien mit Selbstverwaltung, unterstehen jedoch der englischen Krone. Ihre Außen- und Verteidigungspolitik obliegt dem Vereinigten Königreich, die englische Krone ist jedoch letztendlich für die „gute Regierung" der Inseln verantwortlich.

Die Kanalinseln liegen am unteren Ende des Ärmelkanals 15 bis 45 km vor der Nordwestküste Frankreichs. Sie standen ursprünglich unter der Hoheit der Herzöge der Normandie und gingen später in englischen Besitz über. Die beiden größten Inseln, Jersey und Guernsey, sind der Sitz zahlreicher Offshore-Investmentfonds und Finanzinstitute. Zu den wichtigsten örtlichen Erwerbsquellen gehören der Tourismus, der Erwerbsgartenbau und die Fischerei.

Die Isle of Man – in etwa gleicher

WESTEUROPA

Entfernung von England, Schottland und Nordirland in der irischen See gelegen – unterhält ähnliche Beziehungen zur britischen Regierung wie die Kanalinseln. In ihrer früheren Rolle als Schmuggleroase bereitete die Insel ihren Besitzern so viele Probleme, dass ihr eine eigene Gesetzgebung zugestanden wurde, während die Herrschaft über die Insel zurück an die Krone ging. Die Insel lebt heute vor allem vom Tourismus und von ihrem Finanzsektor.

■ www.royal.gov.uk/today/depend.htm

LIECHTENSTEIN

Das Fürstentum Liechtenstein liegt zwischen Österreich und der Schweiz. Im Größenvergleich nimmt sein Gebiet nur etwa neunzig Prozent der Fläche der amerikanischen Hauptstadt Washington ein. Politisch ist das seit 1719 unabhängige Land eine konstitutionelle Erbmonarchie.

Liechtenstein ist ein wohlhabendes, stark industrialisiertes Land, in dem das freie Unternehmertum eine wichtige Rolle spielt. Es besitzt einen blühenden Finanzdienstleistungssektor und der Lebensstandard steht dem in den Städten seiner Nachbarländer in nichts nach. Niedrige Gewerbesteuern und die Förderung von Firmengründungen haben dazu geführt, dass heute rund 73.000 Holdinggesellschaften oder so genannte Briefkastenfirmen ihren offiziellen Sitz in Liechtenstein haben. Das Land hat einen Zollanschlussvertrag mit der Schweiz; die Landeswährung ist der Schweizer Franken. Liechtenstein ist Mitglied des Europäischen Wirtschaftsraums, einer Organisation, die als Verbindungsglied zwischen den EFTA- und EU-Ländern fungiert. Die Regierung bemüht sich um die Harmonisierung ihrer Wirtschaftspolitik mit der eines vereinigten Europas.

■ www.firstlink.li

MONACO

Das Fürstentum Monaco ist ein aus einer einzigen Kommune bestehender souveräner, unabhängiger Staat. Seine Grenzen werden von Frankreich und vom Mittelmeer gebildet. Beinahe ein Viertel der Landfläche wurde in den letzten 20 Jahren dem Meer abgewonnen. Die Regierung wird vom Fürsten ernannt. Die Währungseinheit ist der französische Franc. Was Monaco besonders attraktiv macht, ist die Tatasche, dass alle Bewohner von direkten Steuern befreit sind. Eine Ausnahme bilden nur französische Staatsbürger, die sich nach 1957 in Monaco niedergelassen haben. Wegen der geringen Größe ist es allerdings schwierig, einen offiziellen Wohnsitz in Monaco zu erhalten, es sei denn, man stammt von einem monegassischen Vater ab.

■ www.monaco.mc/monaco/info/general.html

SAN MARINO

Die Republik San Marino (Repubblica di San Marino) ist eine Enklave in Mittelitalien. San Marino ist angeblich bereits seit 301 n.Chr. ein unabhängiger Staat und nimmt daher für sich in Anspruch, die älteste Republik der Welt zu sein. Die Verfassung stammt aus dem Jahr 1600. Seine 9 „castelli" (Bezirke) werden für jeweils 6 Monate von zwei „capitani reggenti" (Kapitänen) regiert, die von dem vom Volk für fünf Jahre gewählten Großen und Generalrat bestimmt werden. Die bei weitem wichtigste Haupteinnahmequelle des malerischen Landes ist der Tourismus. Begehrt sind auch die Münzen und Briefmarken San Marinos. Der Große Preis von San Marino findet außerhalb der Staatsgrenzen im benachbarten Italien statt, so dass nichts das saubere, frische Image San Marinos beeinträchtigen kann.

■ http://inthenet.sm/rsm/intro.htm

VATIKANSTADT

Die kleinste staatliche Einheit Europas ist die Vatikanstadt im Zentrum von Rom, Eigentum des katholischen Heiligen Stuhls. Der Papstsitz und das Hauptquartier der katholischen Kirche liegen innerhalb der Mauern der Vatikanstadt. Der Vatikan mit der Peterskirche und den Vatikanischen Museen (mit der Sixtinischen Kapelle) ist eine wichtige Touristenattraktion.

■ www.vatican.va

„Vorstellungsvermögen hat den zehnfachen Wert von Wissen."
                                        Albert Einstein

teil 2
Zentral- und Osteuropa

> *„Die größte Schwierigkeit für den Menschen besteht nicht darin,
> neue Ideen zu akzeptieren, sondern alte Ideen zu vergessen."*
> J.M.Keynes

Die einzelnen Länder Zentral- und Osteuropas sowie die „neuen unabhängigen Staaten" unterscheiden sich erheblich in Bezug auf ihr Klima, ihre Landschaften, Bevölkerung, Kultur und Rohstoffe. Eine Gemeinsamkeit hingegen ist die oft schlechte Infrastruktur. Vor allem das Straßen- und Flugnetz sowie das Telekommunikationsangebot lassen häufig zu wünschen übrig. Die europäischen Länder haben jedoch auch zahlreiche positive Gemeinsamkeiten, wie z.B. einen hohen Bildungsstand (vor allem im Bereich der Forschung) sowie eine starke individuelle Kultur, die in Sprache, Musik, Religion, Literatur und Geschichte zum Ausdruck kommt.

Die wirtschaftliche Entwicklung vollzieht sich mit sehr unterschiedlichem Tempo und manche Länder wie Polen, die baltischen Staaten, Ungarn, Tschechien, Kroatien und Slowenien haben fast schon ein westeuropäisches Niveau erreicht. Alle diese Länder sind für EU-Bürger mehr oder weniger gut zugänglich. In den kommenden Jahren werden sich hier zweifellos in verschiedenen Sektoren zahlreiche Beschäftigungschancen bieten, von akademischen und freien Berufen (juristische Berufe, Buchhaltung, Lehrberufe usw.) bis hin zur industriellen Fertigung, Landwirtschaft und Dienstleistungsbranche. Derzeit werden vor allem Führungskräfte im allgemeinen sowie im Marketing- und Finanzbereich gesucht. In vielen Ländern wie der Ukraine wartet ein enormes Potential auf seine Erschließung. Diese Länder bieten Unternehmern ausgezeichnete Voraussetzungen für erfolgreiche Firmengründungen und -entwicklungen, die Risiken sind jedoch ebenfalls ungleich höher als im Westen.

LEBEN UND ARBEITEN

Die Lebens- und Arbeitsbedingungen in diesen Ländern sind individuell unterschiedlich, weisen jedoch verschiedene Gemeinsamkeiten auf. Eine Verständigung auf Englisch und Deutsch ist zwar meist möglich, wer einen längeren Aufenthalt plant, sollte sich jedoch unbedingt mit der Landessprache und vor allem, wo diese verwendet wird, mit der kyrillischen Schrift vertraut machen.

In Gesundheits- und Wohnungsfragen, bei der Einstellung von Hauspersonal, beim Immobilienkauf, bei der Wahl der Schule, bei der Einholung von Visa und Aufenthaltsgenehmigungen sowie in Zoll-, Finanz- und Steuerangelegenheiten empfiehlt es sich für EU-Bürger, sich an die Botschaft ihres Landes oder den zukünftigen Arbeitgeber zu wenden. In diesem Teil der Welt vollziehen sich Veränderungen mit rasanter Geschwindigkeit und lassen sich nur direkt vor Ort verfolgen. Auch vor Stellenbewerbungen oder Unternehmensgründungen ist es ratsam, bei der Botschaft Auskünfte zur Sicherheit des Landes, z.B. zu Unruhen,

Kriminalität und den (oft sehr unterschiedlichen) gesetzlichen Vorschriften – einzuholen. Einzelne Länder wie Albanien und Teile Russlands sind relativ gesetzlos und gefährlich.

WEITERE INFORMATIONEN
Bevor Sie sich für eine berufliche Tätigkeit in einem ehemaligen Ostblock- oder UdSSR-Staat entscheiden, ist eine gute Vorbereitung wichtig. Holen Sie alle verfügbaren Informationen ein. Für jedes Land sind in diesem Handbuch mehrere Websites aufgeführt (leider meistens in englischer Sprache), die weitere Auskünfte zu Lebensart und Lebensbedingungen sowie allgemein über die geschäftlichen und wirtschaftlichen Verhältnisse geben. Manche dieser Websites (z.B. inyourpocket, centraleuropean, europeonline, usbizcouncil und die vom amerikanischen Handelsministerium organisierten Internetseiten ceebic und bisnis) sind sehr informativ und die von der University of Texas gestaltete Website http://reenic.utexas.edu ist ein ausgezeichneter Ausgangspunkt für weitere Recherchen. Andere Seiten wie die von phare (regionale EU-Site für Osteuropa) und verschiedene Websites in der Reihe www.(Landesname).com hingegen sind eher enttäuschend.

Ausführliche Informationen zu Schulen sind auf folgender Website zu finden:
- www.ecis.org (mit Ausnahme von Albanien, Weißrussland, Moldawien und Mazedonien)

ARBEITEN IN ZENTRAL-/OSTEUROPA – JA ODER NEIN?
Wer das Risiko nicht scheut, kann in Zentral- und Osteuropa einen großen Erfahrungsschatz sammeln und wird meist mit offenen Armen empfangen werden. Von den Zwängen der ehemaligen Planwirtschaft befreit, sind die Bewohner dieser Länder allgemein daran interessiert, ihre Kenntnisse zu erweitern, und wissen, dass dies nur in enger Zusammenarbeit mit Westeuropa möglich ist. Auch in Bezug auf die Lebensqualität können sich viele Länder durchaus sehen lassen: Von der bulgarischen Hauptstadt Sofia ist man im Winter beispielsweise in nur einer Stunde in Wintersportorten und im Sommer in ganzen drei Stunden an den Stränden des Schwarzen Meers. Außerdem gibt es hier einige der besten Rotweine Europas für weniger als 5 Euro pro Flasche zu kaufen.

VORTEILE:
- *Alle Länder Zentral- und Osteuropas sind allgemein sehr gastfreundlich.*
- *Der Kaufpreis für Wohnungen und Immobilien ist vor allem außerhalb der Städte oft sehr niedrig.*
- *In Städten mit großem ausländischem Bevölkerungsanteil nimmt die Qualität des Dienstleistungsangebots zu.*
- *Zentraleuropa holt gegenüber seinen weiter entwickelten EU-Nachbarstaaten mittlerweile rasch auf.*

- *Unberührte, malerische Landschaften gehören zu den vielen Reizen dieser Länder.*
- *Die Lebenshaltungskosten sind allgemein niedriger als in Westeuropa.*
- *Neue Investitionen haben vor allem in Zentraleuropa und Russland zahlreiche Arbeitsplätze geschaffen.*
- *Geschäftliche Möglichkeiten bieten sich in vielen Bereichen.*
- *Der Tourismus hat diese Länder mittlerweile besser erschlossen und die Reisekosten gesenkt.*
- *Die Beherrschung einer zentral- oder osteuropäischen Sprache kann in Zukunft von Vorteil sein.*

NACHTEILE:
- *Für Ausländer bestehen in lokalen Unternehmen und Industriezweigen oft nur begrenzte Stellenangebote.*
- *Die Wohnungen entsprechen meist nicht dem EU-Standard.*
- *Die Mieten können, vor allem für Ausländer, recht hoch sein.*
- *Die Löhne und Gehälter liegen unter westlichem Niveau.*
- *Die schwerfällige Bürokratie kostet oft Kraft und Nerven.*
- *Vor allem in abgelegeneren Gegenden sind die Kommunikationseinrichtungen und öffentlichen Verkehrsmittel mangelhaft oder überhaupt nicht vorhanden.*
- *Selbst im Süden herrschen im Winter oft extreme Temperaturen.*
- *Ein Leben in Luxus ist hier allgemein sehr teuer.*
- *Für Ausländer ist es oft schwer, Zugang zum gesellschaftlichen Leben und vor allem zu Familien zu finden.*
- *Das Reisen im Land kann schwierig sein; in manchen Ländern ergeben sich Probleme durch die Kriminalität.*
- *Die zunehmende Entwicklung vor allem in Zentraleuropa verfremdet den besonderen Charakter dieser Länder und bewirkt eine zunehmende Angleichung an den Westen.*
- *Grundlegende Versorgungseinrichtungen wie Krankenhäuser entsprechen oft nicht dem westlichen Standard bzw. existieren in manchen Gegenden nicht.*
- *Die Preise steigen rasch und Importgüter sind meist teuer.*
- *Englisch wird außer von jungen Menschen und in der Geschäftswelt sowie im Tourismus nur wenig gesprochen.*

EINIGE WARNHINWEISE:
- *Unterschätzen Sie nie die Schwierigkeiten, die das Leben in Russland und seinen Nachbarstaaten mit sich bringt.*
- *Seien Sie vor einem gemeinsamen Umzug sicher, dass Ihr(e) Lebenspartner(in)*

ebenfalls bereit ist, sich den bevorstehenden Herausforderungen zu stellen.
- *Rechnen Sie nicht damit, problemlos eine Unterkunft nach Ihren Vorstellungen zu finden.*
- *Bereiten Sie sich gut vor und informieren Sie sich ausführlich über das Land.*
- *Vermeiden Sie es, häufig Vergleiche zwischen Ihrem Herkunfts- und dem Gastland zu ziehen.*

ANDERE EUROPÄISCHE LÄNDER

In diesen Teil haben wir auch zwei Inselstaaten und ein streng genommen nicht europäisches Land – Zypern, Malta und die Türkei – mit entsprechenden Web-Adressen aufgenommen. Alle diese Länder zeichnen sich durch gut entwickelte Wirtschaftssysteme, eine hervorragende Infrastruktur und – zumindest in den Städten – durch einen hohen Lebensstandard aus.

WEITERE LEKTÜRE

Weitere nützliche Informationen finden sich in den folgenden Büchern:
- *Live and work in Russia and Eastern Europe: Jonathan Packer; Vacation Work Publishing.*
- *Abenteuer Osteuropa von Giles Merritt, (1991), DM 58,00, Mod. Industrie, La.; ISBN: 347832100*
- *Brennpunkt Osteuropa von Valeria Heuberger, u. a., (1996), DM 74,00, Oldenbourg, Mchn.; ISBN: 3486561820*
- *Transformation des Wirtschaftssystems in den mittel- und osteuropäischen Ländern. Außenwirtschaftliche Bedingungen und Auswirkungen. (1997), DM 148,00, Duncker u. H., Bln.; ISBN: 3428092392*
- *Reiseführer aus der Reihe Lonely Planet Guides gibt es zu folgenden Ländern: Russland & Ukraine & Weißrussland, St. Petersburg, Tschechien & Slowakei, Ungarn, Polen, Rumänien & Moldawien, Estland & Lettland & Litauen, Slowenien, Türkei*
- *Reiseführer aus der Rough-Guide-Serie: Bulgarien, Zypern, Tschechien & Slowakei, Ungarn, Moskau, St. Petersburg, Polen, Prag, Rumänien, Türkei.*

Außerdem gibt es zahlreiche Veröffentlichungen, die allgemeine Hintergrundinformationen zu Zentral- und Osteuropa enthalten. Reisebücher vermitteln oft einen guten Eindruck von Land und Leuten.

albanien

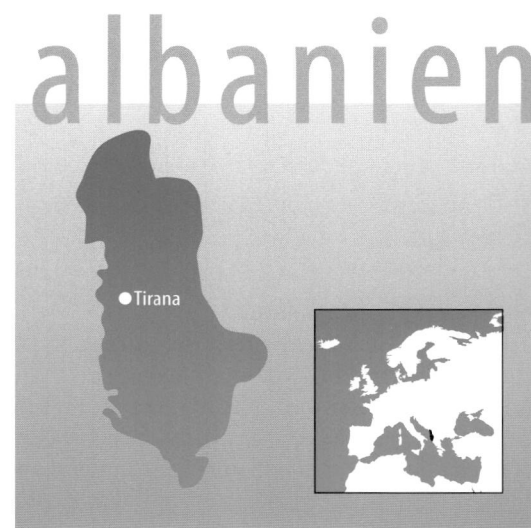

Albania
(Replíka Popullóre e Shqipërisë)
Gesamtfläche: 28.750 km²
Bevölkerung: 3,33 Millionen
Klima: Heiße, trockene Sommer. Kühle, wolkenreiche, nasse Winter
Geographie: Überwiegend Gebirgs- und Hügellandschaften, kleinere Ebenen entlang der Küste
Natürliche Rohstoffe: Erdöl, Erdgas, Kohle, Chrom, Kupfer, Nickel und Holz
Umwelt- und andere Probleme: Entwaldung. Flüchtlingsprobleme im Norden des Landes
Ethnische Gruppen: Albaner 95%, Griechen 3%, Sonstige 2%
Religion: Muslime 70%, Griechisch-Orthodoxe 20%, Katholiken 10%
Sprachen:
Hauptsprache: Albanisch (Toskisch)
Weitere Sprache: Griechisch
Regierung: 1991 wurde ein Mehrparteiensystem mit einer Parlamentskammer eingeführt. Die Abgeordneten der Volksversammlung wählen den Präsidenten, der wiederum den Premierminister und den Ministerrat ernennt.
Hauptstadt: Tirana
Währung: 1 Lek = 100 Quindarka
Nationalfeiertag: 28. November – Befreiungstag
Rechtssystem: Urteile des Internationalen Gerichtshofs werden nicht anerkannt.
Exporte: Asphalt, Metall und Metallerze, Strom, Rohöl, Gemüse, Obst, Tabak
Importe: Maschinen, Konsumgüter, Getreide
Industrie: Nahrungsmittelindustrie, Textilien und Bekleidung, Holz, Öl, Zement, Chemikalien, Bergbau, unedle Metalle, Wasserkraftwerke
Landwirtschaft: Anbau zahlreicher Getreidearten und Viehzucht
Telekommunikation: Mangelhaft

Albanien ist ein weitgehend landwirtschaftlich geprägtes Land. Über die Hälfte der Bevölkerung lebt von der Selbstversorgungslandwirtschaft. Der Zusammenbruch betrügerischer Anlagegesellschaften trieb das Land 1996 an den Rand der Anarchie. Ein Großteil des staatlichen Waffenarsenals wurde in dieser Zeit geplündert und bisher konnten nur etwa 15 bis 20% der Waffen sichergestellt werden. Der Krieg im Kosovo (serbische Provinz im Norden des Landes) hat Albanien erhebliche Flüchtlingsprobleme und andere damit verbundene Schwierigkeiten beschert. Die meisten Länder raten ihren Bürgern beim Besuch Albaniens zu äußerster Vorsicht. Es herrscht eine hohe Straßenkriminalität und das Fahren auf nächtlichen Straßen ist, auch aufgrund des sehr schlechten Straßenzustands, gefährlich.

Sehr wenige multinationale Konzerne haben Niederlassungen in Albanien und die Beschäftigungsmöglichkeiten für Ausländer sind äußerst begrenzt. Entschlossenen, risikofreudigen Unternehmern bieten sich vielleicht Chancen, doch hat sich dies bislang nicht durch Erfolgsmeldungen bestätigt. Die Albaner sind zu Hause gastfreundlich, in Restaurants und Bars erwarten sie jedoch meist, dass der westliche Ausländer die Rechnung übernimmt.

WEITERE INFORMATIONEN:
- www.albanian.com
- www.usbizcouncil.org
- www.itaiep.doc.gov/eebic/ceebic.html

bosnien-herzegowina

Die Republik Bosnien-Herzegowina, einst Teil der Balkanrepublik Jugoslawien, hat noch immer mit den Folgen des verheerenden Krieges zu kämpfen, in dem ca. 250.000 Personen ums Leben kamen, über 200.000 verwundet wurden und 13.000 eine dauerhafte Behinderung davontrugen. Neben der menschlichen Not sind aus dem Krieg 17.000 Minenfelder mit 400.000 Landminen zurückgeblieben. Der Wiederaufbau ist in vollem Gange und hat zu einer Art wirtschaftlichem Boom geführt.

Die Politik ist ein kritisches Thema, das man in Bosnien-Herzegowina am besten vermeidet. Mit Gas-, Strom- und Wasserknappheit ist zu rechnen.

WEITERE INFORMATIONEN:
- www.vu.nl/~frankti/bisnia
- www.planetbosnia.net
- www.usbizcouncil.org
- www.itaiep.doc.gov/eebic/ceebic.html

Bosna i Hercegovina
Gesamtfläche: 51.233 km^2
Bevölkerung: 3,365 Millionen
Klima: Warme, trockene Sommer, sehr kalte Winter mit Schnee, Regen und Wind
Geographie: Gebirgs- und Tallandschaft
Natürliche Rohstoffe: Kohle, Eisen, Bauxit, Mangan, Holz, Kupfer, Chrom, Blei und Zink
Umwelt- und andere Probleme: Luftverschmutzung, Wasserknappheit, Landminen.
Ethnische Gruppen: Serben 40%, Muslime 38%, Kroaten 22%
Religion: Muslime 40%, Serbisch-Orthodoxe 31%, Katholiken 15%, Protestanten 4%
Sprachen:
 Hauptsprache: Serbokroatisch
 Weitere Sprache: Deutsch
Regierung: Demokratische Republik mit Zweikammersystem. Nach den Nachkriegswahlen wurde ein dreiköpfiges Präsidentengremium geschaffen, in dem die verschiedenen ethnischen Gruppen vertreten sind.
Hauptstadt: Sarajevo. Die Hauptstadt von Herzegowina ist Mostar.
Andere Großstädte: Banja Luka
Währung: 1 Dinar = 100 Para
Export: Gestört aufgrund des Krieges
Import: Gestört aufgrund des Krieges
Industrie: Stahlproduktion, Bergbau, industrielle Fertigung (Automobil- und Textilindustrie, Tabakerzeugnisse, Möbel), Ölraffinerien
Landwirtschaft: Mais, Obst, Nüsse, Wein, Viehzucht; vereinzelt Weizenanbau
Telekommunikation:
 Modernisierungsbedürftig

bulgarien

Narodna Republika Balgarija
Gesamtfläche: 110.910 km²
Bevölkerung: 8,24 Millionen
Nationales Pro-Kopf-Einkommen: 4.000 Euro
Klima: Kalte, feuchte Winter mit Schneefällen in den Bergen. Heiße, trockene Sommer
Geographie: Überwiegend gebirgig, zur Küste hin flach auslaufend
Natürliche Rohstoffe: Bauxit, Kupfer, Blei, Zink, Kohle, Holz und gutes Ackerland
Umweltprobleme: Luftverschmutzung, Flussverschmutzung, vereinzelt Bodenverseuchung durch Schwerindustrie
Ethnische Gruppen: Bulgaren 85%, Türken 8,5%, Roma 2,5%, Mazedonier 2,5%
Religion: Bulgarisch-Orthodoxe 85%, Muslime 13%
Sprache:
Hauptsprache: Bulgarisch
Weitere Sprachen: Sprachen der ethnischen Minderheiten
Regierung: Demokratische Republik. Der Präsident wird direkt für fünf Jahre, die Abgeordneten der Volksversammlung (Einkammersystem) für vier Jahre gewählt
Hauptstadt: Sofia
Andere Großstädte: Plowdiw, Plewen, Ruse, Weliko Tarnowo, Burgas, Warna
Währung: 1 Lev = 100 Stotinki
Nationalfeiertag: 3. März = Unabhängigkeitstag

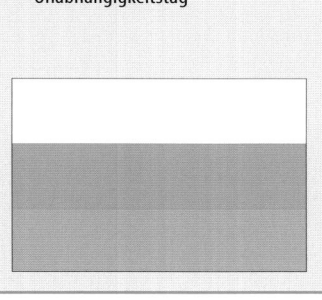

Bulgarien reagierte nach 1989 nicht rasch genug und verpasste dadurch eine wichtige Gelegenheit zur Einführung einer neuen Wirtschaftsordnung. Mittlerweile scheint das Land ökonomisch jedoch Fuß gefasst zu haben und sich auf dem Weg zur Marktwirtschaft zu befinden. In den Parlamentswahlen von 1997 trug die Koalition Vereinigte Demokratische Kräfte (ODS) den Sieg davon und schlug einen ambitionierten Reformkurs ein, der unter anderem neue Gesetze bzw. Gesetzesänderungen für das Banken- und Versicherungswesen und in Bezug auf die Vergabe von Konzessionen vorsah. Die neue Regierung begann auch eine Kampagne zur Bekämpfung der Korruption und organisierten Kriminalität. Zu den weiteren marktwirtschaftlichen Reformen zählte die Einführung von Gesetzen, die ausländische Investitionen, Steuern und den Landbesitz durch Ausländer regeln.

Auf dem privaten Sektor ist das stärkste Wachstum im Bauwesen, in der Lebensmittelindustrie (Fleisch, Milchprodukte, Brot), in der Wartung und Reparatur von elektronischen Werkzeugen und Ausrüstungen, Haushaltsgeräten und Autos, bei den Finanzdienstleistungen (Versicherungen und Kreditwesen), in verschiedenen Bereichen des Gesundheitswesens sowie im Tourismus zu verzeichnen. Die im Juli 1997 begonnene Privatisierung von sechs staatlichen Banken dürfte ebenfalls zur Belebung des Sektors beitragen. Im März

1998 wurde der Markt für ausländische Versicherungsgesellschaften geöffnet, was zu einem dringend benötigten Kapitalzustrom und zur Festlegung von Standards innerhalb der Branche führte. Besondere Erfolge kann Bulgarien im Bereich der Softwareentwicklung verbuchen und ausländische Unternehmen beginnen mittlerweile mit der Anwerbung örtlicher Arbeitskräfte.

WIRTSCHAFTLICHER HINTERGRUND

Die frühere wirtschaftliche Stärke Bulgariens beruhte traditionell auf der Schwerindustrie, die bis 1996 mit Energie aus der ehemaligen Sowjetunion gespeist wurde.

Die staatlichen Chemie-, Petrochemie- und Hüttenbetriebe sind jetzt das Ziel von Privatisierungsbestrebungen. Es wird untersucht, ob sie kosteneffizient auf dem internationalen Markt konkurrieren können. Für die nächsten Jahre wird ein Wachstum in der Leichtindustrie, vor allem in den Bereichen Elektronik, Textilien und in der Nahrungsmittelindustrie, erwartet.

NATIONALCHARAKTER

Die Bulgaren sind in der Regel weniger förmlich als die Westeuropäer. Dies gilt für die Kleidung ebenso wie für den Umgang mit Geschäftspartnern. Geschäftliche Treffen, Mittag- oder Abendessen werden als Gelegenheit angesehen, die Gäste näher kennen zu lernen und die Basis für eine vertrauensvolle Geschäftsbeziehung zu schaffen.

Die Wochenarbeitszeit in Bulgarien beträgt 40 Stunden, der Arbeitstag beginnt zwischen 8.30 und 9 Uhr. In den Sommermonaten ist es oft schwierig, geschäftliche Treffen für Freitagnachmittag anzusetzen, da viele Arbeitnehmer frühzeitig ins Wochenende starten. Wie im restlichen Europa kommt das geschäftliche Leben Ende Juli und im August weitgehend zum Erliegen, da viele Bulgaren einen langen Sommerurlaub nehmen.

Taschendiebstahl (vor allem in Touristengebieten) und Autodiebstahl sind weit verbreitet. Am Flughafen von Sofia empfiehlt es sich besonders, auf sein Gepäck zu achten. Tätliche Angriffe sind in Bulgarien relativ selten. Trotzdem sollten Besucher auf der Hut sein, wenn sie von Fremden angesprochen werden oder sich zu Fuß in unbekannte Gegenden wagen.

Rechtssystem: Auf dem römischen Recht beruhend. Bulgarien erkennt die Urteile des Internationalen Gerichtshofs an.

Exporte: Maschinen, landwirtschaftliche Erzeugnisse, Konsumgüter

Importe: Brennstoffe, Mineralien und Rohstoffe

Industrie: Maschinenbau und Metallverarbeitung, Nahrungsmittelindustrie, Chemie, Textilien, Baustoffe, Metalle, forstwirtschaftliche Erzeugnisse

Landwirtschaft: Getreide, Ölsaaten, Gemüse, Obst, Tabak

Telekommunikation: Wird derzeit modernisiert

Weitere Informationen:
- www.onlinebg.com
- www.bcci.bg
- www.bulgaria.com
- www.usbizcouncil.org
- www.itaiep.doc/gov/eebic/ceebic.htm
- www.city.net
- www.bfia.org
- www.europeonline.com

DIENSTLEISTUNGEN

Sofia wird von zahlreichen internationalen Fluglinien angeflogen. Die nationale Fluggesellschaft Balkan Air verkehrt direkt zwischen New York und Sofia und fliegt viele andere Ziele in Europa und im Nahen Osten an und bietet auch Binnenflüge zwischen Sofia und der Schwarzmeerküste (Warna und Burgas) an. Andere Landesteile sind nur per Auto oder Zug zu erreichen. Die meisten größeren Städte sind durch das Eisenbahnnetz verbunden.

Das bulgarische Telefonsystem wurde durch das Digitalisierungsprojekt DON („Digital Overlay Network") und durch die Einführung faseroptischer Kabel und digitaler Leitungen wesentlich verbessert. Damit sind nun auch Direktgespräche ins Ausland möglich. In abgelegeneren Landesteilen kann die telefonische Verbindung noch immer ein Problem darstellen, da hier das DON-Projekt zum Teil noch nicht abgeschlossen ist und die Vermittlung noch immer analog erfolgt.

Bulgarisch gehört zu den slawischen Sprachen und verwendet die kyrillische Schrift.

Im Geschäftsleben wird zunehmend auch Englisch gesprochen. Beinahe alle Bulgaren verstehen zumindest etwas Russisch, wenn sie es auch nicht gern sprechen. Deutsch- und Französischkenntnisse sind ebenfalls weit verbreitet.

JA ODER NEIN?

Für Ausländer verwirrend sind häufig die Kopfbewegungen, mit denen Bulgaren ihre Zustimmung bzw. Ablehnung zum Ausdruck bringen. Kopfschütteln von links nach rechts bedeutet „ja", Nicken von oben nach unten hingegen „nein". Damit fängt die Verwirrung aber erst an. Manche sprachkundige Bulgaren verwenden gegenüber Ausländern die westlichen Kopfbewegungen. Um auf Nummer sicher zu gehen, empfiehlt es sich deshalb, gezielt nachzufragen. Sie vermeiden dadurch möglicherweise peinliche Missverständnisse mit Gesprächspartnern.

KULTUR

Mittlerweile haben sich verschiedene multinationale Konzerne in Bulgarien niedergelassen und bieten Beschäftigungsmöglichkeiten. Die Bulgaren sind allgemein gut ausgebildet und stellen sich rasch auf die kapitalistische Arbeitsethik um. Die umständliche Bürokratie wirkt jedoch oft noch als Hemmschuh.

Frauen sind in der Politik und im Staatsdienst sowie in juristischen und anderen akademischen Berufen stark vertreten, die Industrie hingegen ist weiterhin eine Männerdomäne.

Bulgarien hat eine rege Kunstszene. Das Konzert- und Ausstellungsangebot ist allgemein sehr gut. Die bulgarischen Weine zeichnen sich durch hervorragende Qualität zu einem günstigen Preis aus. Rakia, ein farbloser Schnaps, wird vor dem Essen getrunken. Die bulgarische Küche ist vielseitig und allgemein ausgezeichnet. In den größeren Städten gibt es zahlreiche Restaurants und selbst in Dörfern wächst die Zahl einladender kleinerer privater Restaurants und Hotels.

Für Frischluftfreunde ist das Angebot Bulgariens kaum zu überbieten: Im Sommer laden die Schwarzmeerstrände zum Schwimmen ein, im Winter gibt es gute Möglichkeiten zum Skifahren im Rhodope-Gebirge.

Mietwohnungen werden in Sofia und anderen größeren Städten angeboten.

In Krankenhäusern herrscht gelegentlich ein Mangel an Arzneimitteln, das medizinische Personal ist jedoch allgemein gut ausgebildet.

estland

Estland hat seit 1989 eine sehr erfolgreiche Entwicklung vollzogen und liegt heute in Bezug auf Auslandsinvestitionen unter den Ländern Zentral- und Osteuropas an dritter Stelle. Seine Lage an den traditionellen Handelsrouten von Westeuropa nach Russland und von Nord- nach Mitteleuropa hat die Esten zu Experten in der Herstellung und im Handel mit den unterschiedlichsten Waren gemacht. Die estnische Lebensart unterscheidet sich nur wenig von der in Finnland – Helsinki ist auch nur ganze 30 Minuten von der estnischen Grenze entfernt.

Die wirtschaftliche und politische Situation im benachbarten Russland hat zwangsläufig Auswirkungen auf die wirtschaftlichen Verhältnisse in Estland. Einzelne Bereiche reagieren besonders empfindlich auf Veränderungen. Beispielsweise hat es in der Nahrungsmittelindustrie zahlreiche Entlassungen, schwere Verluste und vereinzelt Firmenpleiten gegeben. Das Bankgewerbe ist ebenfalls instabil und eine sorgfältige Überwachung durch die Zentralbank ist erforderlich, um Schließungen zu vermeiden.

WEITERE INFORMATIONEN:
- www.itaiep.doc.gov/eebic/ceebic.html
- www.inyourpocket.com
- www.ciesin.ee/ESTONIA
- www.eia.ee/
- www.ee/epbe
- www.viabalt.ee

Eesti
Gesamtfläche: 45.100 km²
Bevölkerung: 1,42 Millionen
Nationales Pro-Kopf Einkommen: 5.500 Euro
Klima: Nasse, gemäßigte Winter, kühle Sommer
Geographie: Flaches Marschland
Natürliche Rohstoffe: Schieferöl, Torf, Phosphat, Bernstein
Umweltprobleme: Luftverschmutzung, Boden- und Grundwasserverseuchung
Ethnische Gruppen: Esten 61,5%, Russen 30,3%, Ukrainer 3%
Religion: Protestanten
Sprachen:
 Hauptsprachen: Estnisch, Lettisch, Litauisch, Russisch
 Weitere Sprachen: Finnisch, Deutsch und Englisch
Regierung: Einkammer-Parlament. Die 101 Abgeordneten werden nach dem Verhältniswahlrecht gewählt. Die Kammer wählt den Präsidenten und Premierminister
Hauptstadt: Tallinn
Andere Großstädte: Tartu, Narwa
Währung: 1 Estnische Krone = 100 Senti
Nationalfeiertag: 24. Februar – Unabhängigkeitstag
Rechtssystem: Auf dem römischen Recht beruhend
Exporte: Textilien, Lebensmittel, Kraftfahrzeuge und Metalle
Importe: Maschinen, Brennstoffe, Kraftfahrzeuge und Textilien
Industrie: Ölschiefer, Schiffbau, Phosphate, Elektromotoren, Zement, Möbel, Kleidung, Textilien, Papier, Schuhe
Landwirtschaft: Fleisch, Fisch, Milchprodukte und Kartoffeln
Telekommunikation: Privatisiert, gut.

kroatien

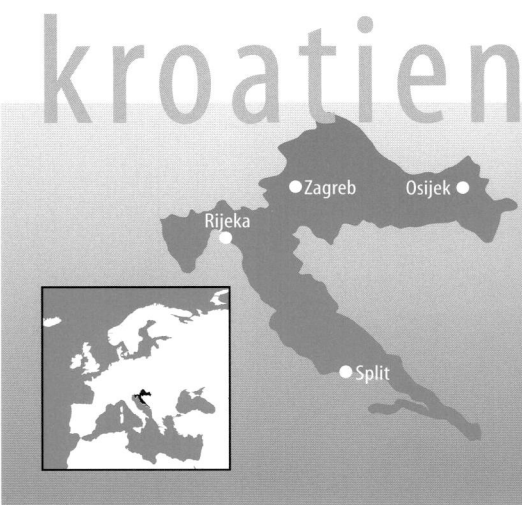

Hrvatska
Gesamtfläche: 56.538 km²
Bevölkerung: 4,7 Millionen
Klima: In den Bergen heiße Sommer und kalte Winter. An der Adriaküste milde Winter und trockene Sommer.
Geographie: Flache Ebenen entlang der ungarischen Küste, niedrige Berge und Hochland in Küstennähe
Natürliche Rohstoffe: Öl, Kohle, Bauxit, Eisenerz, Kalzium, Asphalt, Siliziumoxid, Mika, Ton und Salz
Umwelt- und andere Probleme: Luft- und Küstenverschmutzung. Weit verbreitete Kriegsschäden.
Ethnische Gruppen: Kroaten 78%, Serben 12%
Religion: Katholiken 76,5%, Orthodoxe 11%
Sprachen:
  Hauptsprache: Kroatisch
  Weitere Sprachen: Deutsch, Italienisch
Regierung: Parlamentarische Demokratie. Zweikammersystem.
Hauptstadt: Zagreb
Andere Großstädte: Split, Rijeka und Osijek
Währung: 1 Kuna = 1000 Lipa
Exporte: Maschinen und Transportgerät, Chemikalien, Lebensmittel, Brenn- und Schmierstoffe
Industrie: Chemikalien und Kunststoffe, Werkzeugmaschinen, Metallwaren, Elektronik, Roheisen- und Walzstahlerzeugnisse, Papier, Holzerzeugnisse, Baustoffe, Textilien, Schiffbau, Erdöl und Raffinerien, Nahrungsmittelindustrie, Getränke
Weitere Informationen:
- www.hr
- www.usbizcouncil.org
- www.itaiep.doc.gov/eebic/ceebic.html
- www.city.net

Kroatien ist nach Slowenien der zweitwohlhabendste Staat unter den ehemaligen jugoslawischen Republiken. Sein Wirtschaftssystem ähnelt der industriellen Marktwirtschaft und ist eines der offensten in Zentraleuropa. Das Land hat sich von den Folgen des Krieges im Jahr 1991 gut erholt und gehört heute zu den erfolgreichsten Ländern Zentral- und Osteuropas. In der vom Krieg stark zerstörten Provinz Slawonien sind die Wiederaufbauarbeiten jedoch noch nicht abgeschlossen.

In sozialistischen Zeiten war die ehemalige föderative Republik Jugoslawien nicht vollkommen in den Ostblock integriert, sondern genoss eine gewisse wirtschaftliche Eigenständigkeit. Viele betriebliche Entscheidungen in Unternehmen wurden nach marktwirtschaftlichen Prinzipien getroffen. Die Führungskräfte in kroatischen Unternehmen sind daher mit den Konzepten und Gepflogenheiten der westlichen Marktwirtschaft vertraut.

Viele kroatische Geschäftsleute sprechen Fremdsprachen, vor allem Englisch, Deutsch und (entlang der Küste) Italienisch. Das Wohnungsangebot in den größeren Städten Kroatiens ist allgemein gut. Das Essen in Restaurants ist relativ teuer. In vielen Gegenden gibt es bereits Telefone mit Tastaturtonwahl. Büroräume und Wohnungen können über örtliche Makler oder Anzeigen in den Lokalzeitungen gemietet werden.

Ausgezeichnete Weine und herrliche Strände tragen zur Lebensqualität in Kroatien bei.

lettland

Latvija
Gesamtfläche: 64.100 km²
Bevölkerung: 2,385 Millionen
Nationales Pro-Kopf-Einkommen: 3.000 Euro
Klima: Milde Sommer. Nasse, gemäßigte Winter.
Geographie: Tiefebene
Natürliche Rohstoffe: Bernstein, Torf, Kalkstein, Dolomit
Umweltprobleme: Luft- und Wasserverschmutzung, Boden- und Grundwasserverseuchung
Ethnische Gruppen: Letten 51,8%, Russen 33,8%, Weißrussen 4,5%, Ukrainer 3,4%
Religion: Lutheraner, Katholiken und Orthodoxe
Sprachen:
  Hauptsprache: Lettisch
  Weitere Sprachen: Litauisch, Russisch
Regierung: Parlamentarische Demokratie. Der Oberste Rat ernennt den Ministerrat, der für die Führung der Regierungsgeschäfte verantwortlich ist.
Hauptstadt: Riga
Andere Großstädte: Daugavpils (Dünaburg), Liepaja (Libau)
Währung: 1 Lats = 100 Santims
Nationalfeiertag: 18. November – Unabhängigkeitstag
Rechtssystem: Auf dem römischen Recht beruhend
Exporte: Ölerzeugnisse, Zeitschalter, Eisenmetalle, Milchprodukte, Möbel und Textilien
Importe: Brennstoffe, Kraftfahrzeuge, Chemikalien und Eisenmetalle

Seit der Wiedererlangung seiner Unabhängigkeit im Jahr 1991 hat Lettland erstaunliche Fortschritte auf dem Weg zur Wiederherstellung einer Marktwirtschaft sowie bei der Umsetzung von Reformen gemacht, die das Land in den Wohlstand zurück führen sollen, den es vor dem zweiten Weltkrieg genoss. Trotz seiner geringen Größe (knapp 2,5 Millionen Einwohner) ist Lettland ein potentiell attraktiver Markt – nicht zuletzt durch seine zentrale Lage, die es zum gewerblichen und finanziellen Tor sowie zum Verkehrsknotenpunkt für Russland und das Baltikum macht. Lettland ist der mittlere der drei baltischen Staaten. Etwa ein Drittel der Bevölkerung lebt in Riga, der größten Stadt auf dem Baltikum.

Die lettische Regierung hat moderne Gesetze zum Schutz des Urheberrechts, von Patenten und Warenzeichen verabschiedet. Weitere Maßnahmen zum Schutz des geistigen Eigentums sind im Gange. Das Telekommunikationssystem erfährt im Rahmen eines gemeinschaftlichen Projektes der finnischen Telekommunikationsgesellschaft Lattelekom mit britischen und finnischen Firmen eine rasche Modernisierung. Büroräume sind relativ problemlos zu finden und preiswert. Englisch ist die bevorzugte westeuropäische Sprache in Regierung und Wirtschaft.

Die lettische Wirtschaft ist noch immer in der Umstrukturierung begriffen, da ein Großteil der Industrie unter sowjetischer Herrschaft entwickelt wurde. Jüngste wirtschaftliche Trends weisen darauf hin, dass in der Zukunft vor allem die Transport- und

Industrie: Pkw, Busse, Lkw, Straßenbahnen, Eisenbahn-Betriebsmittel, Kunstfasern, Dünger, weiße Waren, Elektronik, Pharmazeutika, industriell bearbeitete Lebensmittel und Textilien
Landwirtschaft: Fleisch, Milch, Eier, Getreide, Zuckerrüben, Kartoffeln, Gemüse, Fisch
Telekommunikation: Gut
Weitere Informationen:
- www.inyourpocket.com
- www.itaiep.doc.gov/eebic/ceebic.html
- www.latvia.lv
- www.viabalt.lv
- www.expo.lv
- www.lda.gov.lv
- www.usis.bkc.lv

Finanzwirtschaft, andere Dienstleistungen sowie die Leichtindustrie (Holz, Textilien, Nahrungsmittelindustrie) eine wichtige Rolle spielen werden. Die gut ausgebildete und zunehmend kompetentere Bevölkerung wird eine treibende Kraft bei diesem Übergang zu einer modernen Volkswirtschaft sein. Die ausgeprägten Unterschiede zwischen der Hauptstadt und dem Rest des Landes dürften jedoch noch einige Jahre fortbestehen.

Wie in anderen ehemaligen Ostblockländern sind in Lettland staatliche Bürokratie, Korruption und organisiertes Verbrechen die bedeutsamsten Hindernisse für Handel und Investitionen. Obwohl diese Umstände unternehmerische Aktivitäten im Land erschweren, empfinden wenige ausländische Firmen, die den lettischen Markt erprobt haben, diese Probleme als unüberwindbar.

In Riga gibt es zahlreiche Restaurants, die sich durch eine gute Küche und freundlichen Service auszeichnen. Außerhalb der Hauptstadt ist die Auswahl und die Qualität des Nahrungsangebots weitaus begrenzter. Das Angebot an Importgütern, Haushaltsartikeln, gängigen Medikamenten und Kosmetika ist sehr gut und vielseitig.

LEBEN IN LETTLAND

Das Angebot an modernen Wohnungen wächst, ist jedoch noch immer relativ begrenzt. Um Wohnungen dem westlichen Standard anzugleichen, müssen sie vermietet und den Bedürfnissen der Mieter angepasst werden. Wenngleich sich die Lage in jüngster Zeit gebessert hat, ist eine Heißwasserversorgung durch die Stadtwerke nicht immer gewährleistet. Bei größeren Wohnungsrenovierungsprojekten sollte daher auch ein Boiler installiert werden.

Die Straßenkriminalität in Riga ist relativ hoch. Reisende sollten daher die gleiche Vorsicht walten lassen wie auch anderswo in unbekannten Stadtzentren. Das Trinkwasser ist heute zwar virenfrei, enthält oft jedoch Rückstände von Schwermetallen aus alten Leitungen. Daher wird als Trinkwasser Mineralwasser oder gefiltertes Wasser empfohlen. Importiertes Quellwasser wird überall günstig angeboten. Ein mögliches Problem in den Sommermonaten ist die Kontamination von Lebensmitteln.

litauen

Mit nur 3,6 Millionen Einwohnern ist Litauen ein relativ kleiner, potentiell aber attraktiver Markt. Die meisten Unternehmen wurden im Zuge der ersten Privatisierungswelle der staatlichen Verwaltung entzogen und der Besitz von Grundeigentum ist jetzt für einheimische wie ausländische Privatpersonen erlaubt. Litauens wichtigster Wirtschaftszweig ist die Industrie und ein Großteil der Investitionen in Litauen fließt in die großen Industriesektoren.

Seit Wiedererlangung seiner Unabhängigkeit im Jahr 1990 hat Litauen verschiedene Reformen initiiert, die die Überreste des ehemaligen sozialistischen Systems beseitigen sollen. 1992 beschloss Litauen mit Hilfe des Internationalen Währungsfonds (IWF) und anderer internationaler Einrichtungen ein Programm zur Eindämmung der Inflation, zur Verringerung der Preiskontrollen, zur Senkung des Haushaltsdefizits und zur Privatisierung der Wirtschaft. Die Inflation ist seitdem drastisch zurückgegangen. Litauen hat eine Reihe von Maßnahmen zur Preisliberalisierung ergriffen und die Preiskontrollen in den meisten Bereichen abgeschafft. Die litauische Währung (Litas) ist frei konvertierbar und hat gegenüber anderen Weltwährungen an Wert gewonnen. Aus Stabilitätsgründen ist sie mit dem US-Dollar gekoppelt.

WIRTSCHAFTLICHE LIBERALISIERUNG

Litauen ist bestrebt, die gesetzliche Regelung von Auslandsinvestitionen weiter zu liberalisieren, um ausländische Investoren anzuziehen. Die litauische Regierung verfolgt einen vorsichtigen, jedoch westlich orientierten wirtschaftlichen Reformkurs, der die Bank- und Geldpolitik, die Preisstrukturen, die

Lietuva
Gesamtfläche: 65.200 km²
Bevölkerung: 3,6 Millionen
Nationales Pro-Kopf-Einkommen: 3.500 Euro
Klima: Gemäßigte Winter und Sommer
Geographie: Flachland mit verstreuten Seen
Natürliche Rohstoffe: Torf
Umweltprobleme: Boden- und Grundwasserverseuchung
Ethnische Gruppen: Litauer 80%, Russen 8,6%, Polen 7,7%
Religion: Katholiken und Lutheraner
Sprachen:
 Hauptsprache: Litauisch
 Weitere Sprachen: Russisch und Polnisch
Regierung: Parlamentarische Demokratie. Staatsoberhaupt ist ein direkt gewählter Präsident. Der Präsident ernennt den Premierminister, der dann vom Parlament bestätigt wird.
Hauptstadt: Vilnius (Wilna)
Andere Großstädte: Kaunas, Klaipeda (Memel), Paneveys (Panewiesch), Šiauliai (Schaulen)
Währung: Litas
Nationalfeiertag: 16. Februar – Unabhängigkeitstag
Rechtssystem: Auf dem römischen Recht beruhend
Exporte: Elektronik, Erdölprodukte, Lebensmittel, Chemikalien
Importe: Öl, Maschinen, Chemikalien, Getreide

Industrie: Weiße und braune Waren, Schiffbau, Textilien, Bernstein, optische Geräte, elektronische Bauteile, Dünger, landwirtschaftliche Maschinen, Möbel, Computer

Landwirtschaft: Zucker, Getreide, Kartoffeln, Vieh, Milchprodukte, Gemüse, Eier, Fisch

Telekommunikation: Vor kurzem privatisiert.

Weitere Informationen:
- www.inyourpocket.com
- www.lda.lt
- www.lbg.lt
- www.viabalt.lt
- neris.mii.lt
- www.inyourpocket.com
- www.itaiep.doc.gov/eebic/ceebic.html

Steuergesetze, die Grundeigentumsgesetze, die Steuerpolitik sowie die Außenhandelsgesetze einbezieht. Sie hat auch moderne Gesetze zum Schutz des Urheberrechts, von Patenten und Warenzeichen verabschiedet. Nach der Wiedererlangung seiner nationalen Unabhängigkeit nach 50 Jahren Besatzung betrachtet sich Litauen nicht als Entwicklungsland, sondern als ein Land, das einen Weg zurück zu früheren erfolgreichen Zeiten eingeschlagen hat.

Wie in anderen ehemaligen Ostblockländern sind in Litauen staatliche Bürokratie, Korruption und organisiertes Verbrechen die bedeutsamsten Hindernisse für Handel und Investitionen. Obwohl diese Umstände unternehmerische Aktivitäten in Litauen erschweren, empfinden wenige ausländische Firmen, die den litauischen Markt erprobt haben, diese Probleme als unüberwindbar.

Die Telefon-, Fax- und E-Mail-Verbindungen erfahren eine zunehmende Verbesserung, können jedoch vor allem in ländlichen Gegenden noch immer ein Problem darstellen.

LEBENSART

In den größeren Städten Litauens gibt es jetzt zahlreiche Restaurants, die sich durch eine gute Küche und freundlichen Service auszeichnen. Das Angebot an Importgütern, Haushaltsartikeln, gängigen Medikamenten und Kosmetika ist sehr gut und vielseitig.

Das Angebot an modernen Wohnungen wächst, ist jedoch noch immer relativ begrenzt. Wohnungen müssen oft erst renoviert werden, um sie westlichem Standard anzugleichen. Wenngleich sich die Lage in jüngster Zeit gebessert hat, ist eine Heißwasserversorgung durch die Stadtwerke nicht immer gewährleistet. Bei größeren Wohnungsrenovierungsprojekten sollte daher auch ein Boiler installiert werden.

Die Straßenkriminalität ist in Litauen relativ hoch. Reisende sollten daher die gleiche Vorsicht walten lassen wie auch anderswo in unbekannten Stadtzentren. Das Trinkwasser ist heute zwar mit Chlor versetzt, jedoch trotzdem nicht ohne Bedenken zu genießen, da die Filter eventuell enthaltene Viren nicht eliminieren. Es empfiehlt sich daher immer, das Trinkwasser abzukochen. In vielen Läden wird importiertes Quellwasser angeboten. Die Lebensmittelkontamination stellt kein größeres Problem dar.

malta

Valletta

Malta, eine idyllisch gelegene Inselgruppe inmitten des Mittelmeers, hat durch seine politische Stabilität und seine geographische Position viel zu bieten.

Wegen seiner begrenzten natürlichen Rohstoffe ist Malta stark vom Transithandel abhängig. Wenngleich sein Pro-Kopf-BIP seit 1993 um ca. 20% gestiegen ist, ist es verglichen mit dem EU-Durchschnitt weiterhin eher niedrig.

Der tertiäre Sektor hat in den letzten zehn Jahren weiter an Bedeutung gewonnen und erwirtschaftet heute beinahe zwei Drittel des BIP. Den größten Beitrag leistet dabei der Tourismus. Über eine Million Besucher kommen jedes Jahr nach Malta.

Die Erwerbsbevölkerung Maltas nahm 1997 um 137.000 Personen zu. Der öffentliche Sektor (einschließlich des Staatsdienstes) ist mit knapp 40% einer der wichtigsten Arbeitgeber. Ein Ombudsmann geht allen Hinweisen auf Korruption in dem nicht immer sehr effizienten Staatsapparat nach.

Malta betreibt eine offene Handelswirtschaft und ist Mitglied der Welthandelsorganisation (WTO), musste jedoch bei Erlangung der Ende 1998 beantragten EU-Mitgliedschaft seinen Status als Entwicklungsland aufgeben. Den Institutionen Maltas wurde von der Europäischen Kommission eine ordnungsgemäße Funktion bescheinigt.

Das Gesundheitssystem des Landes genießt zu Recht einen guten Ruf. Das Angebot an modernen medizinischen Einrichtungen ist ebenso gut wie die hygienischen Verhältnisse im Alltag (das Trinkwasser ist beispielsweise unbedenklich genießbar).

Malta zeichnet sich durch eine aufgeschlossene Mentalität, ein ganzjährig vielseitiges Kulturangebot und ein warmes, wohltuendes Klima aus.

Malta
Gesamtfläche: 320 km^2
Bevölkerung: 379.767
Klima: Milde, regnerische Winter. Heiße, trockene Sommer
Geographie: Flach und felsig. Zahlreiche Klippen im Küstenbereich.
Natürliche Rohstoffe: Kalkstein, Salz
Umweltprobleme: Trinkwassermangel
Ethnische Gruppen: Araber, Sizilianer, Italiener, Engländer
Religion: Katholiken 98%
Sprachen: Maltesisch, Englisch
Hauptstadt: Valletta
Währung: 1 Lira = 100 Cents
Nationalfeiertag: 21. September – Unabhängigkeitstag
Rechtssystem: Auf dem englischen gemeinen Recht (common law) und dem römischen Recht basierend.
Exporte: Maschinen und Transportgerät, Kleidung und Schuhe, Druckerzeugnisse
Importe: Lebensmittel, Erdöl, Maschinen und Halbfertigprodukte
Industrie: Tourismus, Elektronik, Schiffsreparatur und -bau, Nahrungsmittelindustrie, Textilien, Schuhe, Kleidung, Getränke und Tabak
Landwirtschaft: Gemüse, Obst, Getreide, Mastschweine, Geflügel, Eier
Telekommunikation: Zufrieden stellend
Weitere Informationen:
- www.magnet.mt/info/general.html
- www.europeonline.com

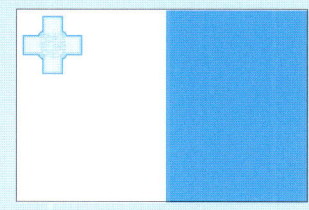

mazedonien

Makedonija
Gesamtfläche: 25.333 km²
Bevölkerung: 2 Millionen
Klima: Heiße, trockene Sommer. Kalte Winter mit reichlichen Schneefällen.
Geographie: Berge mit tief eingeschnittenen Tälern. Drei große Seen im Grenzgebiet
Natürliche Rohstoffe: Chrom, Blei, Zink, Mangan, Wolfram, Nickel, geringhaltiges Eisenerz, Asbest, Schwefel und Holz
Umweltprobleme: Luftverschmutzung durch industrielle Anlagen
Ethnische Gruppen: Mazedonier 65%, Albaner 22%, Türken 4%
Religion: Unabhängige Mazedonisch-, Serbisch-, Bulgarisch- und Griechisch-Orthodoxe 67%, Muslime 30%
Sprachen:
Hauptsprache: Mazedonisch
Weitere Sprachen: Albanisch, Türkisch, Serbokroatisch
Regierung: Demokratische Republik.
Hauptstadt: Skopje
Andere Großstädte: Ohrid, Bitola, Prilep, Kumanovo, Veles
Währung: Mazedonischer Denar
Exporte: Fertigwaren, Maschinen und Transportgerät, Lebensmittel, Getränke, Tabak
Importe: Brenn- und Schmierstoffe, Fertigwaren, Maschinen und Transportgerät
Industrie: Einfache flüssige Brennstoffe, Kohle, Chrom, Blei, Zink und Ferronickel, einfache Textilien, Holzerzeugnisse und Tabak
Landwirtschaft: Reis, Tabak, Hirse und Mais
Telekommunikation: Mangelhaft

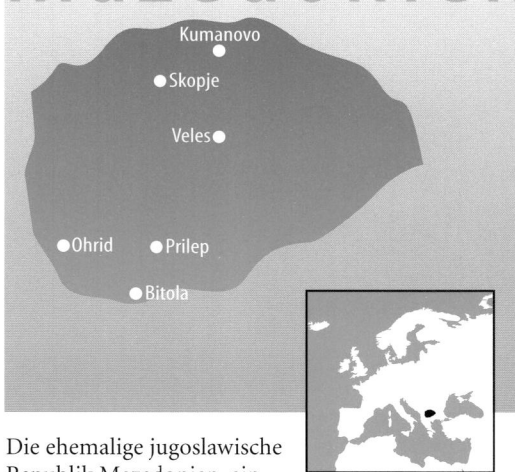

Die ehemalige jugoslawische Republik Mazedonien, ein kleiner Balkanstaat ohne Zugang zum Meer, besteht seit 1991. Durch seine Nachbarschaft zum nördlich der Grenze gelegenen Kosovo befindet sich Mazedonien im Mittelpunkt des Balkankonflikts. Die Armut ist ein ebenso weit verbreitetes Problem wie im benachbarten Albanien und wenngleich Mazedonien in Bezug auf seine Lebensmittelversorgung autark ist, muss der gesamte Bedarf an Öl, Gas und Maschinen importiert werden. Die Industrie ist technologisch stark veraltet.

Der Krieg im Kosovo hat für Mazedonien zusätzliche Belastungen mit sich gebracht, die die Situation in dem kleinen Land weiter erschwert haben.

Ausländische Investoren haben bisher um Mazedonien einen Bogen gemacht, wenngleich die starke NATO-Präsenz den Anstoß zu äußerst willkommenen Auslandsinvestitionen geben könnte.

WEITERE INFORMATIONEN:
- www.usbizcouncil.org
- www.itaiep.doc.gov/eebic/ceebic.html
- www.mpa.org.mk
- www.b-info.com/places/Macedonia/republic

moldawien

Moldawien hat im Laufe seiner Geschichte zahlreiche Herrscher erlebt, zuletzt die UdSSR, der es im zweiten Weltkrieg zuerkannt wurde. Schon bald nach Erlangung seiner Unabhängigkeit im Jahr 1991 spaltete es sich in zwei Teile und verlor seine Industrie an Transnistrien. Das Land ist ein wichtiger Produzent von rohen und verarbeiteten Lebensmitteln und bietet viel versprechende Möglichkeiten für unternehmerische Landwirte.

WEITERE INFORMATIONEN:
- www.moldova.md
- www.ournet.md
- http://abc-dava.dnt.md
- www.infcis.com
- www.iep.doc.gov/bisnis
- http://reenic.utexas.edu

Republik Moldau (Moldova)
Gesamtfläche: 33.700 km²
Bevölkerung: 4,457 Millionen
Nationales Pro-Kopf-Einkommen: 1.500 Euro
Klima: Gemäßigte Winter, warme Sommer
Geographie: Flachwellige Steppenlandschaft
Natürliche Rohstoffe: Lignit, Phosphorite, Gips
Umweltprobleme: Bodenverseuchung durch Pestizide, Bodenerosion
Ethnische Gruppen: Moldauer/Rumänen 64,5%, Ukrainer 13,8%, Russen 13%, Gagausen 3,5%
Religion: Orthodoxe Christen 98,5%
Sprachen: Hauptsprache: Moldauisch (Rumänisch)
Weitere Sprachen: Russisch, Gagausisch
Regierung: Demokratische Republik
Hauptstadt: Chisinau
Andere Großstädte: Beltsy, Bendery, Tiraspol
Währung: Moldau-Leu
Exporte: Lebensmittel, Wein, Tabak, Textilien, Schuhe, Maschinen und Chemikalien
Importe: Öl, Gas, Kohle, Stahl, Lebensmittel, Autos
Industrie: Lebensmittelkonserven, landwirtschaftliche Maschinen, weiße Waren, Zucker, Textilien, Schuhe, Pflanzenöle
Landwirtschaft: Gemüse, Wein, Getreide, Obst, Zuckerrüben, Sonnenblumenkerne, Fleisch, Milch und Tabak
Telekommunikation: Veraltet

polen

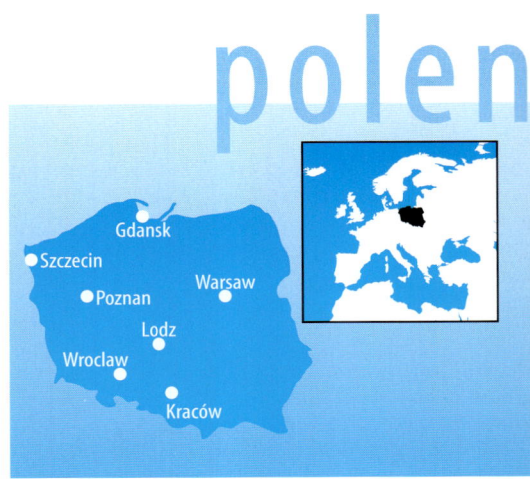

Polska
Gesamtfläche: 312.680 km²
Bevölkerung: 38,65 Millionen
Nationales Pro-Kopf-Einkommen: 4.700 Euro
Klima: Milde Sommer mit hohen Niederschlägen. Kalte, wolkenreiche Winter mit mäßigem Schneefall.
Geographie: Größtenteils Flachland mit Bergen im Süden
Natürliche Rohstoffe: Kohle, Schwefel, Kupfer, Erdgas, Silber, Blei, Salz
Umweltprobleme: Starke Luft- und Wasserverschmutzung, saurer Regen, Boden- und Grundwasserverseuchung
Ethnische Gruppen: Polen 97,6%, Deutsche 1,3%
Religion: Katholiken 95%
Sprachen:
Hauptsprache: Polnisch
Weitere Sprachen: Russisch und Deutsch
Regierung: Parlamentarische Demokratie. Sejm mit 460 und Senat mit 100 jeweils für vier Jahre gewählten Mitgliedern.
Hauptstadt: Warschau
Andere Großstädte: Krakow (Krakau), Gdansk (Danzig), Lodz, Poznan (Posen), Szczecin (Stettin), Wroclaw (Breslau)
Währung: Zloty (1 Euro = +/- 3,97148 Zloty)
Nationalfeiertag: 3. Mai – Verfassungstag
Rechtssystem: Mischung aus römischem Recht, im Wandel begriffen
Exporte: Maschinen, Metalle, Chemikalien, Brennstoffe und Energie, Lebensmittel

Polen ist mit knapp 40 Millionen Einwohnern der starke große Bruder unter den Ländern Zentral- und Osteuropas. Das Land hat seit 1989 riesige Fortschritte gemacht und befindet sich jetzt auf dem besten Weg zur EU-Mitgliedschaft. Kein anderes Land in Zentral- und Osteuropa zieht vergleichbar hohe Auslandsinvestitionen an und die Mischung der industriellen Aktivitäten wandelt sich rasch. Die Fertigungsindustrie wuchs 1997 um fast 10% und das Baugewerbe boomt. Im ersten Quartal 1998 konnte hier gegenüber dem Vorjahr ein 25%iger Produktionszuwachs verzeichnet werden. Ein Vergleich der Produktionszahlen des ersten Quartals 1998 mit dem Vorjahresquartal zeigt eindrucksvolle Steigerungen: Fernseher, Radios und Kommunikationsgeräte: 52%, Pkw, Anhänger und Sattelauflieger: 49%, Metallerzeugnisse: 35%, Büromaschinen und Computer: 31%, Möbel: 27%. Hotel- und Restaurantbetriebe, Anbieter von Finanzdienstleistungen und privatisierte, ehemals staatliche Unternehmen haben ihr Management umstrukturiert, wenngleich sich in den Reihen des häufig stark aufgeblähten mittleren Managements Widerstand gegen solche Maßnahmen geregt hat. Streiks sind in den letzten Jahren deutlich zurückgegangen und beeinträchtigen die industrielle Infrastruktur Polens nicht oder kaum.

STRATEGISCHE POSITION

Das Investitionsklima in Polen ist gut. Die größten Stärken des Landes sind sein wirtschaftliches Wachstum und seine politische Stabilität. Negativ auf die Investitionsbereitschaft wirken sich hingegen die hohen Sozialversicherungsbeiträge für Angestellte (45% des Lohns oder Gehalts, jedoch ineffizient genutzt) und eine mangelhafte Verkehrsinfrastruktur aus.

Die Regierung hat eine wirtschaftliche Abkoppelung Polens von der ehemaligen Sowjetunion betrieben. Wie sinnvoll diese Vorgehensweise war, erwies sich im September 1998: Polen war nur minimal von der russischen Wirtschaftskrise betroffen, da nur 8% aller polnischen Exporte nach Russland gingen.

Seine strategische Position zwischen Russland und Deutschland hat Polen im Laufe seiner Geschichte immer wieder zum Austragungsort von Konflikten gemacht. Heute profitiert Polen jedoch von den positiven Aspekte seiner Lage. Es bereitet sich derzeit auf den Beitritt zur EU (voraussichtlich im Jahr 2002) und zur NATO vor, der seine politische und wirtschaftliche Vermittlerrolle zwischen Westeuropa und Russland weiter fördern wird.

Unter Investoren gilt Polen allgemein als viel versprechender Markt. In den vergangenen Jahren konnte das Land jährlich Auslandsinvestitionen in Höhe von rund 6 Milliarden Euro verzeichnen. Das BIP wächst weiter kräftig und im Kampf gegen die Arbeitslosigkeit und Inflation werden gute Fortschritte erzielt.

Die wichtigsten Faktoren, die Polen für Investoren interessant machen, sind die Größe und das Potential seines Binnenmarktes, seine zentrale Lage zwischen Ost- und Westeuropa, sein Angebot an gut ausgebildeten Arbeitskräften, das allgemeine Geschäftsklima sowie die relativ günstigen Lohnkosten.

Verschiedene polnische Industriezweige vollziehen einen gezielten organisatorischen und technologischen Wandel. Eine Umstrukturierung findet u.a. in für die nationale Wirtschaft besonders wichtigen Sektoren statt, z.B. in den Bereichen Brennstoffe und Energie, Eisen und Stahl, Verteidigung, Chemie und Pharmazie. Auf diese Weise soll die Angleichung Polens an internationale Qualitätsmaßstäbe und seine Wettbewerbsfähigkeit auf dem Weltmarkt gewährleistet werden.

Weitere wirtschaftliche Reformen sind im Kohlebergbau und in der Landwirtschaft erforderlich. Auch die medizinische Versorgung und das Rentensystem sind verbesserungsbedürftig. Die Entwicklung des Umweltschutzes ist langfristig ein vorrangiges Ziel.

Importe: Brennstoffe und Energie, Maschinen, Chemikalien, Lebensmittel
Industrie: Maschinenbau, Eisen- und Stahlindustrie, Rohstoffindustrie, Chemieindustrie, Schiffbau, Nahrungsmittelindustrie, Glas, Getränke, Textilien, Automobilindustrie
Landwirtschaft: Roggen, Rapssamen, Kartoffeln, andere Getreidearten, Vieh (vor allem Mastschweine), Obst
Erwerbsbevölkerung: 17,6 Millionen
Arbeitslosenquote: Ca. 10%
BIP: 246,3 Milliarden
Jährliches Wirtschaftswachstum: Ca. 6%
Jährliche Inflation: ± 10%, jedoch sinkend
Wirtschaftsbereiche mit den besten Beschäftigungschancen:
– Energiesektor (auch Aktivitäten zur Verbesserung von Umweltbedingungen)
– Finanzdienstleistungen einschließlich Privatisierungs- Consulting und Versicherungen
– Bau, Einzelhandel und Industrie
– Technischer Bereich, v.a. Telekommunikation, Nahrungsmittelindustrie und Kfz-Zubehör
Telekommunikation: Wird derzeit modernisiert
Weitere Informationen:
- www.itaiep.doc.gov/eebic/ceebic.html
- www.europeonline.com
- www.bmb.com.pl
- www.insidepoland.com.pl
- http://poland.pl/
- http://reenic.utexas.edu
- www.centraleurope.com

PROBLEME

Die neue polnische Regierung hat sich zu einer radikalen Reform des Sozialversicherungs-, Gesundheits- und Bildungssystems verpflichtet, um Polen zu modernisieren und die zukünftigen Generationen besser auf die Anforderungen der heutigen Geschäftswelt und Industrie vorzubereiten.

Das Bildungsniveau unter den Jugendlichen, die ein Viertel der Bevölkerung ausmachen, ist niedriger als in den meisten anderen europäischen Ländern.

Die jüngere Generation ist allgemein daran interessiert, sich neue Fähigkeiten anzueignen, das Bildungsangebot der Schulen ist jedoch oft unzureichend. Problematisch ist auch, dass die Schulen sich nicht mit der Bewältigung des sozialen Umbruchs befassen. Hierdurch entstehen Aggressionen, Konflikte und Frustrationen, die sich häufig in Alkohol- und Drogenkonsum und Gewalt entladen. Es gibt relativ wenige Sporteinrichtungen und kostenlose außerschulische Aktivitäten. Das Hauptproblem für ausländische Besucher sind Eigentumsdelikte. Taschendiebstähle, Einbrüche in Hotels und Autodiebstähle sind vor allem in Touristengegenden weit verbreitet. Besucher sollten daher vor allem an Flughäfen und Bahnhöfen sowie in Zügen auf ihr Gepäck achten. Gewaltverbrechen sind selten, jedoch ansteigend.

Die Flugverbindungen von und nach Polen sind ausgezeichnet. Verschiedene internationale Fluggesellschaften aus aller Welt fliegen Polen mehrmals täglich an und die polnische Fluglinie LOT bietet Direktflüge von Warschau nach Chicago, New York und Newark an.

Auch innerhalb Polens ist das Reisen unproblematisch. Zwischen den größeren Städten verkehren Flugzeuge und das Bahnnetz ist gut ausgebaut und effizient. Mietwagenfirmen bieten überall ihre Dienste an, wegen des in den letzten Jahren stark gestiegenen Verkehrsaufkommens und des veralteten Straßensystems ist das Fahren jedoch vor allem nachts nicht ungefährlich.

TELEKOMMUNIKATION

Die Telefonverbindung zwischen Polen und dem Ausland ist heute bedeutend besser als noch vor wenigen Jahren. Anrufe über die Telefongesellschaften AT&T, Sprint und MCI können von Polen aus getätigt werden. Direktverbindungen in alle Welt sind möglich und kommen meist schneller zustande als Ortsgespräche innerhalb von Städten. In vielen Gegenden werden noch Wählscheibentelefone verwendet, was die Kommunikation und die Nutzung verschiedener moderner Telefondienste erschwert. Die Faxkommunikation ist – abhängig von der Qualität des Sende- bzw. Empfangssignals – allgemein sehr gut.

VERSCHIEDENES

- *In Polen ist es üblich, sich zur Begrüßung die Hand zu geben. Geschäftsfrauen sollten jedoch nicht überrascht sein, wenn ihnen ihr männliches Gegenüber beim Vorstellen, bei weiteren Treffen oder zum Abschied die Hand küsst.*
- *Von Ausländern wird nicht erwartet, dass sie polnischen Frauen die Hand küssen. Händeschütteln genügt.*
- *Da es in Polen üblich ist, mehrere Personen zu Meetings mitzubringen, empfiehlt es sich, immer einen Vorrat an Visitenkarten dabei zu haben.*
- *Die Geschäftskleidung ist allgemein förmlich: Anzug und Krawatte für Männer, Kostüm oder Kleid für Frauen.*
- *Legere Kleidung wie Jeans ist bei formlosen Gelegenheiten passend. Bei Einladungen oder Veranstaltungen am Abend ist jedoch meist formellere Kleidung angesagt.*
- *Blumen in ungerader Zahl sind das beliebteste Geschenk unter Freunden und Bekannten.*
- *Der Sonntag ist in Polen traditionell dem Besuch von Familie und Freunden vorbehalten.*

ZENTRAL- UND OSTEUROPA

rumänien

Mit 23 Millionen Einwohnern ist Rumänien das am zweitdichtesten besiedelte Land Zentral- und Osteuropas. Flächenmäßig ist es größer als zehn der 15 derzeitigen EU-Staaten. Der wirtschaftliche Wandel hat sich in Rumänien relativ langsam vollzogen. Vor allem der Umstand, dass sich viele Betriebe noch immer in staatlicher Hand befinden, hat die wirtschaftliche Entwicklung stark gebremst. Die frühere Regierung trieb die Privatisierung nur zögernd voran, und der Beitrag der privatwirtschaftlichen Sektoren zum BIP ist mit 50% noch immer einer der niedrigsten in ganz Zentral- und Osteuropa.

Die neue gemäßigte Koalitionsregierung, die im Westen positiv aufgenommen wurde, hat ein weitreichendes wirtschaftliches Reformprogramm initiiert, das das Wirtschafts- und Investitionsklima langfristig dramatisch verbessern soll. Angesichts der starken Abhängigkeit des Landes von Importen – vor allem von Energie, Rohstoffen und Anlageninvestitionen – sind die Auslandsinvestitionen seit der Revolution eher enttäuschend ausgefallen. Der größte ausländische Investor war Südkorea, gefolgt von Italien und Deutschland. Neben vielen kleineren und mittleren Unternehmen haben amerikanische Großkonzerne wie Coca-Cola, Amoco, Colgate-Palmolive, Kraft/Jacob Suchard und Procter & Gamble in Rumänien investiert.

Als Hemmschuh erweist sich unter anderem die korrupte, schwerfällige Bürokratie, die in

România
Gesamtfläche: 237.500 km^2
Bevölkerung: 23.2 Millionen
Nationales Pro-Kopf-Einkommen: 3.600 Euro
Klima: Kalte, regnerische und schneereiche Winter. Sonnige Sommer
Geographie: Flache bis flachwellige Ebenen, umgeben von Gebirgen und Tälern
Natürliche Rohstoffe: Erdöl, Holz, Erdgas, Kohle, Eisenerz, Salz
Umweltprobleme: Bodenerosion, Luftverschmutzung, Boden- und Grundwasserverseuchung
Ethnische Gruppen: Rumänen 89%, Ungarn 9%
Religion: Rumänisch-Orthodoxe 70%, Katholiken 6%, Protestanten 6%
Sprachen:
Hauptsprache: Rumänisch
Andere Sprachen: Ungarisch, Deutsch
Regierung: Republik mit Mehrparteiensystem. Zweikammer-Parlament, bestehend aus dem Senat (Oberhaus) und der Abgeordnetenkammer (Unterhaus). Der Präsident wird direkt für fünf Jahre gewählt.
Hauptstadt: Bukarest
Andere Großstädte: Arad, Cluj (Klausenburg), Constanta (Konstanza), Craiova, Galati (Galatz), Iasi (Jassy), Pitesti, Ploiesti, Timisoara (Temesvar)
Währung: 1 Leu = 100 Bani
Nationalfeiertag: 1. Dezember
Rechtssystem: Auf dem römischen Recht beruhend

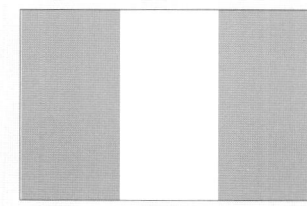

> **Exporte:** Metalle und Metallerzeugnisse, Mineralprodukte, Textilien, elektronische Erzeugnisse, Transportmaterialien
> **Importe:** Maschinen und Ausrüstungen, Textilien, landwirtschaftliche Erzeugnisse
> **Industrie:** Bergbau, Holz, Baustoffe, Hüttenwesen, Chemikalien, Maschinenbau, Nahrungsmittelindustrie, Erdölproduktion und -raffinerie, Luft- und Raumfahrt, Automobilbau (Pkw und Lkw)
> **Landwirtschaft:** Weizen, Mais, Zuckerrüben, Sonnenblumenkerne, Kartoffeln, Milch, Eier, Fleisch, Trauben
> **Telekommunikation:** Systeme werden derzeit verbessert
> **Weitere Informationen:**
> - www.usbizcouncil.org
> - www.itaiep.doc.gov/eebic/ceebic.html
> - http://reenic.utexas.edu
> - www.romania.com
> - www.centraleurope.com
> - www.inyourpocket.com

internationalen Wirtschaftskreisen nicht gerade zum guten Ruf Rumäniens beigetragen hat. Der amtierende Präsident hat jedoch persönlich eine engagierte Initiative zum Kampf gegen die Korruption ins Leben gerufen.

WIRTSCHAFTSPOTENTIAL

Durch seine strategische Position als Knotenpunkt zwischen Europa und Asien könnte Rumänien zu einem der wichtigsten Verkehrszentren in Zentral- und Südeuropa werden. Die Region um das Schwarze Meer gewinnt als Handelszentrum sowie als Öl- und Gaslieferant zunehmend an Bedeutung, was vor allem für Rumänien Vorteile bringen könnte.

REISEN IN RUMÄNIEN

Rumänien ist für Ausländer ein relativ sicheres Land. Die Kriminalität steigt zwar, ist jedoch noch immer niedriger als in anderen Teilen Zentral- und Osteuropas und in den neuen unabhängigen Staaten. Vor Taschendieben sollte man sich aber ebenso hüten wie vor den Geldwechslern, die zunehmend ihre Dienste anbieten. Manche der betrügerischen Systeme sind besonders ausgeklügelt – teilweise geben sich die Geldwechsler sogar als Polizisten aus.

Die offizielle Landessprache ist Rumänisch. Das Rumänische wird in lateinischer Schrift geschrieben und gehört zu den romanischen Sprachen, die sich aus dem Lateinischen entwickelt haben (Rumänien ist aus der römischen Kolonie Dacia hervorgegangen). Viele Rumänen sprechen außerdem Englisch, Französisch oder Deutsch.

Drei rumänische Fluggesellschaften – Tarom, Romavia und Jaro International – verkehren zwischen den wichtigsten Städten Rumäniens und Europa, Asien und Nordamerika. Viele internationale Fluglinien fliegen Rumänien ebenfalls an. Alle größeren rumänischen Städte haben Flughäfen, von denen aus man nach Bukarest, dem Hauptverkehrszentrum des Landes, gelangt.

Die Flughäfen Timisoara (Temesvar), Constanta (Konstanza), Sibiu (Hermannstadt), Targu Mures und Cluj-Napoca sind gleichzeitig die wichtigsten Einreisestellen in das Land.

Rumänien ist auch gut an das internationale Schienennetz angebunden und hat ein effizientes inländisches Bahnsystem. Der Wiener-Walzer-Express verkehrt täglich von Bukarest nach Wien (Fahrzeit ca. 20 Stunden).

STRASSENVERKEHR UND KOMMUNIKATION

Rumänien verfügt über ein weites Straßennetz, die Qualität der Straßen lässt allerdings zu wünschen übrig. Die Verbindungsstraßen zwischen den größeren Städten werden derzeit ausgebaut. Von Fahrten nach Bukarest ist in den Wintermonaten (Dezember bis Februar) abzuraten, da die Bergpässe in dieser Zeit oft gefährlich sind. Im Dunkeln zu fahren ist zu keiner Jahreszeit empfehlenswert, da sich oft unerwartete Gefahrensituationen durch Fußgänger, Tiere und langsame Fahrzeuge ergeben können. Abgesehen davon sind die größeren Straßen jedoch einigermaßen sicher.

Das örtliche Telefonnetz ist automatisiert und relativ zuverlässig. Die internationalen Telefon- und Telegrafenverbindungen sind allgemein gut, oft dauert es jedoch eine Weile, bis die Verbindung steht. Da das Telefonieren zudem relativ teuer ist, kommen oft hohe Kosten zustande.

Rumänien hat ein breites Angebot an Hotels und Wohnungen, die über internationale Reisebüros oder direkt gebucht werden können. Büroräume werden im World Trade Centre (Hotel Sofitel), Union Business Centre (Hotel Union) und im ROKURA Business Centre (Hotel Dorobanti) angeboten oder können bei den zahlreichen Immobilienmaklern in den größeren Städten angemietet werden.

Wegen des Mangels an modernen Ausrüstungen liegt die medizinische Versorgung in Rumänien oft hinter westlichem Standard zurück. In Hotels steht manchmal ein Bereitschaftsarzt zur Verfügung, und jedes Jahr werden weitere Privatkliniken eröffnet.

BRÄUCHE UND GEPFLOGENHEITEN

- *Die Rumänen sind allgemein freundlich und fleißig und Ausländern gegenüber offen eingestellt.*
- *Zur Begrüßung und zum Abschied gibt man sich normalerweise die Hand. Bei Einladungen nach Hause gelten die üblichen Regeln der Höflichkeit.*
- *Blumen sind in Rumänien ein beliebtes Geschenk, das fast zu jedem Anlass passend ist, z.B. zum Namenstag, zur Hochzeit und bei Einladungen.*
- *Für die meisten gesellschaftlichen Anlässe ist legere Kleidung ausreichend. Bei Einladungen am Abend, Restaurant- oder Theaterbesuchen ist jedoch förmlichere Kleidung angesagt.*
- *In Rumänien verwendet man die förmlichen Anreden „Domnul" (Herr) und „Doamna" (Frau). Unter jüngeren Leuten und im Umgang mit englischsprachigen Geschäftspartnern hat sich jedoch die Verwendung des Vornamens eingebürgert.*
- *Vor dem Essen wünscht man einander „pofta buna" (guten Appetit), beim Anstoßen sagt man „noroc" (Prost).*

russland

Rossija
Gesamtfläche: 17.075.200 km²
Bevölkerung: 149.608,950 Millionen
Nationales Pro-Kopf-Einkommen: 3.700 Euro
Klima: Regional unterschiedlich: Steppenklima im Süden, im europäischen Teil überwiegend feuchtes Kontinentalklima, subarktisches Klima in Sibirien, Tundraklima im polaren Norden. Die Wintertemperaturen reichen von kühl (entlang der Schwarzmeerküste) bis weit unter den Gefrierpunkt (in Sibirien), die Sommertemperaturen von warm (in den Steppen) bis kühl (entlang der arktischen Küste).
Geographie: Weite Ebenen mit flachen Hügeln westlich des Urals. Ausgedehnte Wälder und Tundra in Sibirien. Hochland und Berge im südlichen Grenzgebiet
Natürliche Rohstoffe: Große Öl- und Erdgasvorkommen, Kohle, viele strategisch wichtige Mineralien und Holz
Umweltprobleme: Luftverschmutzung, Bodenerosion, Bodenverseuchung, Entwaldung
Ethnische Gruppen: Russen 81,5%, Tataren 3,8%, Ukrainer 3%
Religion: Russisch-Orthodoxe, Muslime und andere
Sprachen: Hauptsprache: Russisch
Regierung: Konstitutionelle Republik. Das Oberhaus hat 176 gewählte Mitglieder (jeweils 2 aus den 88 Wahlregionen), das

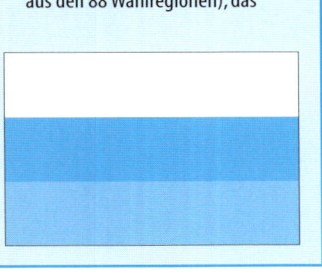

Russland erstreckt sich über elf Zeitzonen, nimmt ein Achtel der Landoberfläche der Erde ein und ist das größte Land der Welt (fast doppelt so groß wie die USA). Administrativ ist das Land in Provinzen (oblast und krai), städtische Großräume (Moskau und St. Petersburg), 16 autonome Republiken mit eigenen, unabhängigen Regierungen, 5 autonome Regionen und 10 nationale Regionen unterteilt. Die autonomen und nationalen Regionen besitzen weniger Autonomie als die Republiken. Insgesamt hat Russland 89 Verwaltungsbezirke.

WIRTSCHAFTLICHER HINTERGRUND

Vor dem Zerfall der ehemaligen Sowjetunion erwirtschaftete Russland rund 60% des Bruttoinlandsprodukts der UdSSR. Auch heute spielt es dank seines Ressourcenreichtums und seiner riesigen Bevölkerung noch immer eine wirtschaftliche Führungsrolle innerhalb der Gemeinschaft unabhängiger Staaten (GUS).

Russland ist einer der größten – wenn nicht sogar der größte – Produzent zahlreicher wichtiger Rohstoffe und Güter. Es ist reich gesegnet mit natürlichen Bodenschätzen und Rohstoffen wie Erdöl, Diamanten, Gold, Kupfer, Edelmetallen, Mangan, Bauxit, Uran, Silber, Graphit und Platin, die weltweit begehrt sind und dem Land harte Devisen einbringen. Einige der wichtigsten Mineralvorkommen liegen in den autonomen Republiken und Regionen. In bestimmten Fertigungsbereichen wie der Chemieindustrie und der militärischen Luft- und

Raumfahrt spielt Russland eine internationale Führungsrolle.

Das Land stellt ca. 62% aller Maschinenerzeugnisse der ehemaligen Sowjetunion her und erzeugt knapp 60% ihres Rohstahls (Russland ist nach Japan der größte Stahlproduzent der Welt). Andere wichtige Industriezweige sind die Chemie- und Holzindustrie (einschließlich Papierherstellung) sowie die Erzeugung von Nichteisenmetallen. Fast 15% der industriellen Aktivitäten entfallen auf den Rüstungsbereich. Der aufblühende Handels- und Dienstleistungssektor leistet ebenfalls einen zunehmenden Beitrag zum BIP.

BESCHÄFTIGUNGSSITUATION

Nach mehreren Jahren steigender Arbeitslosigkeit (Höchststand im Frühjahr 1997: 9,5%) wurde zum Jahresende 1997 vielfach ein Rückgang auf 9% berichtet (zum Vergleich: Der Jahresendwert 1996 betrug 9,3%). Die tatsächliche Arbeitslosenquote dürfte jedoch wesentlich höher liegen. Es wird geschätzt, dass sich die Gesamtzahl der Arbeitslosen und Unterbeschäftigten seit Anfang 1995 auf 12 bis 15% beläuft. Viele Unterbeschäftigte sind zwar offiziell weiter beschäftigt, arbeiten jedoch Kurzzeit oder nehmen unbezahlten Dauerurlaub. Sie haben hierdurch weiter Anspruch auf Sozialleistungen und eine gute steuerliche Tarnung für Schwarzarbeit.

Nach dem Zerfall der Sowjetunion erlebte die industrielle Produktion Russlands einen dramatischen Einbruch. Nach Angaben der Weltbank ist die industrielle Produktion seit 1992 um 40% zurückgegangen, andere Quellen gehen sogar von mehr als 50% aus. Am stärksten betroffen waren der „militärisch-industrielle Komplex", der die öffentliche Hand belieferte, sowie das Baugewerbe. Manche exportorientierte Branchen überstanden die Übergangsphase relativ gut, während andere weiterhin stark unter der Stabilisierung der russischen Wechselkurse zu leiden haben, die den Preis für ihre Erzeugnisse auf dem Weltmarkt nach oben getrieben hat.

ENERGIE

Der Energiesektor ist – hinsichtlich seines BIP-Anteils, der Gewinnung direkter Auslandsinvestitionen und des Beitrags zur russischen Außenhandelsbilanz – ein wichtiger Wirtschaftszweig. Russland verfügt über riesige Energievorräte und ist

---

Unterhaus (Staatsduma) 450 gewählte Mitglieder. Der Präsident und das Parlament werden für vier Jahre gewählt.

Hauptstadt: Moskva (Moskau)

Andere Großstädte: Chelyabinsk, Kazan, Nizhniy Novgorod, Nowosibirsk, Perm, Samara, Saratov, St. Petersburg, Wladiwostok, Wolgograd, Yekaterinburg

Währung: 1 Rubel = 100 Kopeken

Nationalfeiertag: 12. Juni - Unabhängigkeitstag

Rechtssystem: Auf dem römischen Rechtssystem beruhend. Richterliche Nachprüfung von Gesetzen.

Exporte: Erdöl und Erdölprodukte, Erdgas, Holz und Holzerzeugnisse, Metalle, Chemikalien und eine Vielzahl ziviler und militärischer Erzeugnisse

Importe: Maschinen und Ausrüstungen, Chemikalien, Konsumgüter, Getreide, Fleisch, Zucker, Halbfertigprodukte aus Metall

Industrie: Alle Montan- und Rohstoffindustrien. Alle Formen des Maschinenbaus. Schiffbau, Ausrüstungen für den Straßen- und Schienentransport. Kommunikationsausrüstungen, landwirtschaftliche Maschinen, Traktoren und Baumaschinen. Stromerzeugungs- und Sendegeräte, medizinische und wissenschaftliche Instrumente, langlebige Konsumgüter

Landwirtschaft: Getreide, Zuckerrüben, Sonnenblumenkerne, Fleisch, Milch, Gemüse, Obst

Telekommunikation: Systeme werden derzeit verbessert

Weitere Informationen:
- www.russia.com
- www.europeonline.com
- www.tipc.ru
- http://reenic.utexas.edu
- www.iep.doc.gov/bisnis
- www.infcis.com

ein Nettoexporteur von Energie. Die Ölindustrie wird von verschiedenen einheimischen, vertikal integrierten Firmen dominiert, die zusammen für fast 89% der russischen Erdölproduktion verantwortlich zeichnen (Dezember 1997). Knapp 50 Joint Venture-Unternehmen sind mit weiteren 6% an der Gesamtproduktion beteiligt. Das Öl wird hauptsächlich über Pipelines nach Osteuropa transportiert oder mit Öltankern von den russischen Ostsee- und Schwarzmeerhäfen aus über den türkisch kontrollierten Bosporus ins Mittelmeer verschifft.

Die Gasindustrie wird von der Firma Gazprom dominiert. Gazprom, mit Gasvorkommen im Umfang von 32,2 Billionen Kubikmetern derzeit der größte Gaserzeuger der Welt, ist für die Gasversorgung praktisch aller russischen Regionen zuständig und exportiert auch Gas ins Ausland. Das Unternehmen deckt 94% des russischen Gasbedarfs und ist mit einem 22%igen Anteil an der weltweiten Gasproduktion global führend. Die wichtigsten Abnehmermärkte von Gazprom sind die ehemalige Sowjetunion und Europa. 1997 lieferte Gazprom in diese Länder 122 Milliarden Kubikmeter Gas.

PRIVATISIERUNG

Die Landwirtschaft, traditionell ein Eckpfeiler der russischen Wirtschaft, ist seit einigen Jahren eher einer ihrer Schwachpunkte. Rund 20% der Erwerbsbevölkerung sind in der Lebensmittelindustrie beschäftigt, der Sektor erwirtschaftete 1996 jedoch nur wenig mehr als 6% des BIP und kam 1995 für nur 1% des staatlichen Steueraufkommens auf. Die Kürzung von Subventionen zwang landwirtschaftliche Betriebe und Lebensmittelproduzenten zur Verringerung ihres Personalbestands. Die Lücken in der Lebensmittelherstellung wurden durch Importe geschlossen. Mittlerweile werden bis zu 35% der landesweit konsumierten Lebensmittel aus dem Ausland importiert, in manchen Gegenden sind es sogar 60% und mehr.

Die Regierung betrachtet die Privatisierung staatlicher Betriebe und Kollektiven als wesentlichen Schritt zur Marktwirtschaft. Hierbei hat Russland bereits gute Fortschritte erzielt. Seit Januar 1994 wurden 11.000 der 14.500 mittelgroßen bis großen Firmen in Form von Gutscheinauktionen privatisiert. Zeitweilig wurden pro Monat bis zu 600 staatliche Unternehmen veräußert. Mitte 1994 befanden sich bereits ca. 80% der kleineren Läden und Restaurants (weniger als 200 Mitarbeiter) in privater Hand. Im Januar 1996 berichtete die Regierung, dass 70% des BIP durch Waren und Dienstleistungen aus dem privaten Sektor erwirtschaftet wurden. Anfang 1997 umfasste der privatwirtschaftliche Sektor Regierungsberichten zufolge bereits 75% der Fertigungsbetriebe, 85% der Fertigung und 80% der Arbeitnehmer.

EINRICHTUNGEN

Die Preise für gewerbliche Immobilien in Moskau sind mindestens so hoch – in manchen Fällen sogar höher – wie auf anderen teuren Immobilienmärkten der Welt (z.B. Tokio). Die Büromieten in Moskau sind mittlerweile auf jährlich 1200 Euro pro Quadratmeter gestiegen – das ist etwa eineinhalb mal so hoch wie in Paris und London, doppelt so hoch wie in New York und viermal so hoch wie in Deutschland.

Moskau und St. Petersburg haben zwar ein relativ gutes Angebot für Touristen vorzuweisen, im restlichen Russland sind die Einrichtungen jedoch allgemein weniger umfangreich, und viele Waren und Dienstleistungen, die in anderen Ländern zum Alltag gehören, sind in zahlreichen Städten noch nicht verfügbar. Das Reisen im Land, vor allem per Flugzeug, kann ebenfalls problematisch sein, denn Kraftstoffknappheit, Überfüllung und andere Probleme erschweren einen geregelten Ablauf.

POLITISCHES LEBEN

Die medizinische Versorgung ist begrenzt und liegt oft weit unter westlichem Niveau. Medizinische Grundartikel wie Einwegkanülen, Narkosemittel und Antibiotika sind Mangelware. Vor einer Reise nach Russland sollte man alle Impfungen auffrischen lassen. Vor allem ein Impfschutz gegen Diphtherie und Typhus ist wichtig. Es empfiehlt sich, im ganzen Land nur abgekochtes Wasser oder Mineralwasser zu trinken.

Die politische Situation im nördlichen Kaukasus, entlang der südrussischen Grenze mit Georgien, ist weiterhin prekär. In der Republik Tschetschenien, in Inguschetien und in der Nord-Ossetischen Republik finden bewaffnete Auseinandersetzungen statt; diese Gebiete sind aufgrund der fortlaufenden Spannungen für Reisende gefährlich.

Nach verschiedenen Terroranschlägen wie den Bombenexplosionen in zwei öffentlichen Bussen im Juli 1996 in Moskau wurden die Sicherheitskontrollen verschärft, vor allem in der U-Bahn, in staatlichen Einrichtungen und an den Ein- und Ausreisepunkten der Stadt.

KRIMINALITÄT

In Russland und insbesondere in Moskau sind größere Menschenansammlungen und Demonstrationen häufig. Reisende sollten in Gegenwart solcher größeren Gruppen Vorsicht walten lassen.

Kriminalität gegenüber Ausländern ist vor allem in den größeren Städten weiterhin ein Problem. Taschendiebstähle, tätliche Angriffe und räuberische Überfälle finden Tag und Nacht statt, vor allem auf städtischen Straßen, in Unterführungen und nachts in Zügen. Besonders aktiv sind die Täter auch an Bahnhöfen und Flughäfen, auf Märkten, im Umkreis von Sehenswürdigkeiten und in Restaurants, Hotels und Wohnungen, selbst wenn diese abgeschlossen oder bewohnt sind. Verschiedentlich sind auch Berichte über Kinderbanden laut geworden, die Ausländer auf der Straße oder in Unterführungen überfallen und ausrauben. Ausländer sind, besonders nach Alkoholkonsum, durch Angriffe und Diebstähle in Nachtclubs und Bars bzw. auf dem Nachhauseweg gefährdet. Vorsicht ist auch geboten, wenn man zusammen mit Fremden ein Taxi teilt. Verkehrspolizisten halten Autofahrer oft an, um „Geldstrafen" direkt vor Ort zu kassieren, und Straßenräuber treiben an der Straße von St. Petersburg nach Wiborg ihr Unwesen.

KORRUPTION

Erpressung und Korruption sind in der russischen Geschäftswelt an der Tagesordnung. Besonders stark betroffen sind Presseberichten zufolge der staatliche Zollausschuss, die Steuerpolizei, das Komitee für Staatseigentum, die Zentralbank und das Verteidigungs-, Innen- und Landwirtschaftsministerium. Organisierte Banden versuchen in vielen russischen Großstädten unter Androhung von Gewalt Schutzgelder von ausländischen Firmen zu erpressen. Viele westliche Unternehmen haben daher Sicherheitsdienste beauftragt. Die allgemeine Sicherheitslage hat sich hierdurch etwas entschärft, garantiert ist die Sicherheit jedoch auch damit nicht.

FAZIT

All diese Hinweise sollen jedoch eher der Warnung als der Abschreckung dienen, und mit etwas gesundem Menschenverstand lassen sich kritische Situationen meist vermeiden. Hunderte von Ausländern gehen dem täglichen Leben in Russland nach, ohne auf irgendwelche Gefahren zu stoßen. Die Russen sind allgemein gebildet, kultiviert und unterhaltsam, nachdem sie ihr anfängliches Misstrauen gegenüber Fremden abgelegt haben. Sie gehören zu den gastfreundlichsten Nationen der Welt, und Besucher sollten sich auf den Genuss größerer Mengen Wodkas einstellen.

serbien & montenegro

Srbija & Crna Gora
Ehemalige jugoslawische Republiken Serbien und Montenegro
Gesamtfläche: 102.350 km^2
Bevölkerung: 10,7 Millionen
Klima: Kalte Winter und heiße, feuchte Sommer.
Geographie: Fruchtbare, ertragreiche Ebenen im Norden, Kalksteingebirge im Osten, Berg- und Hügellandschaft im Südosten, Steilküste
Natürliche Rohstoffe: Öl, Gas, Kohle, Antimon, Kupfer, Blei, Zink, Nickel, Gold, Pyrit, Chrom
Ethnische Gruppen: Serben 63%, Albaner 14%, Montenegriner 6%, Ungarn 4%
Religion: Orthodoxe 65%, Muslime 19%, Katholiken 4%
Sprachen:
Hauptsprache: Serbokroatisch
Weitere Sprache: Albanisch
Hauptstadt: Belgrad
Andere Großstädte: Novi Sad, Nis
Währung: 1 Dinar = 100 Paras
Exporte und Importe: Derzeit durch Handelssanktionen eingeschränkt
Industrie: Maschinenbau, Hüttenwesen, Bergbau, Konsumgüter, Elektronik, Erdölprodukte, Chemikalien und Pharmazeutika
Landwirtschaft: Getreide, Baumwolle, Ölsaat, Chicorée, Rindfleisch und Milchprodukte, Obst, Gemüse, Tabak, Oliven, Trauben, Reis
Telekommunikation: Mangelhaft
Weitere Informationen:
- www.usbizcouncil.org
- www.gov.yu/index.html
- www.kosovo.com
- www.ssees.ec.uk/yugoslav.htm

Die schweren Zerstörungen des Bürgerkriegs und die dadurch bedingte Destabilisierung des Landes seit dem Zusammenbruch der ehemaligen sozialistischen föderativen Republik Jugoslawien haben den Handel mit dem Ausland in beiden Richtungen erheblich beeinträchtigt. Als sich die beiden Republiken Serbien und Montenegro zu einem (von den wichtigsten Ländern der Welt übrigens nicht anerkannten) Staat zusammenschlossen, besaßen sie eine solide Wirtschaftslage und eine gut ausgebildete, produktive Erwerbsbevölkerung. Durch den Krieg mit der serbischen Provinz Kosovo sind sie innerhalb Europas jedoch in die Isolation geraten. Das Fortbestehen einer Regierung, die mehr an politischer und militärischer Dominanz und weniger an wirtschaftlicher Reform interessiert ist, stellt jetzt ein schwerwiegendes Hindernis für die weitere Entwicklung dar. Umfangreiche Sanktionen gegen Serbien und die damit verbundenen schweren Handelsrestriktionen engen die Möglichkeiten einer internationalen Geschäftsabwicklung weiter ein.

Bei einen Besuch Serbiens sollte man die nötigen praktischen Vorsichtsmaßnahmen treffen und sich auf häufige Unterbrechungen im Alltagsablauf gefasst machen. Die Bedrohung durch Gewalt ist allgegenwärtig, und infrastrukturelle Schäden und nicht detonierte Artilleriegeschütze im ganzen Land tragen zur allgemeinen Instabilität bei.

Unter anderen Umständen hätten Serbien und Montenegro viel zu bieten. Ihre landschaftliche Schönheit und ihr reiches Kulturerbe könnten Anziehungspunkte für Ausländer sein, die am Wiederaufbau des Landes mitwirken wollen.

ZENTRAL- UND OSTEUROPA

slowakei

Seit der Trennung von der Tschechischen Republik und Erlangung der nationalen Unabhängigkeit 1993 hat die Slowakei eine eindrucksvolle wirtschaftliche Entwicklung erfahren. Bedauerlicherweise konnte die Politik hiermit nicht immer Schritt halten, so dass die Slowakei nicht zu den nächsten Kandidaten für einen EU-Beitritt gehört.

Der Handel spielt im slowakischen Wirtschaftsgeschehen eine sehr wichtige Rolle, und die Nachfrage nach importierten Investitions- und Konsumgütern steigt. Gut 40% des slowakischen Handels entfallen auf die Europäische Union, weitere 25% auf die Tschechische Republik. Das Importvolumen aus Russland ist ansehnlich, die Importe bestehen jedoch hauptsächlich aus Brenn- und Rohstoffen. Das slowakische BIP wuchs 1997 um 6,5% (wenngleich diese Zahl nach Überarbeitung der Statistiken eventuell auf 5,7% revidiert werden muss). Die Exporte sind gestiegen, können jedoch noch immer nicht mit den Importen Schritt halten, die kontinuierlich zunehmen.

WIRTSCHAFTLICHER HINTERGRUND
Die slowakische Krone ist stabil und konvertierbar. Die Inflationsrate ist mit knapp über 7% die niedrigste in ganz Zentral- und Osteuropa. Die Auslandsverschuldung ist im letzten Jahr drastisch angestiegen und beträgt jetzt 6,25 Milliarden Euro, die Devisenreserven reichen jedoch in den nächsten Monaten noch für Importe aus.

Die Privatisierung der kleineren Betriebe ist bereits abgeschlossen und nähert sich auch in Bezug auf

---

Slovensko
Gesamtfläche: 48.845 km²
Bevölkerung: 5,4 Millionen
Nationales Pro-Kopf-Einkommen: 6.000 Euro
Klima: Kühle Sommer. Kalte, wolkenreiche, feuchte Winter
Geographie: Zerklüftete Berglandschaft und Wälder in der Landesmitte und im Norden, Flachland im Süden
Natürliche Rohstoffe: Braunkohle und Lignit, Eisenerz, Kupfer- und Weichmanganerz, Salz
Umweltprobleme: Waldschäden durch sauren Regen
Ethnische Gruppen: Slowaken 85,6%, Ungarn 10,8%
Religion: Katholiken 60,3%, Protestanten 8,4%, Orthodoxe 4,1%
Sprachen:
 Hauptsprache: Slowakisch
 Weitere Sprache: Ungarisch
Regierung: Parlamentarische Demokratie. Der Präsident wird für fünf Jahre von einem Einkammer-Parlament, dem Nationalrat, gewählt. Die 150 Mitglieder des Nationalrats werden für vier Jahre gewählt. Der Präsident ernennt den Premierminister, der die Regierungsgeschäfte führt.
Hauptstadt: Bratislava
Andere Großstädte: Kosice
Währung: 1 slowakische Krone = 100 Haleru
Nationalfeiertag: 29. August – Tag des slowakischen Nationalaufstandes
Rechtssystem: Römisches Rechtssystem, basierend auf dem

österreichisch-ungarischen Gesetzbuchkodex

Exporte: Maschinen und Transportgeräte, Chemikalien, Brennstoffe, Mineralien und Metalle, landwirtschaftliche Erzeugnisse

Importe: Maschinen und Transportgeräte, Brenn- und Schmierstoffe, Fertigwaren, Rohstoffe, Chemikalien, landwirtschaftliche Erzeugnisse

Industrie: Braunkohlebergbau, Chemikalien, Metallverarbeitung, Konsumgüter, Dünger, Kunststoffe, Rüstungsgüter, Holzerzeugnisse

Landwirtschaft: Getreide, Kartoffeln, Zuckerrüben, Hopfen, Obst, Mastschweine, Rinder und Geflügel

Telekommunikation: Das Telekommunikationssystem ist veraltet und wird langsam modernisiert. Sowohl im Telefon- als auch im Faxverkehr kann es zu schlechten Verbindungen kommen. E-Mail und Internet gewinnen an Bedeutung.

Weitere Informationen:
- www.centraleurope.com
- www.europeonline.com
- www.usbizcouncil.org
- www.itaiep.doc.gov/eebic/ceebic.html
- www.slovakia.com
- http://reenic.utexas.edu
- www.centraleurope.com
- www.savba.sk
- www.nbs.sk

größere Unternehmen ihrem Ende. Eine nennenswerte Ausnahme stellen die Finanz-, Energie-, Telekommunikations- und Transportunternehmen dar, die sich weiterhin im Staatsbesitz befinden. Unternehmen gehen heute meist durch direkten Verkauf in private Hände über, anstatt wie früher durch Gutscheinsysteme. Oft werden die staatlichen Firmen vom eigenen Management übernommen.

Die Privatisierungsmaßnahmen sind stark umstritten, da ausländische Interessenten, wenn auch nicht offiziell, weitgehend vom Kauf ausgeschlossen waren. Der Privatisierungsprozess ist relativ undurchsichtig und stark von politischen Interessen geprägt. Unabhängig davon erwirtschaftet der private Sektor heute jedoch 82% des slowakischen BIP. Die private Wirtschaft zeichnet auch für mehr als die Hälfte der industriellen Produktion verantwortlich. Die Slowakei gehört damit zu den am stärksten privatisierten Ländern des ehemaligen Ostblocks.

Die slowakische Regierung hofft, die einst mächtige Rüstungsindustrie neu beleben zu können, ist jedoch nicht gewillt, sie direkt zu subventionieren. Hierdurch könnten sich Chancen für ausländische Unternehmen ergeben.

GEWOHNHEITEN UND ETIKETTE

Die Geschäftspraktiken und Umgangsformen in der Slowakei sind eine Mischung aus westeuropäisch-amerikanischen Gepflogenheiten und osteuropäisch-russischen Sitten. Während im Raum Bratislava Englisch als Geschäftssprache zunehmend akzeptiert ist, wird im restlichen Land eher Deutsch gesprochen. Viele Slowaken verstehen auch Russisch, sprechen es aber nicht allzu gern.

VERKEHRSNETZ

Das slowakische Verkehrsnetz ist gut ausgebaut, wenn auch etwas veraltet. Vom internationalen Flughafen Bratislava bestehen Flugverbindungen zu anderen größeren Städten der Slowakei sowie nach Prag und in andere Teile Osteuropas. Die meisten Reisenden bevorzugen jedoch den Flughafen Wien Schwechat und fahren von dort per Bus oder Mietwagen weiter. Die Bahn ist allgemein zuverlässig. Fahrten im Auto dauern unter Umständen länger als geplant.

Unterkünfte für Geschäftsreisende sind in begrenzter Zahl verfügbar. Die Küche ist vielseitig und gut und verbindet slowakische, österreichische und ungarische Einflüsse.

slowenien

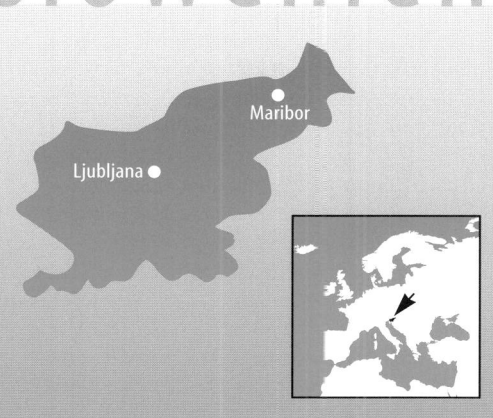

Slovenija
Gesamtfläche: 20.296 km²
Bevölkerung: 1,97 Millionen
Nationales Pro-Kopf Einkommen: 9.170 Euro
Klima: Milde bis heiße Sommer, in den Tälern und auf den Hochebenen kalte Winter
Geographie: Küstenstreifen entlang der Adria, alpine Gebirgslandschaften
Natürliche Rohstoffe: Braunkohle, Blei, Zink, Quecksilber, Uran und Silber
Umweltprobleme: Waldschäden durch sauren Regen. Fluss- und Küstenverseuchung.
Ethnische Gruppen: Slowenen 91%, Kroaten 3%, Serben 2%
Religion: Katholiken 96%
Sprachen:
Hauptsprache: Slowenisch
Weitere Sprachen:
Serbokroatisch, Englisch, Deutsch und Italienisch
Regierung: Parlamentarische Demokratie. Zweikammersystem: Nationalrat mit 90 Abgeordneten und Staatsrat mit 40 Mitgliedern. Der Premierminister und das Kabinett werden vom Präsidenten mit Unterstützung des Parlaments ernannt.
Hauptstadt: Ljubljana
Andere Großstädte: Maribor
Währung: 1 Tolar = 100 Stotin
Nationalfeiertag: 25. Juni - Staatsgründungstag
Rechtssystem: Auf dem römischen Rechtssystem beruhend

Slowenien ist bei weitem die wohlhabendste unter den ehemaligen jugoslawischen Republiken und braucht heute den Vergleich mit den meisten westeuropäischen Volkswirtschaften nicht zu scheuen. Seit Jahrhunderten nimmt das Land in Zentral- und Osteuropa eine Sonderrolle ein. In den langen Jahren der Fremdherrschaft – zunächst durch bayrische Fürsten und dann durch das Haus Habsburg – widersetzte sich Slowenien der Germanisierung und bewahrte seine slawische Sprache und Kultur. Während des Kommunismus nahm Jugoslawiens wohlhabendste Republik im Rahmen des einzigartigen, quasi-marktwirtschaftlichen Systems des Landes eine Führungsrolle ein und war ständig bereit, neue Exportmärkte zu erschließen. Als Belgrad Ende der 80-er Jahre versuchte, die politische und wirtschaftliche Macht wieder an sich zu ziehen, erlebte Slowenien eine demokratische Blüte und öffnete sich kulturell, politisch und wirtschaftlich in einem Maß, wie es die kommunistische Welt bis dahin nicht erlebt hatte. In seiner ersten Zeit als unabhängige Republik konzentrierte Slowenien seine nationalen Energien auf die Stabilisierung der Wirtschaft und die weitere politische Öffnung.

Mit einem Pro-Kopf-BIP von 9.170 Euro (Zahlen von 1997) ist Slowenien das dynamischste der derzeit im Wandel befindlichen europäischen Wirtschaftssysteme. Zum Teil ist diese Rolle auch auf seine günstige Ausgangsposition zurückzuführen. Obwohl nur ein Zwölftel der jugoslawischen

Exporte: Maschinen und Transportgeräte, Fertigwaren, Chemikalien, Lebensmittel
Importe: Maschinen und Transportgeräte, Chemikalien, Brenn- und Schmierstoffe, Lebensmittel
Industrie: Eisenhütten- und Walzerzeugnisse, gezogene und gewalzte Aluminiumprodukte, Blei- und Zinkgießerei, Elektronik, Lkw, Stromanlagen, Holzerzeugnisse, Textilien, Chemikalien, Werkzeugmaschinen
Landwirtschaft: Schaf- und Viehzucht, Milchprodukte, Kartoffeln, Hopfen, Hanf, Flachs
Telekommunikation: Gut
Weitere Informationen:
- www.slovenia.com
- www.skb.si
- www.ijs.si
- www.centraleurope.com
- www.gzs.si
- www.usbizcouncil.org
- http://reenic.utexas.edu
- www.itaiep.doc.gov/eebic/ceebic.html

Bevölkerung in Slowenien lebte, zeichnete die Republik für ein Sechstel der Produktion des Landes und beinahe ein Viertel der Exporte verantwortlich. Wenngleich der Zusammenbruch Jugoslawiens eine akute Verschlechterung der Wirtschaftslage mit sich gebracht hat, von der sich das Land erst 1995 erholte, war Slowenien der erste ehemals kommunistische Staat Europas, der in der Übergangsphase ein positives Wirtschaftswachstum verzeichnen konnte.

Verschiedene staatliche Maßnahmen zur Stabilisierung der makroökonomischen Lage, eine frühzeitige Öffnung gegenüber den Weltpreisen und eine Vielzahl von baldigen Strukturreformen haben wesentlich zu der heutigen Führungsrolle Sloweniens beigetragen.

Die Vereinten Nationen wählten Slowenien als Vertretungsland für Osteuropa in den Sicherheitsrat. Eine besondere Anerkennung seiner Leistungen wurde Slowenien 1997 zuteil, als die Europäische Union es in die kleine Gruppe von Ländern aufnahm, denen die Möglichkeit zum Beginn von Verhandlungen über einen EU-Beitritt gegeben wurde. Slowenien wird höchstwahrscheinlich zu den ersten neuen Mitgliedsstaaten der EU im neuen Jahrtausend gehören.

Die Zukunftsaussichten sind positiv, doch müssen noch verschiedene Herausforderungen bewältigt werden. Die wichtigste dieser Aufgaben ist die Erfüllung der EU-Beitrittsbedingungen. Die hierzu erforderlichen gesetzgeberischen Maßnahmen werden zeigen, ob die slowenische Führung den politischen Willen besitzt, es mit verschiedenen Interessensverbänden im Land aufzunehmen, die die Reformbemühungen bisher gebremst haben. Notwendig sind insbesondere Veränderungen im Finanzwesen, Verbesserungen in der Wettbewerbspolitik und der öffentlichen Beschaffung sowie verschiedene Maßnahmen zur Bekämpfung von Diskriminierung. Die Regierung wird vermutlich auch die Klärung von Ansprüchen beschleunigen, die sich aus Enteignungen nach dem Krieg ergeben und die Effektivität des slowenischen Rechtsapparats in Frage gestellt haben. Zudem leitet die slowenische Regierung derzeit die nächste Privatisierungsphase ein, in der diverse größere staatliche Einrichtungen veräußert werden sollen, viele davon an ausländische Investoren. Für den Verkauf vorgesehen sind zwei große Banken, das Telefonmonopol, Eisenbahnanteile, Stromerzeugungsanlagen und zahlreiche

Versicherungsgesellschaften.

Ein typisches Merkmal des slowenischen Managementstils ist, dass Entscheidungen noch immer hoch oben in der Firmenhierarchie gefällt werden. Was die Delegation von Verantwortung innerhalb von Firmen anbelangt, so hat Slowenien noch einiges dazuzulernen. Geschäftliche Verhandlungen sollte man in Slowenien daher erst dann als abgeschlossen betrachten, wenn man eine entsprechende Bestätigung seitens der Firmenleitung oder von einem anerkannten Entscheidungsträger der Firma in Händen hält. Die persönliche Kontaktpflege durch Korrespondenz und Besuche wird im slowenischen Geschäftsleben groß geschrieben.

Ljubljana ist auf dem Luftweg problemlos zu erreichen. Der internationale Flughafen Ljubljana-Brnik liegt 27 Kilometer von der Hauptstadt entfernt und wird von der nationalen Fluggesellschaft Adria Airways sowie von internationalen Fluglinien angeflogen.

Das slowenische Verkehrssystem ist gut ausgebaut. Die meisten Städte sind durch das Fernstraßennetz verbunden, und die zahlreichen Grenzübergänge in die Nachbarländer sind gut zu erreichen. Flugverbindungen innerhalb Sloweniens bestehen nicht, sind wegen der geringen Größe des Landes aber auch unnötig. Die Bahn ist ein beliebtes und bequemes Verkehrsmittel. Die öffentlichen Verkehrssysteme der größeren slowenischen Städte sind allgemein gut. Die wichtigsten innerstädtischen Transportmittel sind Busse.

Slowenisch gehört zu den südslawischen Sprachen und weist gewisse Ähnlichkeiten mit Kroatisch und Serbisch auf. Die Schrift beruht auf dem römischen Alphabet. Die meisten slowenischen Geschäftsleute sprechen Fremdsprachen, vor allem Englisch, vereinzelt aber auch Deutsch. Italienisch wird hauptsächlich in den slowenisch-italienischen Grenzgebieten gesprochen.

Das slowenische Post- und Telefonsystem ist effizient, Faxgeräte sind weit verbreitet, und die Verwendung von E-Mail nimmt zu. Telefonkartensysteme mit Gebührenabrechnung über den heimischen Anschluss gibt es in Slowenien nicht, und Ferngespräche sind selbst für europäische Verhältnisse teuer. In vielen Gegenden gibt es weiterhin nur Impulswahlleitungen, obwohl sich auch Tonwahlsysteme zunehmend durchsetzen.

Bequeme Wohnungen sind in allen größeren Städten zu finden. Büroräume und Wohnungen können über örtliche Spezialagenturen oder private Anzeigen in den Lokalzeitungen gemietet werden. Eine Liste slowenischer Immobilienmakler und englischsprachiger Ärzte ist bei den meisten Botschaften in Ljubljana erhältlich.

Die slowenische Küche ist allgemein gut und vielseitig, Restaurants sind jedoch relativ teuer. Kreditkarten (z.B. MasterCard, Visa, American Express und Diners Club) werden vielerorts akzeptiert.

tschechien

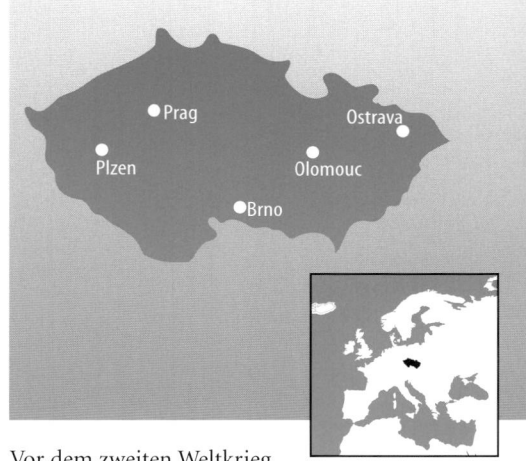

Tschechien Republik
Gesamtfläche: 78.703 km²
Bevölkerung: 10,3 Millionen
Nationales Pro-Kopf-Einkommen: 8.500 Euro
Klima: Kühle Sommer. Kalte, wolkenreiche Winter
Geographie: Flachwellige Ebenen und Hügellandschaft, umgeben von niedrigen Gebirgszügen
Natürliche Rohstoffe: Steinkohle, Weichkohle, Kaolin, Ton, Graphit
Umweltprobleme: Zum Teil gesundheitsgefährdende Luft- und Wasserverschmutzung, Waldschäden durch sauren Regen
Ethnische Gruppen: Tschechen 94%, Slowaken 3%
Religion: Katholiken 39%, Protestanten 4,6%, Orthodoxe 3%
Sprachen:
  Hauptsprachen: Tschechisch, Slowakisch
  Weitere Sprachen: Deutsch und Englisch
Regierung: Parlamentarische Demokratie unter Leitung eines Präsidenten. Das Parlament hat zwei Kammern: Die Mitglieder der Kammer werden für vier Jahre, die Mitglieder des Senats für sechs Jahre gewählt.
Hauptstadt: Prag
Andere Großstädte: Brno (Brünn), Ostrava (Ostrau), Plzen (Pilsen), Olomouc (Olmütz)
Währung: Tschechische Krone
Nationalfeiertage: 9. Mai, 28. Oktober

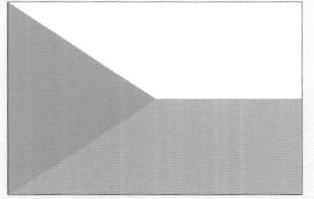

Vor dem zweiten Weltkrieg war die Tschechoslowakei die siebtstärkste Wirtschaftsmacht. Die starke industrielle Tradition, vor allem im Bereich Maschinenbau und in der Automobilindustrie, hat in Tschechien (Tschechische Republik) bis heute überlebt. Prag ist heute eine der historischen Vorzeigestädte Europas und seine Wirtschaft spiegelt diese Position wider. Im restlichen Tschechien hingegen sind noch erhebliche Anstrengungen zur Modernisierung von Betrieben und Infrastruktur und zur Eindämmung der Umweltverschmutzung durch die Industrie erforderlich.

WIRTSCHAFTLICHER HINTERGRUND

Das wirtschaftliche Bild ist uneinheitlich. Die Exporte sind stark gestiegen, der Konsum ist moderat. Das Wachstum verläuft jedoch weiterhin eher schwach. Zum Teil ist diese Verlangsamung des wirtschaftlichen Wachstums gewollt und das Ergebnis der 1997 von der Regierung eingeführten Sparmaßnahmen. Die wichtigsten Probleme, die die tschechische Wirtschaft noch immer zu bewältigen hat, sind die Privatisierung der staatlichen Banken und Energieverteilung sowie der Telekommunikations- und Verkehrsnetze. Die Regelung der Kapitalmärkte steckt noch in den Kinderschuhen. Eine vor kurzem geschaffene Börsenaufsichtsbehörde bemüht sich um Reformierung des Börsenhandelssystems, das bisher an mangelnder Transparenz in Bezug auf Preise, Informationen und

Eigentumsverhältnisse krankt. Neben einem strengeren Konkursrecht wurden Gesetze eingeführt, die Investmentfonds mit hoher Abzinsung zur Rücknahme von Aktien verpflichten. Bedenken bestehen jedoch weiterhin bezüglich der Arbeitsweise der Investmentsfonds und ihrer engen Beziehungen zu Verwaltungsgesellschaften und Kapitalgebern.

Der wichtigste Handelspartner der Tschechischen Republik ist die EU, wobei 61% des gesamten Handels allein auf Deutschland entfallen. Durch seine zentrale Lage ist Tschechien ein ausgezeichneter Umschlagplatz für Exporte in die CEFTA-Staaten, nach Russland, in die ‚neuen unabhängigen Staaten' und ins restliche Europa. Die gut ausgebildeten Arbeitskräfte und die relativ hoch entwickelte Infrastruktur des Landes bieten multinationalen Konzernen wichtige Anreize zur Gründung örtlicher Niederlassungen. Die Lebensqualität in der Hauptstadt Prag ist in den letzten Jahren deutlich gestiegen. Der Flughafen Ruzyne braucht heute den internationalen Vergleich nicht zu scheuen. Für die nächsten Jahre ist der Bau weiterer Passagier- und Frachtterminals geplant. Eine Anfang 1997 eröffnete internationale Schule (Kostenpunkt: 8 Millionen Dollar) bietet modernste Einrichtungen und einen innovativen Lehrplan, der nach amerikanischen Bildungskonzepten und -normen zusammengestellt ist.

LEBENSART

Im geschäftlichen Umgang gelten in Tschechien die gleichen Gepflogenheiten wie in Westeuropa. Die Geschäftskleidung ist ähnlich und bei Treffen wird allgemein Pünktlichkeit erwartet. Längere Arbeitszeiten als der übliche 8-Stunden-Tag sind in tschechischen Unternehmen zunehmend häufiger, ebenso wie Meetings am Wochenende. Bei ersten geschäftlichen Treffen ist der Ton in der Regel nicht übermäßig persönlich, sondern eher ernst und zurückhaltend. Tschechische Geschäftsleute, die wenig oder keine Erfahrung im Umgang mit ausländischen Firmen haben, können beim ersten Treffen sehr reserviert und sogar unfreundlich wirken. In der Regel sind mehrere Treffen nötig, um eine persönliche, weniger förmliche Beziehung herzustellen.

Tschechien hat eine stark ausgeprägte, dynamische Kultur und ganzjährig eine lebhafte Kunstszene. Unternehmern bieten sich eine Vielzahl von Möglichkeiten und viele Westeuropäer haben erfolgreich Firmen gegründet.

Rechtssystem: Römisches Rechtssystem basierend auf dem österreichisch-ungarischen Gesetzbuchkodex

Exporte: Gewerbliche Güter, Maschinen und Transportgerät, Chemikalien, Brennstoffe, Mineralien und Metalle

Importe: Maschinen und Transportgerät, Brenn- und Schmierstoffe, gewerbliche Güter, Rohstoffe, Chemikalien und landwirtschaftliche Erzeugnisse

Industrie: Brennstoffe, Eisenhüttenwesen, Maschinen und Transportgerät, Kohle, Kraftfahrzeuge, Glas, Porzellan, Waffen

Landwirtschaft: Getreide, Kartoffeln, Zuckerrüben, Hopfen, Obst, Mastschweine, Rinder und Geflügel

Telekommunikation: Privatisiert, wird derzeit modernisiert

Weitere Informationen:
- www.czechinvest.com
- www.czech.cz
- www.europeonline.com
- www.muselik.com/czech
- www.itaiep.doc.gov/eebic/ceebic.html
- http://reenic.utexas.edu
- www.centraleurope.com
- http://reenic.utexas.edu

ARBEITEN IN EUROPA

türkei

Türkiye
Gesamtfläche: 780.580 km²
Bevölkerung: 62,15 Millionen
Nationales Pro-Kopf-Einkommen: 3.130 Euro
Klima: Heiße, trockene Sommer, milde Winter. Im Binnenland ist das Klima rauer.
Geographie: Überwiegend gebirgig, schmaler Küstenstreifen, hoch gelegene Zentralebene
Natürliche Rohstoffe: Antimon, Kohle, Chrom, Quecksilber, Kupfer, Borat, Schwefel, Eisenerz
Umweltprobleme: Wasserverschmutzung, Luftverschmutzung, Entwaldung
Ethnische Gruppen: Türken 80%, Kurden 20%
Religion: Muslime 99%
Sprachen:
Hauptsprache: Türkisch
Weitere Sprachen: Kurdisch und Arabisch
Regierung: Demokratie. Der Präsident wird von der Großen Nationalversammlung mit 550 Abgeordneten gewählt (nur eine Amtszeit möglich). Der Premierminister und der Ministerrat haben die Exekutivgewalt inne.
Hauptstadt: Ankara
Finanzzentrum: Istanbul
Regierungssitz: Ankara
Andere Großstädte: Izmir, Adana, Bursa, Gaziantep
Währung: 1 Türkische Lira = 100 Kurus
Nationalfeiertag: 29. Oktober - Ausrufung der Republik

Die Türkei, nach Deutschland das bevölkerungsstärkste Land Europas, zeichnet sich durch eine dynamische Wirtschaft aus, in der besonders der umfangreiche Hightech-Sektor und das dynamische Bankwesen eine wichtige Rolle spielen. Dem gegenüber steht ein erhebliches Haushaltsdefizit und eine hohe Inflationsrate. Durch seine starken Beziehungen nach Westen (Europa und Russland) und Osten hat sich die Türkei – und vor allem Istanbul – zu einem wichtigen Wirtschaftszentrum im östlichen Mittelmeerraum entwickelt. Die bürokratische Schwerfälligkeit kann für ausländische Investoren jedoch frustrierend sein, und oft ist es schwierig, auf bestehenden örtlich kontrollierten Märkten Fuß zu fassen. Das Land verfügt über eine moderne Infrastruktur und gut ausgebildete, preiswerte Arbeitskräfte.

Das schwere Erdbeben im August 1999 könnte erhebliche Auswirkungen auf verschiedene Wirtschaftsbereiche haben.

WIRTSCHAFTLICHER HINTERGRUND

Das Wirtschaftswachstum der Türkei ist eines der höchsten in der OECD. Die Landwirtschaft hat ihre frühere wirtschaftliche Führungsrolle verloren, und das wirtschaftliche Wachstum ist heute weitgehend auf die Industrie und das Dienstleistungsgewerbe beschränkt. Die Landwirtschaft trug 1997 15,1% zum Bruttoinlandsprodukt bei, Industrie und Dienstleistungsgewerbe hingegen 22,1% bzw. 62,8%. Die wirtschaftliche Entwicklung fluktuiert jedoch enorm und verläuft in Schüben. In den letzten Jahren hat die türkische Wirtschaft von einer starken

Produktionsleistung mit steigenden Steuereinnahmen und einer offenen Geldpolitik profitiert, die zu einer beträchtlichen Binnennachfrage beigetragen haben.

Die Sowjetunion ist zwar weiterhin ein wichtiger Handelspartner, die Abwertung des Rubels wird sich jedoch voraussichtlich auf den russischen Außenhandel auswirken. 1996 unterzeichnete die Türkei mit der Europäischen Union ein Zollunionsabkommen, das dem Land weitere Handelsmöglichkeiten mit den großen europäischen Nationen erschließen soll. Dies hatte ein starkes Wirtschaftswachstum von 7,1% (gegenüber einer offiziellen Zielvorgabe von 4,5%) zur Folge.

Ausländische Unternehmen finden in der Privatwirtschaft bedeutend unkompliziertere Verhältnisse vor als im öffentlichen Bereich. Der öffentliche Sektor ist relativ unübersichtlich, schreibt umständliche Ausschreibungsverfahren vor und lässt dann oft lange auf Entscheidungen und Zahlungen warten. In vielen unrentablen staatlichen Unternehmen ist eine Privatisierung vorgesehen.

POLITISCHER HINTERGRUND

Ausländer sollten sich verschiedener Sensibilitäten des Landes bewusst sein. Während die großen Städte Ankara und Istanbul relativ sicher sind, ist die Lage in anderen Gegenden weniger stabil, vor allem im Südosten, wo seit langem Konflikte mit kurdischen Separatisten schwelen. Von Reisen in diese Landesteile ist unbedingt abzuraten, da hier neben anderen Gefahren ein reales Kidnappingrisiko besteht. Der Kurdenkonflikt hat die Türkei auch bei der EU und bei Menschenrechtsgruppen in Misskredit gebracht. Zudem nehmen die politischen Aktivitäten von islamischen Extremistengruppen zu.

Für ständige Spannungen sorgen auch die politischen Beziehungen zu Griechenland, die sich insbesondere im von der Türkei besetzten Nordteil der Insel Zypern manifestieren.

Das Militär übt erhebliche politische Macht aus, vor allem durch seine Vertreter im türkischen Sicherheitsrat, dem für nationale Sicherheit und Außenpolitik zuständigen Organ.

LEBEN IN DER TÜRKEI

Das Straßennetz ist annehmbar, doch gibt es nur wenige Autobahnen und der Zustand entspricht allgemein nicht westeuropäischem Niveau. Auf türkischen Straßen herrscht oft dichtes Gedränge,

---

Rechtssystem: Mischung verschiedener kontinentaleuropäischer Systeme
Exporte: Fertigwaren, Lebensmittel, Montanerzeugnisse
Importe: Fertigwaren, Brennstoffe und Lebensmittel
Industrie: Textilien, Nahrungsmittelverarbeitung, Bergbau, Stahl, Erdöl, Bauindustrie, Holz und Papier
Landwirtschaft: Tabak, Baumwolle, Getreide, Oliven, Zuckerrüben, Hülsenfrüchte, tierische Erzeugnisse (Leder)
Telekommunikation: Gut
Weitere Informationen:
- www.turkey.com
- www.tcmb.gov.tr
- www.die.gov.tr
- www.kosgeb.com

und Geschwindigkeitsbegrenzungen werden selten beachtet.

Die wichtigsten Versorgungsbetriebe wie Wasserwerke und Telekommunikationsgesellschaften arbeiten effizient, Stromausfälle sind jedoch häufig. Für öffentliche Fernsprecher werden Plastikmünzen oder -karten verkauft.

Nützliche Telefonnummern	
Telefonauskunft	118
Auskunft zu Postleitzahlen	119
Internationale Vermittlung	115
Polizei	155
Notruf	112
Feuerwehr	110

Die üblichen Geschäftszeiten sind von 9 bis 18 Uhr. Die Banken sind normalerweise von 8.30 bis 17 Uhr geöffnet. Behörden und Banken sind samstags und sonntags geschlossen.

Die Krankenhäuser sind rund um die Uhr geöffnet, und in den meisten größeren Städten gibt es private Kliniken. In jeder Gemeinde muss rund um die Uhr eine Apotheke geöffnet sein.

Taxifahrer erwarten kein Trinkgeld, in Restaurants hingegen ist es üblich, 10 bis 15% extra zu geben, da der Service nicht im Preis inbegriffen ist.

Kleindiebstähle können vor allem in Touristengebieten ein Problem darstellen, in diesen Bereichen herrscht jedoch allgemein eine relativ starke Polizeipräsenz. Von Reisen in den Südosten wird abgeraten. Geschäftsleute und ausländische Reisende werden von Einheimischen oft um ein ‚bahi', einen kleineren Geldbetrag oder ein Trinkgeld, angehalten.

Ihre Lage zwischen Ost und West, ihre reichhaltige Geschichte und das vielseitige kulturelle Angebot machen die Türkei zu einem faszinierenden Reise- und Arbeitsland. Im Sommer kann die Witterung relativ heiß sein, im restlichen Jahr ist das Klima jedoch praktisch ideal.

ukraine

Die Ukraine hat allgemein einen Kurs in Richtung demokratischer Entwicklung, sozialer Stabilität und entschlossener, wenngleich nur langsamer Wirtschaftsreformen eingeschlagen. Seit Erlangung der Unabhängigkeit 1991 hat die Ukraine einen Regierungswechsel und zwei Parlamentswahlen erlebt, eine Verfassung konzipiert und verabschiedet, die nach dem Zusammenbruch der Sowjetunion auf ukrainischem Territorium verbliebenen Atomwaffen nach Russland zurückgeschickt, neue staatliche Institutionen geschaffen, die Inflation eingedämmt, eine neue Währung (Hrywna) eingeführt und eine aktive Außenpolitik verfolgt. Ein stolzes Ergebnis, und doch ist die Arbeit – vor allem in Bezug auf die wirtschaftliche Entwicklung – noch lange nicht zu Ende.

WIRTSCHAFTLICHER HINTERGRUND

Die Ukraine – ein Staat mit über 50 Millionen Einwohnern, ansehnlichen personellen und technischen Ressourcen und natürlichen Rohstoffen – ist ein wichtiges Schwellenland. Als Knotenpunkt zwischen Zentraleuropa, Russland, Zentralasien und dem Nahen Osten ist das Land auf dem besten Weg, ein wichtiger neuer Markt für internationale Handels- und Investmentaktivitäten zu werden. Zahlreiche große multinationale Konzerne und kleinere ausländische Investoren haben sich bereits auf diesem herausfordernden Markt niedergelassen.

Die dringlichsten wirtschaftlichen Probleme, mit denen sich die Ukraine derzeit konfrontiert sieht, sind

---

Ukraina
Gesamtfläche: 603.700 km²
Bevölkerung: 51.84 Millionen
Nationales Pro-Kopf-Einkommen: 2.100 Euro
Klima: Im Winter am Schwarzen Meer kühl und im Binnenland kalt. Die Sommer sind in den meisten Landesteilen warm, im Süden heiß.
Geographie: Fruchtbare Ebenen und Tafelland, Gebirge im Westen und äußersten Süden des Landes (Krim)
Natürliche Rohstoffe: Eisenerz, Kohle, Mangan, Erdgas, Öl, Salz, Schwefel, Graphit, Titan, Magnesium, Kaolin, Nickel, Quecksilber und Holz
Umweltprobleme: Luft- und Wasserverschmutzung, Entwaldung, Strahlenverseuchung im Nordosten
Ethnische Gruppen: Ukrainer 73%, Russen 22%
Religion: Ukrainisch-Orthodoxe, Protestanten
Sprachen:
Hauptsprachen: Ukrainisch, Russisch
Weitere Sprachen: Rumänisch, Polnisch, Ungarisch
Regierung: Konstitutionelle Republik mit Einkammerparlament. Oberster Rat mit 450 für vier Jahre gewählten Mitgliedern. Der Premierminister, der dem Ministerkabinett vorsteht, wird vom Präsidenten gewählt und vom Parlament bestätigt.

Hauptstadt: Kiew
Andere Großstädte: Dnjepropetrowsk, Donezk, Charkow, Odessa
Währung: Hrywna
Nationalfeiertag: 24. August - Unabhängigkeitstag
Rechtssystem: Auf dem römischen Recht beruhend
Exporte: Kohle, Strom, Eisen- und Nichteisenmetalle, Chemikalien, Maschinen und Transportgeräte, Getreide und Fleisch
Importe: Maschinen und Teile, Transportgeräte, Chemikalien, Textilien
Industrie: Kohle, Stromerzeugung, Eisen- und Nichteisenmetalle, Maschinen und Transportgeräte, Chemikalien, Nahrungsmittelverarbeitung
Landwirtschaft: Getreide, Gemüse, Fleisch, Milch und Zuckerrüben
Telekommunikation: Mangelhaft
Weitere Informationen:
- www.ukraine.com
- www.infcis.com
- www.info.kiev.ua
- www.pulse-group.demon.co.uk
- www.iep.doc.gov/bisnis

struktureller Natur: Die Privatisierung vollzieht sich nur langsam, der Staatsapparat ist schwerfällig, die Besteuerungsgrundlage ist unzureichend. Weitere Probleme sind eine übermäßige staatliche Kontrolle, die weit verbreitete Korruption und die noch immer wenig fortgeschrittenen landwirtschaftlichen Reformen. Aufgrund dieser Faktoren spielt sich rund die Hälfte aller wirtschaftlichen Aktivitäten in der informellen oder Schattenwirtschaft ab.

Ausländische Hilfsmaßnahmen sind in dieser Zeit des wirtschaftlichen Wandels zwar wichtig, die offizielle Unterstützung könnte langfristig jedoch weit durch private Kapitalzuflüsse übertroffen werden, wenn es der Ukraine gelingt, ein positiveres Klima für die Entwicklung des privaten Sektors zu schaffen. Die Ukraine benötigt Technologien, Managementerfahrung und den Zugang zu internationalen Märkten, die nur die Privatwirtschaft bieten kann. Prognosen, denen zufolge in den kommenden Jahrzehnten mehrere zehn Milliarden Dollar in die Ukraine fließen könnten, sind keineswegs unrealistisch.

LEBENS- UND ARBEITSBEDINGUNGEN

Da westliche Geschäftskonzepte für die Ukrainer neu sind, ist es schwierig, generelle Richtlinien und Tipps für die Geschäftsabwicklung in der Ukraine zu geben.

Für Ukrainer hat die persönliche Beziehung einen hohen Stellenwert. Sie sehen es daher als sehr wichtig an, diese vor der eigentlichen Geschäftsabwicklung zu festigen. Persönliche Treffen sind die Regel, und nur sehr wenige Transaktionen werden am Telefon abgewickelt. Der Austausch von Visitenkarten (in Englisch und Ukrainisch/Russisch) ist die Norm, und zu Beginn und am Ende eines Treffens ist ein fester Händedruck üblich. Lange gemeinsame Abende, bei denen mit Wodka angestoßen und mehrgängige Mahlzeiten konsumiert werden, sind wichtig, um das Vertrauen ukrainischer Geschäftspartner zu gewinnen. Ihr Gegenüber freut sich auch, wenn Sie seiner Familie Gesundheit, Glück und Erfolg wünschen. Eine nette Geste ist es, sich an den Geburtstag Ihres ukrainischen Geschäftspartners oder seiner Kinder bzw. an ukrainische Feiertage zu erinnern.

Verschiedene Agenturen bieten Wohnungen für Geschäftsreisende auf Tages-, Wochen- und Monatsbasis an. Denken Sie jedoch daran, dass in Hotels außerhalb Kiews in den Wintermonaten möglicherweise nicht geheizt wird. Fließendes heißes Wasser können Sie in den meisten Hotels erwarten, zu bestimmten Zeiten

(2-6 Wochen im Sommer) wird das heiße Wasser jedoch oft abgedreht, während die Rohre gereinigt und repariert werden.

Im ukrainischen Geschäftsleben kleidet man sich allgemein förmlich und eher konservativ. Männer tragen üblicherweise Anzüge oder eine Hose mit Jackett und Krawatte, für Frauen gelten ein Kostüm oder Hose und Blazer zum guten Ton. Außerhalb der Hauptstadt ist die Kleiderordnung allgemein etwas legerer. Es empfiehlt sich, sich für die kühleren Monate mit warmer Kleidung einzudecken, vor allem in Regionen der Ukraine, in denen Heizmaterial Mangelware ist.

Das Telekommunikationssystem der Ukraine hat in den letzten beiden Jahren eine deutliche Verbesserung erfahren. Dies gilt insbesondere für internationale Telefonverbindungen und die Mobilnetze.

Die Ukraine hat eine hohe Kriminalität. Die Zahl der Wirtschaftsverbrechen steigt, und besonders Ausländer sind häufig Ziel von kriminellen Handlungen. Die Täter beobachten ihre Opfer beim Verlassen westlicher Restaurants, folgen ihnen nach Hause und überfallen sie dann in den meist dunklen Eingangspassagen. Ausländer sollten sich auch vor Taschendieben und Räubern auf offener Straße in Acht nehmen und Reichtum und Geld nicht offen zur Schau stellen. Als Besucher sollte man die gleiche Vorsicht walten lassen wie in anderen Großstädten: Behalten Sie Ihre Umgebung im Auge, bewegen Sie sich nicht alleine, meiden Sie schlecht beleuchtete oder einsame Viertel und steigen Sie in kein Taxi ein, in dem außer dem Fahrer schon ein anderer Fahrgast sitzt.

ETIKETTE
- *Schütteln Sie nie Hände über Türschwellen hinweg – in den Augen der Ukrainer bringt dies Unglück.*
- *Nehmen Sie angebotene Speisen und Getränke an. Die Ukrainer sind für ihre Großzügigkeit als Gastgeber bekannt, und eine Ablehnung könnte einen Affront darstellen.*
- *Verschenken Sie Blumen stets in ungerader Zahl.*
- *Bieten Sie Zigaretten und Snacks auch Ihren Begleitern an.*
- *Stecken Sie nicht den Daumen zwischen Zeige- und Mittelfinger. In der Ukraine ist dies eine obszöne Geste.*

Vom Konsum von Leitungswasser ist abzuraten. Mineralwasser in Flaschen ist in größeren Hotels und westlichen Supermärkten erhältlich. Für längere Aufenthalte empfiehlt es sich unter Umständen, einen Destillationsapparat (keinen Wasserfilter) mitzubringen, um jederzeit über Trinkwasser zu verfügen. Bei kurzen Besuchen ist es unwahrscheinlich, dass man sich als Besucher mit Diphtherie oder Cholera infiziert, obwohl beide Krankheiten zunehmen. Achten Sie aber darauf, dass alle Lebensmittel, Bestecke, Teller usw. hygienisch sauber sind. Frischen Sie vor der Reise Ihre Impfungen auf.

REISEN IN DER UKRAINE
Die Straßenverhältnisse in der Ukraine sind verglichen mit Westeuropa allgemein mangelhaft. Außerhalb der Hauptstadt herrscht oft ein Mangel an Benzin und Diesel, und das Angebot an Reparaturdiensten ist häufig schlecht. Viele westliche Besucher mieten Autos mit Chauffeur, wenngleich auch Mietwagen für Selbstfahrer angeboten werden. Das günstigste und praktischste Verkehrsmittel ist die Bahn, mit der Sie an praktisch jeden Ort in der Ukraine gelangen. Die Züge sind sehr langsam, allgemein jedoch sicher.

Der Flughafen Borispol ist durch den Umbau benutzerfreundlicher geworden. Trotzdem kommt es bei der Pass- und Zollkontrolle oft zu frustrierend langen Wartezeiten. Mehrere internationale Fluggesellschaften verkehren täglich von und nach Kiew. Das innerukrainische Flugangebot entspricht nicht westlichem Standard.

ungarn

Magyar Köztársaság
Gesamtfläche: 93.030 km²
Bevölkerung: 10,2 Millionen
Nationales Pro-Kopf-Einkommen: 6.100 Euro
Klima: Warme Sommer. Kalte, wolkenreiche Winter.
Geographie: Größtenteils Tiefland mit flachwelligen Ebenen
Natürliche Rohstoffe: Bauxit, Kohle, Erdgas, fruchtbares Ackerland
Umweltprobleme: Luftverschmutzung
Ethnische Gruppen: Ungarn 90%, Roma 4%
Religion: Katholiken 67,5%, Calvinisten 20%, Lutheraner 5%
Sprachen:
Hauptsprache: Ungarisch
Weitere Sprachen: Russisch und Deutsch
Regierung: Demokratische Republik. Einkammersystem. Die Abgeordneten der Nationalversammlung werden auf vier Jahre direkt gewählt. Die Nationalversammlung wählt den Präsidenten. Premierminister ist meist der Fraktionsführer der stärksten Partei in der Nationalversammlung.
Hauptstadt: Budapest
Andere Großstädte: Györ (Raab), Pécs (Fünfkirchen), Miskolc, Debrecen, Szeged
Währung: 1 Forint = 100 Filler
Nationalfeiertag: 20. August – Nationalfeiertag
Rechtssystem: Auf dem römischen Recht beruhend

Ungarn hat in den Jahren nach 1989 mehr Auslandsinvestitionen angezogen als jedes andere Land Zentral- und Osteuropas und ist heute eine voll entwickelte Marktwirtschaft. Durch die enge Nachbarschaft zu den wichtigsten Märkten Westeuropas kann die ungarische Marktwirtschaft auch weiterhin ein kräftiges Wachstum verzeichnen. Der private Sektor erwirtschaftet rund 80% des BIP. Die meisten staatlichen Unternehmen wurden an strategische Investoren verkauft und rund 80% des ungarischen Handels entfällt heute auf OECD-Länder.

AKTIVE WIRTSCHAFTSENTWICKLUNG

Zu Ungarns Stärken gehören politische Stabilität, gut ausgebildete, fleißige Arbeitskräfte, eine unternehmensfreundliche Politik und eine günstige strategische Lage.

Es wird erwartet, dass Ungarn der NATO beitreten wird und 1998 begannen die offiziellen Beitrittsverhandlungen mit der EU. Zu den Aufgaben, die sich die Regierung gestellt hat, gehören unter anderem die Schaffung von mehr Transparenz in Entscheidungsprozessen (z.B. in Bezug auf die staatliche Beschaffung), der verstärkte Schutz des geistigen Eigentums, die Bekämpfung des allgegenwärtigen grauen Marktes, die Eindämmung von Inflation und Arbeitslosigkeit und die Reform des Gesundheitswesens.

Zu den führenden Wirtschaftszweigen gehören die

Telekommunikations- und Informationstechnologie, die Umwelt- und Energietechnik, die Konsumgüterindustrie, das Franchising, Reise-/Tourismusdienstleistungen sowie die Tier- und Pflanzengenetik.

ARBEITSBEDINGUNGEN UND LEBENSWEISE
Die Ungarn vertrauen vorzugsweise auf die Entwicklung langfristiger Geschäftsbeziehungen. Empfänge und gemeinsame Mittag- und Abendessen mit Geschäftspartnern sind daher häufig. Gearbeitet wird normalerweise von 9 bis 17 Uhr; am Freitag schließen viele Unternehmen früher.

In Ungarn ist es aus historischen Gründen unüblich, beim Prosten miteinander anzustoßen. Der Familienname wird bei der Anrede oder Vorstellung allgemein vor dem Vornamen genannt (z.B. Müller Johann). Diese Konvention gilt auch bei Visitenkarten, soweit sie nicht in Deutsch gedruckt sind.

Für Frauen ist es interessant zu wissen, dass Ritterlichkeit in Ungarn noch immer groß geschrieben wird. Männer begrüßen Frauen allgemein mit der Floskel „Ich küsse Ihre Hand" und schreiten gelegentlich auch direkt zur Tat. Gute Bekannte beiderlei Geschlechts küssen sich zur Begrüßung auf beide Wangen, zuerst rechts, dann links.

Ungarn wird von vielen internationalen Fluglinien angeflogen. Auch die Fortbewegung im Land selbst ist dank eines guten Straßen- und Schienennetzes problemlos. Ungarn ist von zahlreichen Eisenbahnlinien durchzogen und Intercity-Züge verkehren zwischen verschiedenen größeren Städten. Die Fernstraßen sind allgemein gut und ein umfangreiches Straßenbauprogramm zur besseren Anbindung abgelegenerer Städte läuft. Seit der Fertigstellung der Autobahn M1 nach Wien ist die österreichische Hauptstadt von Budapest in weniger als drei Stunden zu erreichen. Auf der Donau verkehren außerdem Tragflächenboote nach Wien.

Ungarn ist allgemein ein sicheres und sauberes Land. Das Telefonnetz ist auch für Auslandsverbindungen sehr zuverlässig. Budapest liegt im Netz von drei Mobilfunk- und verschiedenen Funkrufdiensten.

Im Geschäftsleben sprechen viele Ungarn Deutsch. Trotzdem ist es von Vorteil, sich zumindest mit den grundlegenden Begrüßungsfloskeln vertraut zu machen, da Ungarn selbst bescheidene Versuche im Hinblick auf die Beherrschung ihrer Sprache zu schätzen wissen.

Exporte: Rohstoffe, Halbfabrikate, Chemikalien, Maschinen, Konsumgüter, Lebensmittel und landwirtschaftliche Erzeugnisse, Brennstoffe und Energie
Importe: Brennstoffe und Energie, Chemikalien, Maschinen und Konsumgüter
Industrie: Bergbau, Hüttenwesen, Baustoffe, industriell bearbeitete Lebensmittel, Textilien, Pharmazeutika, Busse, Kraftfahrzeuge
Landwirtschaft: Weizen, Mais, Sonnenblumen, Kartoffeln, Zuckerrüben, Mastschweine, Rinder, Milchprodukte
Telekommunikation: Privatisiert
Weitere Informationen:
- www.itaiep.doc.gov/eebic/ceebic.html
- www.europeonline.com
- www.fsz.bme.hu/hungary
- www.itd.hu
- http://reenic.utexas.edu
- www.hungary.com
- www.centraleurope.com

weißrussland

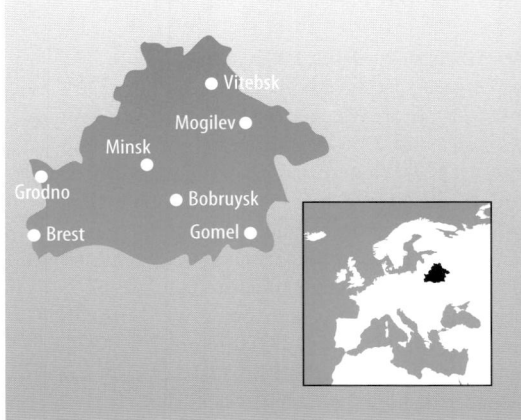

Belarus
Gesamtfläche: 207.600 km²
Bevölkerung: 10,4 Millionen
Nationales Pro-Kopf-Einkommen: 3.000 Euro
Klima: Kalte Winter, kühle Sommer
Geographie: Flache Marschlandschaft
Natürliche Rohstoffe: Wälder, Torf
Umweltprobleme: Bodenverseuchung. Im Süden Kontamination durch das Reaktorunglück von Tschernobyl
Ethnische Gruppen: Weißrussen 80%, Russen 13%, Polen 4%, Ukrainer 3%
Religion: Russisch-Orthodoxe
Sprache: Weißrussisch, Russisch
Hauptstadt: Minsk
Andere Großstädte: Mogiljow, Witebsk, Grodno, Brest-Litowsk, Bobruisk und Gomel.
Währung: Weißrussischer Rubel
Nationalfeiertag: 27. Juli – Unabhängigkeitstag
Rechtssystem: Auf dem römischen Recht beruhend
Exporte: Maschinen und Transportgerät, Chemikalien, Lebensmittel
Importe: Brennstoffe, industrielle Rohstoffe, Textilien, Zucker
Industrie: Traktoren, spanende Werkzeugmaschinen, Lkw, Viehzucht-Ausrüstungen, Motorräder, Fernseher, Chemiefasern, Dünger, Konsumgüter
Landwirtschaft: Getreide, Fleisch, Kartoffeln, Gemüse, Milch, Eier
Weitere Informationen:
- www.inyourpocket.com
- www.city.net
- www.belarus.com
- www.iep.doc.gov/bisnis
- http://reenic.utexas.edu

Weißrussland, einst treibende Kraft der sowjetischen Industrie, ist heute wirtschaftliches Brachland. Das Land, zu einem Drittel bewaldet, gehört heute zu den Nachzüglern unter den ehemaligen Sowjetrepubliken Es wandelt sich nur sehr langsam und ist stets bemüht, soziale Härten zu vermeiden. Aufgrund der mangelnden Werbung und Anreize sind ausländische Investoren bisher weitgehend ferngeblieben.

Seit einem Referendum im Jahr 1996, bei dem verschiedene Unregelmäßigkeiten auftraten, liegt praktisch die gesamte Regierungsgewalt in den Händen des Exekutivkomitees. Es gibt kein umfassendes Gesetzeswerk zur Regelung des alltäglichen Geschäftsablaufs und die Wirtschaftsstatistiken sind oft unzuverlässig. Der Präsident bürgt gegenüber Investoren mit „persönlichen Garantien", verschiedentlich wurden diese Bürgschaften jedoch nicht eingelöst.

Die Privatisierung war bisher auf meist weniger wichtige Bereiche beschränkt. Für viele Waren, u.a. auch importierte Erzeugnisse, gelten Preiskontrollen. Moderne Finanzinstrumente sind praktisch unbekannt und die Umrechnung des weißrussischen Rubels in harte Währungen ist oft mit Schwierigkeiten verbunden. Diese negativen Seiten überwiegen gegenüber den möglichen Vorteilen – zentrale Lage, gut ausgebildete Arbeitskräfte, niedrige Kriminalität, einfacher Zugang zum russischen Markt –, die Weißrussland als Wirtschaftsstandort auszeichnen.

Zypern

Nach der Besetzung des Nordteils der Insel durch türkische Streitkräfte im Jahr 1974 wurde Zypern in eine türkische und eine griechische Zone geteilt. Auch heute treten immer wieder Spannungen zwischen den beiden Teilen auf. In manchen Gegenden der Insel herrscht eine starke Militärpräsenz und die Pufferzone entlang der Demarkationslinie zwischen der „Griechisch-Zypriotischen Republik Zypern" im Süden und dem „Föderativen Türkisch-Zypriotischen Staat" im Norden wird von UNO-Streitkräften kontrolliert. Die „grüne Linie" verläuft etwa in ost-westlicher Richtung und geht durch die Hauptstadt Nikosia.

Der griechische Teil Zyperns erfreut sich einer blühenden Wirtschaftslage und guter internationaler Handelsbeziehungen. Das türkische Nordzypern erklärte 1983 seine Unabhängigkeit und setzte eine eigene gesetzgebende Versammlung und einen Präsidenten ein, wird international jedoch nur von wenigen Ländern anerkannt. Es ist daher stark von Unterstützung und Subventionen seines einzigen wirklichen Verbündeten, der Türkei, abhängig.

Die Spannungen auf der Insel sind zum Großteil durch die Teilung der beiden Volksgemeinschaften bedingt. Dadurch kommt es immer wieder zu Instabilität und Unruhen. Zwischenfälle treten am häufigsten entlang der Demarkationslinie auf. Besucher sollten sich in der Nähe dieser Zone nur mit äußerster Vorsicht bewegen.

Durch seine strategische Position im östlichen

Kypriaki Dimokratia / Kibris Cumhuriyeti
Gesamtfläche: 9250 km²
Bevölkerung: 748.000
Klima: Heiße, trockene Sommer. Kühle, nasse Winter mit geringen Schneefällen in den Bergen
Geographie: Zentrale Ebene, Gebirgsketten im Norden und Süden. Umgeben vom Mittelmeer.
Natürliche Rohstoffe: Kupfer, Pyrit, Asbest, Gips, Holz, Salz, Marmor, Tonpigment
Umweltprobleme: Wasserknappheit; vereinzelt Umweltverschmutzung
Ethnische Gruppen: Griechen 78%, Türken 18%
Religion: Griechisch-Orthodoxe 78%, Muslime 18%
Sprachen:
Hauptsprachen: Griechisch und Englisch
Weitere Sprachen: Türkisch
Regierung: Der auf fünf Jahre gewählte Präsident übt die Exekutivgewalt durch einen ernannten Ministerrat aus. Seit 1964 bleiben im Repräsentantenhaus die 24 für türkische Zyprioten reservierten Sitze leer.
Hauptstadt: Nikosia
Andere Großstädte: Limassol und Larnaka im griechischen Teil. Famagusta und Kyrenia im türkischen Teil.
Währung: Zypern-Pfund
Nationalfeiertag: 1. Oktober – Unabhängigkeitstag

Rechtssystem: Basierend auf dem englischen gemeinen Recht (common law)
Exporte: Zitrusfrüchte, Kartoffeln, Trauben, Wein, Zement, Bekleidung und Schuhe
Importe: Konsumgüter, Erdöl und Schmierstoffe, Lebensmittel und Futtergetreide, Maschinen
Industrie: Lebensmittel, Getränke, Textilien, Chemikalien, Metallerzeugnisse, Holz und Tourismus
Landwirtschaft: Kartoffeln, Gemüse, Gerste, Oliven, Zitrusfrüchte
Telekommunikation: Ausgezeichnet
Weitere Informationen:
- www.dashofer.com.cy
- www.centralbank.gov.cy
- www.industry.cy.net

Mittelmeer bekommt Zypern auch gelegentlich die Auswirkungen des arabisch-israelischen Konflikts zu spüren. Diese sind jedoch eher minimal und haben kaum Bedeutung für internationale Unternehmen. Zypern ist vielmehr ein ausgezeichneter Standort für Unternehmen, die Geschäftskontakte im Nahen Osten knüpfen oder unterhalten wollen.

WIRTSCHAFTLICHER HINTERGRUND

Die griechisch-zypriotische Regierung hat ein Wirtschaftsklima geschaffen, das auf den erhofften Beitritt zur Europäischen Union ausgerichtet ist. Die zypriotische Wirtschaft erfüllt die meisten Kriterien, die der Maastrichter Vertrag für eine Aufnahme in die EU vorschreibt. Die stabilen wirtschaftlichen Verhältnisse und die niedrigen Lebenshaltungskosten haben Zypern trotz seiner schwerfälligen Bürokratie zu einem Anziehungspunkt für ausländische Unternehmen gemacht, vor allem für internationale Banken. In den meisten Fällen ist eine ausländische Beteiligung von 100% an einheimischen Unternehmen zulässig. Faktoren, die eine diesbezügliche Entscheidung der Regierung beeinflussen können, sind Umweltfragen (Bedenken und aktive Proteste seitens der örtlichen Bevölkerung nehmen zu), mögliche Auswirkungen auf die zypriotische Wirtschaft und nationale Sicherheitsbedenken.

Ausländische Investoren werden durch verschiedene Steueranreize umworben. Hierzu zählen eine niedrige Körperschafts- und Einkommenssteuer, der Erlass der Quellensteuer auf Dividenden, die von im Land ansässigen Unternehmen an ausländische Gesellschaften zu zahlen sind (die vom Einzelnen zu entrichtende Quellensteuer wird auf die Steuerverbindlichkeiten angerechnet), zehnjährige Steuerfreiheit auf Gewinne aus tourismusbegleitenden Projekten, großzügige steuerliche Abschreibung von Maschinen und Ausrüstungen, Zollbefreiung von Unternehmen in der zollfreien Zone und Doppelbesteuerungsabkommen mit den meisten Ländern. Durch Steuerabkommen ist eine enge Beziehung zu den Ländern der ehemaligen Sowjetunion entstanden, die zu einer massiven Ausweitung des Finanzdienstleistungssektors geführt hat.

Der Tourismus spielt vor allem im griechischen Teil der Insel eine wichtige Rolle. Über 30% der Deviseneinnahmen stammen aus dieser Branche (gefolgt vom Export mit 24%). Die Hotels und Anlagen sind allgemein von hoher Qualität und das Aktivitäts- und Freizeitangebot für Touristen ist gut.

Die Wirtschaft im türkischen Nordzypern ist von der Landwirtschaft und vom Tourismus geprägt und stark von türkischen Subventionen abhängig.

GESCHÄFTSKLIMA

Zypern bietet ausgezeichnete Bedingungen für Unternehmen. Das Kommunikationsnetz ist vorbildlich und der wichtigste Flughafen Larnaka wird regelmäßig von vielen internationalen Fluggesellschaften angeflogen. Der Flughafen befindet sich rund 45 km südlich der im Landesinneren gelegenen Hauptstadt Nikosia (193.000 Einwohner). Die drei anderen größeren Städte der Insel – Larnaka, Limassol und Paphos – sind ebenfalls wichtige Fracht- und Passagierhäfen, vor allem im Verkehr nach Ägypten, Griechenland, Israel und Italien.

Das Binnenverkehrssystem ist ebenfalls gut ausgebaut. Die Straßen zwischen den größeren Städten sind allgemein in gutem Zustand, manche der malerischen Bergstraßen sind allerdings sehr schmal. Er herrscht Linksverkehr. Zypern hat kein Schienennetz, es gibt jedoch zahlreiche Autovermietungsfirmen, Taxis und Busse.

Die Infrastruktur und das Dienstleistungsangebot sind weitgehend zuverlässig. Die Telefonverbindungen ins In- und Ausland sind ausgezeichnet. Die Krankenhäuser bieten eine kostenlose Versorgung in Notfällen, es empfiehlt sich jedoch der Abschluss einer privaten Krankenversicherung. Die meisten Ärzte sprechen zwei Sprachen. Das Schulangebot ist breit und in den größeren Städten gibt es internationale Privatschulen für Ausländer. Auf Zypern erscheinen mehrere englischsprachige Zeitungen, z. B. Cyprus Weekly und The Cyprus Mail. Wenngleich die Hauptsprache im Süden der Insel Griechisch ist, wird Englisch von vielen Geschäftsleuten gesprochen und verstanden. In Touristengebieten ist meist auch eine Verständigung auf Französisch und Deutsch möglich. Wie auf dem europäischen Kontinent sind Juli und August die Haupturlaubsmonate; in dieser Zeit kommt das Geschäftsleben weitgehend zum Erliegen.

Die Rechtsprechung beruht auf dem britischen Rechtssystem. Die meisten Juristen haben an britischen oder europäischen Universitäten studiert und manche sind sogar in Großbritannien als Anwälte zugelassen. Die meisten Buchhalter haben ebenfalls ihre Ausbildung in Großbritannien absolviert und verfügen über entsprechend anerkannte Qualifikationen.

Wie in den meisten anderen Ländern des östlichen Mittelmeers ist die zypriotische Gesellschafts- und Geschäftswelt weiterhin eine Männerdomäne, Frauen werden jedoch allgemein problemlos akzeptiert. Die Kriminalität auf der Insel ist relativ gering und beschränkt sich weitgehend auf Kleindiebstähle in den Touristengebieten.

Für EU- und US-Bürger besteht keine Visumpflicht. Es empfiehlt sich jedoch, sich vorab über die oft komplizierten Reisebestimmungen zwischen den beiden Landesteilen der Insel zu informieren. Die einzigen legalen Einreisestellen in den griechischen Teil sind die Flughäfen von Larnaka und Paphos sowie die Seehäfen von Larnaka, Limassol und Paphos. Eine Einreise von den türkischen Häfen Famagusta und Kyrenia in den griechischen Südteil der Insel ist verboten. Für einen Tagesaufenthalt (ohne Übernachtung) im Norden kann jedoch der Übergang am Ledra-Palast in Nikosia benutzt werden.

Durch die stabile Wirtschaft, das gute Wohnungs- und Schulangebot, das gut ausgebaute Gesundheitswesen, das annähernd perfekte Klima und die guten Verkehrs- und Telekommunikationsverbindungen hat Zypern ausländischen Unternehmern viel zu bieten.

*„Es genugt nicht Verstand zu haben.
Man muss ihn auch sinnvoll einsetzen."*
René Descartes

Nützliche
Informationen

NÜTZLICHE ADRESSEN
(die nicht bereits an anderer Stelle genannt sind)

A. WEBSITES

EUROPÄISCHE INSTITUTIONEN

- http://europa.eu.int
  Server der Europäischen Union
- www.europarl.eu.int
  Europäisches Parlament
- http://europa.eu.int/business
  Internet-Shop, in dem man alle Business-Informationen zu Europa aus einer Hand erhält
- http://europa.eu.int/jobs/eures
  Eures-Netzwerk (European Employment Services) für die Stellensuche in der EU, Norwegen und Island
- http://citizens.eu.int
  Verbraucher und Bürger in der Europäischen Union
- http://cedefop.gr
  Europäisches Zentrum für Entwicklung und Berufsbildung
- http://europa.eu.int/ces/ces.html
  Europäischer Wirtschafts- und Sozialausschuss
- http://europa.eu.int/comm/dg24
  Europäisches Beschwerdeformular für Verbraucher (Verbraucherorganisationen)
- http://europa.eu.int/eur-lex
  Täglich erscheinender Bericht über die EU, EU-Gesetze und Abkommen
- www.eur-op.eu.int
  offizielles Verlagshaus der Organe und Institutionen der Europäischen Gemeinschaft
- www.eudor.eur-op.eu.int
  Europäisches elektronisches Archivierungssystem zur Bestellung von Rechtstexten und anderen Dokumenten
- http://europa.eu.int/de.comm/eurostat
  Offizielle Statistiken der Europäischen Union
- www.eurofound.eu.int
  Europäische Stiftung zur Verbesserung der Lebens- und Arbeitsbedingungen
- www.etf.it
  Europäische Stiftung für Berufsbildung
- http://euro-ombudsman.eu.int
  Europäischer Bürgerbeauftragter (Ombudsmann) der Europäischen Union
- www.cor.eu.int
  Ausschuss der Regionen
- http://europa.eu.int/comm/dg10/relays/de index.html
  Informationsstellen der EU
- http://europa.eu.int/de/comm/dg16/dg16 home.htm
  Ausführliche Informationen über die Regionalpolitik der Europäischen Union
- http://europa.eu.int/pol/socio/de/socio.htm
  Informationen über die europäische Sozialpolitik
- http://europa.eu.int/comm/dg10/publications
  Informationen - Publicationen
- http://europa.eu.int/comm/urban
  Informationen zum Thema städtische Entwicklung
- http://europa.eu.int/en/comm/dg04
  Berichte über kompetitive Angelegenheiten in verschiedenen Ländern der EU
- www.ted.eur-op.eu.int
  Elektronische Datenbank über Ausschreibungen, wird täglich aktualisiert
- http://europa.eu.int/comm/sg/aides/de/intro.htm
  Leitfaden zu den verschiedenen finanziellen Unterstützungsangeboten der EU
- http://europa.eu.int/eclas
  Internationaler Zusammenschluss von Bibliothekssystemen
- www.eea.eu.int
  Europäische Umweltagentur (EEA)
- www.ecb.int
  Europäische Zentralbank
- www.amue.org
  Verband für die Währungsunion Europas
- www.eaie.nl
  Europäischer Verband für internationale Bildung

- www.yes.be
  Junge Unternehmer für Europa (Young Entrepreneurs for Europe)
- www.eurodev.be
  Entwicklung in Europa
- www.ces.eu.int
  Wirtschafts-und Sozialausschuß
- www.campus-voice.com
  Studenten in Europa – Tipps, Jobs, Berufspausen
- http://europa.eu.int/de/comm/dg22/leonardo.html
  Europäisches Austauschprogramm Leonardo da Vinci, Sprachschulung, Berufsbildung
- http://europa.eu.int/de/comm/dg22/volunt
  Europäischer Freiwilligendienst für junge Leute (EVS)
- http://europa.eu.int/comm/dg10/relays
  Information und Adresse in EU
- http://europa.eu.int/comm/dg1a/agenda2000
  herunterladbare Dokumente
- http://europa.eu.int/celex
  Rechtliche Dokumente der Europäischen Union

ALLGEMEINE INFORMATIONEN UND JOBSUCHE

- http://europeonline.com
  verschiedene Informationen zu Europäischen Ländern
- www.expat.org
  Internationaler Stellenmarkt - Frankreich
- www.understanding-europa.com
  Bücher und Informationsaustausch zum Thema Europa
- www.echo.lu
  I.M. Europe: Markt für elektronische Informationsdienste
- www.cordis.lu
  Cordis: - Programme der Europäischen Gemeinschaft im Bereich Forschung und Entwicklung
- www.ispo.cec.be
  ISPO: Projekte im Bereich Informations- „Society"
- www.yweb.com
- www.euroseek.net
- www.ispo.cec.be/ida/ida.html
  I.D.A. = Austausch von Daten zwischen Verwaltungen
- www.ilo.org
  Die Internationale Arbeitsorganisation (ILO) und ihr Sozialversicherungsressort
- www.oecd.org
  OECD: Organisation für wirtschaftliche Zusammenarbeit und Entwicklung
- www.lapin.org
  Netzwerk für Arbeitsorganisationen in Europa

SOZIALVERSICHERUNG

- europa.eu.int/en/comm/dg05/home.htm
  Ressort der Europäischen Kommission für Beschäftigung, Arbeitgeber-Arbeitnehmer-Beziehungen und soziale Angelegenheiten
- www.abol.it/inps/europa/europa.html
  Sozialversicherungsansprüche bei Umzügen innerhalb der Europäischen Union
- www.sdn.dk/euweb/GENERAL/PROJIA.htm#RTFToC20
  Sozialversicherungs-Netzwerk
- www.aiss.org
  ISSA: Internationaler Sozialversicherungsverband (International Social Security Association)
- www.sozialversicherung.co.at/hauptverband
  Sozialversicherung in Österreich
- www.socialsecurity.fgov.be
  Sozialversicherung in Belgien
- www.vlada.hr.tijela/minkab/rad.html
  Sozialversicherung in Kroatien
- www.pio.cy/cpc
  Sozialversicherung in Zypern
- www.am.dk
  Sozialversicherung in Dänemark
- www.sm.ee
  Sozialversicherung in Estland
- www.kela.fi
  Sozialversicherung in Finnland
- www.elaketurvakeskus.etk.fi
  Renten in Finnland
- www.across.fr
  Sozialversicherung in Frankreich

- www.urssaf.fr
- www.cnav.fr
- www.sante.gouv.fr
- www.anpe.fr
- www.cfe.fr
  verschiedene Sites zu verschiedenen Aspekten der Sozialversicherung in Frankreich
- www.bma.de
  Sozialversicherung in Deutschland
- www.dss.gov.uk und www.dhssni.gov.uk
  Sozialversicherung in Großbritannien/Nordirland
- www.compulink.gr/ika
  Sozialversicherung in Griechenland
- www.gyoginfok.hu
  Sozialversicherung in Ungarn
- www.tr.is
  Sozialversicherung in Island
- www.welfare.ie
  Sozialversicherung in Irland
- www.abol.it/inps
  Sozialversicherung in Italien
- www.sodra.lt
  Sozialversicherung in Litauen
- www.etat.lu/MSS
  Sozialversicherung in Luxemburg
- www.magnet.mt/ministries/socsec
  Sozialversicherung auf Malta
- www.minszw.nl
- www.vsv.nl
- www.svb.org
- www.cadans.nl
- www.sfb.nl
  Sozialversicherung in den Niederlanden
- http://odin.dep.no/shd
  Sozialversicherung in Norwegen
- www.tg.com.pl/tgbazy/krus
  Sozialversicherung in Polen
- www.infocid.pt/Infocid/0_270.htm
  Sozialversicherung in Portugal
- views.vcu.edu/views/fap/medsoc
  Sozialversicherung in Russland
- www.omniway.sm
  Sozialversicherung in San Marino
- www.sigov.si/ivz
  Sozialversicherung in Slowenien
- www.seg-social.es
  Sozialversicherung in Spanien
- www.fk.se
  Sozialversicherung in Schweden
- www.admin.ch/zas
  Sozialversicherung in der Schweiz
- www.mfa.gov/tr
  Sozialversicherung in der Türkei

Geben Sie bei der Informationssuche über das Internet Orts- und Firmennamen stets in der Originalsprache ein!

B. ADRESSEN

Botschaften: Die Adressen und Telefonnummern aller Vertretungen der zentral- und osteuropäischen Länder finden Sie im Telefonbuch der Hauptstadt Ihres Landes.

Handelskammern: Viele Länder unterhalten internationale Handelskammern oder Handelszentren in ausländischen Hauptstädten oder Wirtschaftszentren. Bei den Handelskammern erhalten Sie Informationen aller Art zu den für Sie interessanten Ländern, vor allem Adressen und Leitfäden.

Wenn Sie sich für ein Land entschieden haben, gibt die Handelskammer auch nähere Auskünfte zu einzelnen Städten oder Regionen. Manche Handelskammern stellen diese Informationen allerdings Einzelpersonen nicht zur Verfügung. Wenden Sie sich in diesem Fall an das örtliche Fremdenverkehrsamt, wo Sie oft mehr Informationen finden als erwartet.

Ausländerclubs und -organisationen: Ihre Botschaft oder Ihr Konsulat im Gastland gibt Auskunft über Clubs und Organisationen, in denen Sie Landsleute treffen können.

ARBEITEN IN EUROPA

Eine gute Informationsquelle sind oft auch die örtlichen Bibliotheken, in denen viele Organisationen ihre Informationsbroschüren auslegen. In manchen Ländern gibt es auch Gemeindehäuser, in denen sich viele praktische Informationen und Adressen finden.

Eine weitere gute Quelle für Informationen und Adressen sind auch die örtlichen Zeitungen. Und z.B.

The European Bookshop
Ltd – Bestellungen per Post:
Avenue Albert Jonnart 50
B-1200 Bruxelles
Tel.: +32 2 734 02 81
Fax: +32 -2-735 08 60

Europäische Kommission
Allgemeine Anschrift:
Rue de la Loi 200
B-1049 Bruxelles
Tel.: +32-2-295 38 44
Fax: +32-2-295 01 66

Europäisches Parlament
Allgemeine Anschrift:
Espace Léopold. rue Wiertz
B-1047 Bruxelles
Tel.: +32-2-284 20 05
Fax: +32-2-284 49 71

Rat der Europäischen Union
Rue de la Loi 175
B-1048 Bruxelles
Tel.: +32-2-285 63 19
Fax: +32-2-285 80 26

Europäische
Investitionsbank
Rue de la Loi 227
B-1040 Bruxelles
Tel.: +32-2-230 98 89
Fax: +32-2-230 58 27

Europäischer Wirtschafts-
und Sozialausschuss
Rue Ravenstein 2
B-1000 Bruxelles
Tel.: +32-2 546 92 13
Fax: +32-2-513-98 22

BEUC Europäisches Büro
für Verbraucher-
organisationen
(European Office for
Consumer Organisations)
Tervurenlaan 36 bus 4
B-1040 Bruxelles
Tel.: +32-2-734 15 90
Fax: +32-2-735 74 55

Europäische Agentur für
Sicherheit und Gesund-
heitsschutz am Arbeitsplatz
Alameda de Mazareddo
61-5A
E-48009 Bilbao
Tel.: +349-4-423 05 01
Fax: +349-4-423 76 55

Europäisches Zentrum für
Berufsinformation und
Bildung
Pob26, Finikas
GR-55102 Thessaloniki
Tel.: +30-31-490 111
Fax: +30-31-490 102

Europäische Stiftung zur
Verbesserung der Lebens-
und Arbeitsbedingungen
Loughlinstown House
IRL-Dublin 18
Tel.: +353-1-204-31 00
Fax: +353-1-282 64 56

Europäische Stiftung für
Information
Viale Settimio Severo 65
I-10133 Torino
Tel.: +390-11-630 22 22
Fax: +390-11-630 22 00

OEE
Europäisches
Beschäftigungs-
observatorium
IAS, Novalis-Straße 10
D-10115 Berlin
Tel.: +49-30-282 10 47
Fax: +49-30-282 63 78

Informationsprogramm
Bürger Europas
Postfach 586
NL-5000AN Tilburg

EURES
Rue de la Loi 200
B-1049 Bruxelles
Tel.: +32-2-295 50 90
Fax: +32-2-295 05 08

Eurostat (Europäische
Statistiken)
Bâtiment Jean Monnet
rue Alcide de Gasperi
L-2920 Luxemburg
Tel.: +352-43 01 34 567
Fax: +352-43 01 43 64 04

Europäischer Ombudsmann
1, Avenue du Président
Robert Schuman
PB 403
F-67001 Strasbourg Cedex
Tel.: +33-3-88 17 40 01
Fax: +33-3-388 17 90 62

NÜTZLICHE ADRESSEN 207

Jobs im Ausland
Der erfolgreiche Weg zu neuen Erfahrungen im Beruf
Compact-Ratgeber,
ISBN 38174-7046-0

Arbeiten im Ausland
International bewerben, arbeiten, obben und weiterbilden, Martin Schachmann
Heyne Business, ISBN 3433-12280-1

Bewerbungsstrategien für Europa
Länderspezifische Tipps, Beispiele und Adressen, Tanja Haug
Eichborn-Verlag, ISBN 38218-1477-2
Bewerben im Ausland, Nils Lahrmann
CC-Verlag, ISBN 3923930-13-5

Bewerben bei internationalen Organisationen
Für Hochschulabsolventen und Quereinsteiger
Wiebke Peest, Gregor Zacharias
Falken-Verlag, ISBN 38068-1658-1

C. TELEFONNUMMERN

Gebührenfreie Nummern der EU:

Land	Telefonnummer
Belgien:	08 00 – 9 20 38 (flämisch)
	08 00 – 9 20 39 (französisch)
Deutschland:	01 30 – 85 04 00
Dänemark:	80 01 – 02 01
Finnland:	0 80 01 – 1 31 91
Frankreich:	08 00 – 90 – 97 00
Griechenland:	0 08 00 – 3 21 22 54
Großbritannien:	00 – 58 15 91
Irland:	1-80 0 – 55 3 ̄ 8
Italien:	1 67 – 8 76 – 1 66
Luxemburg:	08 00 – 25 50
Niederlande:	08 00 – 80 51
Österreich:	06 60 – 68 11
Portugal:	080 0 – 22 20 01
Spanien:	9 00 – 98 31 98
Schweden:	0 20 – 79 49 49

Europäische Kommission
- Bruxelles: +32-2-299 11 11
  Informationsstelle: +32-2-295 38 44
- Luxemburg: +352-43 011

Europäischer Rat
- Bruxelles: +32-2-285 61 11
- Luxemburg: +352-43-021
- Straßburg: +33-388 17 40 01

Europäisches Parlament
- Bruxelles: +32-2-284 21 11
  Informationsstelle: +32-2-284 20 05
- Luxemburg: +352-43 001
  Informationsstelle: +352-43 00 225 96
- Straßburg: +33-388 17 40 01

Europäischer Wirtschafts- und Sozialausschuss
- Belgien: +32-2-546 90 11

Europäischer Ausschuss der Regionen
- Belgien: +32-2-282 22 11

Europäische Investitionsbank:
- Luxemburg: +352-43 791

Eurostat (Europäische Statistiken):
- Luxemburg: +352-43 34 22 51

Büro für offizielle Veröffentlichungen der Europäischen Gemeinschaft
- Luxemburg: +352-29 291

Informationsbroschüren:
- Deutschland: 0130-85 04 00
- Österreich: 0660-6811

ZAHLEN UND FAKTEN

	Autobahnen	Geschwindigkeitsbegrenzung Landstraßen	Ortschaften	Promillegrenze Blutalkoholgehalt in ‰	Notfall-Telefon-Nr.
Belgien	129	90	50	0,5	101/100
Dänemark	110	80	50	0,5	
Deutschland	130 - Richtgeschwindigkeit	100	50	0,5	110
Finnland	120 - im Winter	80	50	0,5	10022
Frankreich	130	90	50	0,5	17/18/15
Griechenland	120	90	50	0,5	100 (166/199)
Großbritannien	112	96	30/40/48	0,8	999
Irland	112	96	48	0,8	999
Italien	110 - Fahrzeuge bis 1099 ccm 130 - Fahrzeuge ab 1100 ccm	90	50	0,8	113/115/118
Luxemburg	120	90	50	0,8	113
Niederlande	120	80	50	0,5	
Österreich	130	100	50	0,5	133/144/122
Portugal	120	90	50	0,5	
Schweden	110	90	50	0,2	
Schweiz	120	80	50/60	0,8	117/118/144
Spanien	120	100	50	0,8	091/061/080

Die europaweite Notrufnummer 112 ist bisher noch nicht in allen Ländern in Betrieb.

- In allen Ländern besteht Gurtpflicht. In manchen Ländern ist das Anlegen der Gurte nur auf den Vordersitzen, in anderen auch auf den Rücksitzen Pflicht.
- In Dänemark und Finnland ist es Vorschrift, bei Tag und Nacht mit Abblendlicht zu fahren.

	Bevölkerung	Fläche (in km²)	Bevölkerungsdichte (Einwohner pro km²)	Ausländeranteil an der Gesamtbevölkerung in %
Belgien	10,19	30.518	322	9%
Dänemark	5,3	43.080	121	6%
Deutschland	82,06	357.046	228	9%
Finnland	5,15	338.145	15	1,5%
Frankreich	60,9	551.602	106	6,5%
Griechenland	10,5	132.000	79	
Großbritannien / Nordirland	58,9	244.000	239	3,5%
Irland	3,69	70.283	51	3,5%
Island	0,27	102.828	0,4	
Italien	57,56	301.225	190	4,5%
Luxemburg	0,42	2.586	155	34%
Niederlande	15,65	41.160	373	4,5%
Norwegen	4,3	324.000	8	
Österreich	8,07	83.857	96	9%
Portugal	9,96	92.389	107	1,5%
Schweden	8,8	450.000	20	6%
Schweiz	7,2	41.284	173	20%
Spanien	39,35	504.782	78	1,5%

* OESO-Bericht

	Hauptstadt	Andere wichtige Städte / Regionen
Belgien	Brussel / Bruxelles	Antwerpen – Liège – Gent – Charleroi
Dänemark	København	Århus – Odense – Ålborg
Deutschland	Berlin	München – Hamburg – Köln – Bonn – Düsseldorf – Leipzig – Stuttgart - Frankfurt
Finnland	Helsinki	Turku – Tampere – Oulu
Frankreich	Paris	Lyon – Marseille – Bordeaux – Lille – Strasbourg
Griechenland	Athinai	Thessaloniki – Patras – Larissa – Heraklion
Großbritannien	London	Birmingham – Manchester – Liverpool – Bristol – Glasgow (Schottland) – Belfast (Nordirland) – Cardiff (Wales)
Irland	Dublin	Cork – Limerick – Galway – Waterford
Island	Reykjavik	Akureyri – Hafnarfjördur – Kópavogur
Italien	Roma	Milano – Napoli – Torino – Palermo – Genova – Bologna – Venezia – Verona – Trieste – Cagliari – Firenze – Pescara
Luxemburg	Luxembourg	Esch-sur-Alzette – Differdange – Dudelange – Ettelbrück – Diekirch – Echternach
Niederlande	Amsterdam	Den Haag – Rotterdam – Utrecht – Eindhoven – Groningen – Haarlem – Enschede
Norwegen	Oslo	Bergen – Trondheim – Stavanger – Kristiansand – Tromsø
Österreich	Wien	Graz – Linz – Salzburg – Innsbruck – Klagenfurt
Portugal	Lisboa	Porto – Coimbra – Setúbal – Braga – Evora
Schweden	Stockholm	Göteborg – Malmö – Uppsala
Schweiz	Bern	Zürich – Genève – Luzern – Basel
Spanien	Madrid	Barcelona – Valencia – Sevilla – Zaragoza – Malaga – Bilbao

Eurozone: 1 Euro =

40,3399	Belgische Francs	(BEF)	100 B. Francs = 2,47894 euro
1,95583	Deutsche Mark	(DEM)	100 Mark = 51,1292 euro
5,94573	Finnische Markka / Finnmark	(FIM)	100 Markka = 16,8188 euro
6,55957	Französische Francs	(FRF)	100 F. Franc = 15,1292 euro
2,20371	Holländische Gulden / Florijn	(NLG)	100 Gulden = 45,3780 euro
0,787564	Irische Pfund	(IEP)	1 I. Pfund = 1,26974 euro
1936,27	Italienische Lire	(ITL)	1000 Lire = 0,516457 euro
40,3399	Luxemburgische Francs	(LUF)	100 L. Franc = 2,47894 euro
13,7603	Österreichische Schilling	(ATS)	100 Schilling = 7,26728 euro
200,482	Portugiesische Escudos	(PTE)	100 Escudos = 0,498798 euro
166,386	Spanische Peseten	(ESP)	100 Peseten = 0,601012 euro

	Währung (in Landessprache)	Landessprache(n)
Belgien	Frank, centiemen Franc, centimes	Niederländisch (Flämisch), Französisch, Deutsch
Dänemark	Krone, ore	Dänisch
Deutschland	Mark, Pfennig Euro	Deutsch
Finnland	Markka Euro	Finnisch, Schwedisch
Frankreich	Franc, centimes Euro	Französisch
Griechenland	Drachma	Griechisch
Großbritannien	Pound, penny/pence	Englisch, Walisisch, Schottisch
Irland	Pound, penny/pence Euro	(Irisches) Englisch, Gälisch
Island	Kroná	Isländisch
Italien	Lire Euro	Italienisch, Deutsch, Französisch, Slowenisch, Ladinisch
Luxemburg	Franc, centimes Euro	Französisch, Deutsch, Lëtzebuergesch (Luxemburgisch)
Niederlande	Gulden, cent Euro	Holländisch
Norwegen	Krone	Norwegisch (2 Formen)
Österreich	Schilling, Groschen Euro	(Österreichisches) Deutsch
Portugal	Escudos, centavos Euro	Portugiesisch
Schweden	Krone	Schwedisch
Schweiz	Franken, Rappen Franc, centimes	Schweizerdeutsch, Französisch, Italienisch, Rätoromanisch
Spanien	Pesetas Euro	Spanisch, Katalanisch, Baskisch

	Eurozone	Europäische Union	USA	Japan
Landesfläche (km²)	2.365.956	3.236.180	9.159.000	377.000
Bevölkerung (Mio.)	290,82	374,56	273,80	125,90
Wirtschaftswachstum 1998	5.548,24	7.130,04	6.809	4.225,52
BIP (Milliarden Euro)	3%	2,9%	3,3%	-2,5%
Arbeitslosigkeit	10,8%	9,8%	4,5%	4,3%
Inflation 1998	1%	1,1%	1,5%	0,2%
Haushaltsbilanz	-2,3% BIP	-1,8% BIP	+1,4% BIP	-5,5% BIP

ZAHLEN UND FAKTEN

	Preis einer Briefmarke (Brief)	MwSt.	Kaufkraftstandard 1 PPS = *	Bruttoinlandsprodukt in PPS/Kopf *
Belgien	17 bef	21%	41,99 bef	22.452
Dänemark	3,75 dkr.	25%	9,89 dkr	22.678
Deutschland	1,10 dem	16%	2,31 dem	21.740
Finnland	3,20 fim	22%	6,95 fim	19.813
Frankreich	3 frf	20,6%	6,98 frf	20.694
Griechenland	140 dra	18%	223,77 dra	13.607
Großbritannien	0,26 gbp	17,5%	0,68 gbp	19.669
Irland	0,32 eip	21%	0,71 eip	20.244
Italien	800 lit	20%	1.648,04 lit	20.069
Luxemburg	16 luf	15%	41,90 luf	32.678
Niederlande	1 hfl	17,5%	2,31 hfl	20.964
Norwegen		23%		
Österreich	7 ats	20%	15,67 ats	22.261
Portugal	80 esc	17%	136,52 esc	14.094
Schweden	6 skr	25%	10,76 skr	19.528
Schweiz		6,5%		
Spanien	65 pta	16%	129,76 pta	15.592

* Purchasing power standard = einheitlicher Wert für einen identischen Umfang von Waren und Dienstleistungen

- Die meisten Länder haben mehr als einen Mehrwertsteuersatz. An dieser Stelle ist nur der wichtigste Satz aufgeführt. Eine Harmonisierung der Mehrwertsteuersätze innerhalb der EU wird angestrebt, wobei der niedrigste unterste Satz 5% und der niedrigste Standardsatz 15% betragen soll.

STEUERN – Steuersätze	
Schweden	54,1%
Dänemark	53,1%
Finnland	47,5%
Belgien	46,6%

(Quelle: Eurostat – durchschnittlich in % des BIP)

Preis einer 1,5-Liter-Flasche Coca Cola	
Spanien	0.77 euro
Frankreich	1.02 euro
Portugal	1.02 euro
Luxemburg	1.06 euro
Irland	1.19 euro
Belgien	1.22 euro
Italien	1.29 euro
Großbritannien	1.36 euro
Deutschland	1.57 euro

- EU-Länder: 42,6%
- Niedrigster Satz: 34,1%

EINKOMMENSSTEUER (ALLEINSTEHENDE)

	Niedrigster Satz	Höchster Satz
Deutschland	23%	53%
Belgien	27,5%	60,5%
Spanien	5%	55%
Frankreich	10,5%	54%
Italien	19%	46%
Großbritannien	20%	40%

(Quelle: Eurostat)

ARBEITEN IN EUROPA

DIE REICHSTEN LÄNDER

Zu versteuerndes Bruttoeinkommen*	
Luxemburg	28
USA	25
Norwegen	23
Schweiz	22
Island	21.5
Australien	21
Dänemark	20.5
Kanada	20
Belgien	19.5
Österreich	19.5
Deutschland	18.5
Niederlande	18
Japan	18
Frankreich	17
Schweden	16.5
Irland	16.5
Italien	16.5
Finnland	16

* pro Person in Tausend Euro, 1997
entsprechend der unterschiedlichen Kaufkraft korrigiert

SOZIALVERSICHERUNG AUSGABEN

In % des BIP 1995	
Schweden	35,6
Dänemark	34,3
Finnland	32,8
Niederlande	31,6
Frankreich	30,6
Österreich	29,7
Belgien	29,7
Deutschland	29,4
EU 15 (Durchschnitt)	28,4
Großbritannien	27,7
Luxemburg	25,3
Italien	24,6
Spanien	21,9
Griechenland	20,7
Portugal	20,7
Irland	19,9

(Quelle: Eurostat)

ANFANGSGEHÄLTER IM VERGLEICH*

	Mathematiker	Ingenieur	Agrartechniker	Betriebsberater	Informatiker	Anwalt
Belgien	28579	26094	26094	26094	26094	26094
Dänemark	37607		34921	40293	42980	41636
Deutschland	35626	38702	35626	40240	37933	34587
Frankreich	28089	28858	27339	28086	24301	22023
Großbritannien / Nordirland	20670	20533	20251			
Irland	24574		15764		11332	
Niederlande	24057		25925	22553	23510	24148
Österreich	27678	27678	25493	29863	25493	
Schweiz	40503	41694	38716	39311	40503	
Spanien	19317		17506	18110	17713	

*Einkommen vor Steuern, in Euro

WO SIND MANAGEMENT-JOBS ZU FINDEN?

	Einstellungen in Management-Berufen Juli 1998 – Juni 1999	Unternehmen, die die Zahl ihrer Manager erhöhen wollen	Unternehmen, die die Zahl ihrer Manager verringern wollen
Großbritannien	240.000-260.000	27%	5%
Deutschland	100.000-110.000	17%	9%
Frankreich	90.000-100.000	22%	5%
Spanien	40.000-50.000	28%	4%
Niederlande	40.000-50.000	32%	5%
Italien	25.000-35.000	23%	6%
Belgien	17.000-21.000	32%	6%

(Quelle: Management Employment Association (APEC) und Herald Tribune)

EINKOMMEN - ARBEITERBERUFE

Durchschnittlicher Stundenlohn in der Industrie 1997 (in US-Dollar)	
Deutschland	28,28
Schweiz	24,19
Belgien	22,82
Schweden	22,24
Dänemark	22,02
Österreich	21,92
Niederlande	20,61
Frankreich	17,97
Italien	16,74
Großbritannien / Nordirland	15,47
Irland	13,57
Spanien	12,16
Griechenland	9,59
Portugal	5,29

(Quelle: Amerikanisches Arbeitsministerium)

WOHNUNGSPREISE

	Kaufpreis (100 m^3) (3-Zimmer-Wohnung)	Miete (pro m^2 und Monat)
Brüssel	90.000 Euro	6 Euro
Kopenhagen	140.000 Euro	
Madrid	145.000 Euro	
Luxemburg	160.000 Euro	
Den Haag	160.000 Euro	18 Euro
Wien	160.000 Euro	
Dublin	180.000 Euro	
Paris	270.000 Euro	18 Euro
London	270.000 Euro	36 Euro

(Quelle: Cepi)

REGIONALE WACHSTUMSRATEN 1999-2003

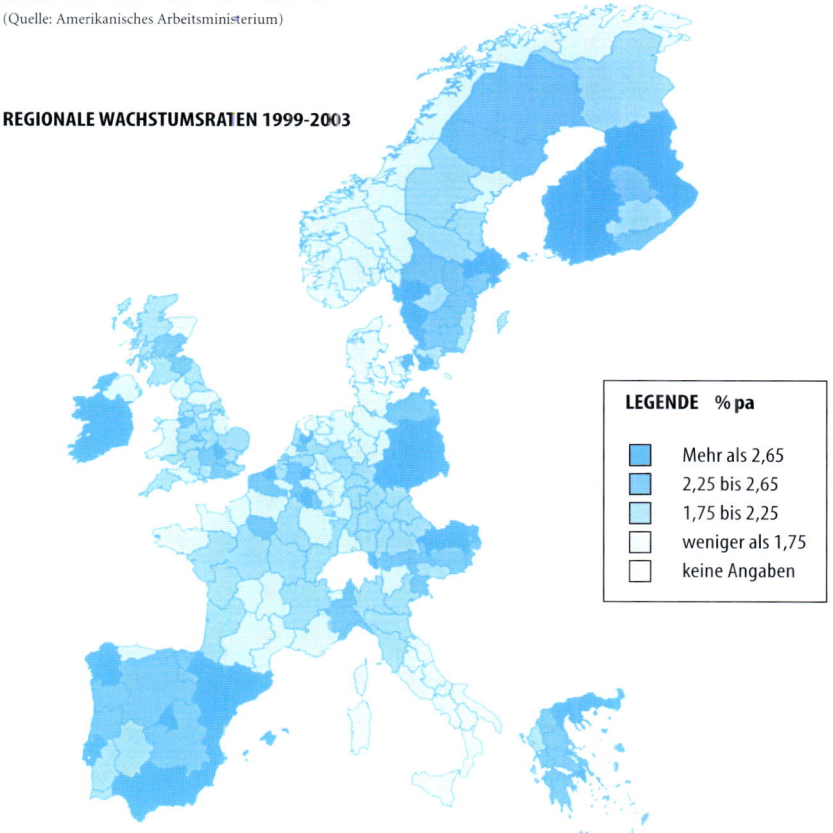

LEGENDE % pa
- Mehr als 2,65
- 2,25 bis 2,65
- 1,75 bis 2,25
- weniger als 1,75
- keine Angaben

(Quelle: Cambridge Econometrics, 1999)

ARBEITEN IN EUROPA

STÄDTE WACHSTUMSRATEN 1999-2003

Stadt	Rate	Stadt	Rate	Stadt	Rate
Dublin	6	Amsterdam	2,8	Cardiff	2,2
Helsinki	3,8	Berlin	2,8	Roma	2,2
Madrid	3,6	Bordeaux	2,7	Glasgow	2,1
København	3,5	Strasbourg	2,6	Stuttgart	2
Barcelona	3,4	Wien	2,5	Marseille	2
Athina	3,3	Lille	2,5	Torino	2
Lisboa	3,1	Milano	2,5	Hamburg	2
Dresden	3,1	Edinburgh	2,5	Manchester	1,9
Stockholm	3	London	2,4	Rotterdam	1,9
Utrecht	2,8	Frankfurt	2,3	Oslo	1,8
Lyon	2,8	München	2,3	Köln	1,7
Leipzig	2,8	Birmingham	2,2	Bruxelles	1,7
Paris	2,8	Bologna	2,2	Düsseldorf	1,5

TÄGLICHER ZEITAUFWAND (FREIZEITAKTIVITÄTEN, 90-ER JAHRE, IN MINUTEN)

	Ausruhen	Freunde besuchen/ empfangen	Handwerkliche Arbeiten	Gartenarbeit	Spazierengehen, Schaufensterbummel	Ausgehen (Lokale, Cafés)	Museum Theater	Kino
Belgien	57,0	32,1	4,0	6,9	9,3	25,8	1,2	0,3
Dänemark	70,0	76,6	9,2	12,3	9,1	8,9	5,9	2,9
Deutschland	72,0	39,1	6,0	15,1	16,8	16,1	2,5	2,1
Finnland	62,7	66,0	9,5	6,1	19,3	9,1	4,3	1,7
Frankreich	33,8	46,9	3,3	7,8	13,3	12,0	1,8	1,6
Griechenland	118,8	38,7	8,9	12,0	7,3	61,1	1,4	
Großbritannien	64,5	46,9	4,0	11,7	9,1	13,9	2,1	0,9
Irland	75,8	67,5	10,3	9,9	22,9	12,9	2,6	0,7
Italien	50,5	34,7	6,1	10,2	16,9	24,2	2,5	1,2
Luxemburg	81,6	23,5	3,6	12,4	24,7	18,7	7,1	1,7
Niederlande	35,8	70,1	10,2	7,2	7,1	11,0	11,2	
Norwegen	76,6	71,4	2,4	4,2	6,7	7,0	4,2	1,3
Österreich	47,8	35,5	6,9	19,6	14,7	29,9	2,4	2,6
Portugal	51,2	20,9	3,4	19,1	13,7	38,6	1,4	2,4
Schweden	21,7	72,1	8,1	7,0	16,8	2,6	4,7	0,2
Schweiz	51,7	43,9	7,5	11,5	16,8	14,3	8,3	1,5
Spanien	90,7	30,4	3,0	3,2	26,5	42,7	1,1	1,4

Montag bis Freitag
(Quelle: Euro Time Survey, IP)

ZAHLEN UND FAKTEN

STÄDTE WACHSTUMSRATEN 1999 –2003

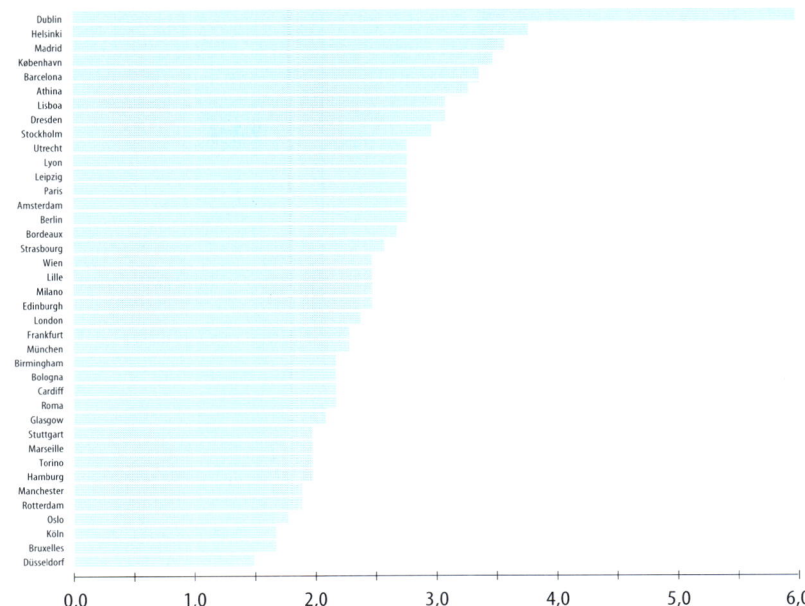

(Quelle: European Regional Prospects. Copyright Cambridge Econometrics, 1999)

Spiele und Hobbies	Sport	Lesen (Bücher)	Lesen (Zeitungen)	Lesen (Magazine)	Radio hören	CD/ Cassetten hören	Video-Fernsehen
7,1	8,7	10,0	23,5	15,3	162,1	13,9	172,3
15,7	14,8	13,0	36,5	25,1	194,9	36,3	137,7
5,7	6,1	7,4	46,0	22,4	161,7	29,0	193,3
10,0	16,1	21,4	44,4	16,8	128,4	15,9	141,5
8,2	5,2	15,8	11,6	11,8	94,7	28,9	185,3
8,4	4,7	15,2	11,2	2,1	86,6	26,9	178,2
13,8	10,0	12,0	23,4	7,9	98,1	17,4	230,6
5,1	9,1	11,8	27,8	8,3	141,0	9,8	179,9
5,1	7,0	7,4	14,4	7,4	43,5	16,6	197,2
22,3	9,0	14,8	21,1	14,0	61,2	15,4	129,4
19,0	12,2	14,2	24,7	12,0	107,0	21,0	160,6
11,7	13,6	15,7	41,2	9,3	115,0	28,4	142,4
14,7	7,3	11,3	28,1	16,9	163,4	27,8	147,6
3,6	3,0	5,2	7,5	12,0	103,1	9,1	202,6
13,8	28,7	9,9	51,9	12,8	248,0	21,3	158,2
7,6	14,4	11,9	22,0	10,9	153,3	30,4	126,0
7,6	5,4	7,3	13,5	5,2	59,8	31,0	198,1

COUTTS CONSULTING GROUP

Coutts Consulting Group ist eine der größten europäischen Karrieremanagement- und Personalberatungsfirmen mit einem internationalen Niederlassungsnetz in:

Belgien – Deutschland – Frankreich – Großbritannien – Irland – Italien – Luxemburg – Niederlande – Schweiz – Spanien – Japan – Kanada.

Daneben unterhält die Gruppe enge Partnerschaften in den meisten anderen Teilen der Welt:

USA, Skandinavien, Australasien, Südamerika, Südafrika, Osteuropa, Asien und Asien-Pazifik.

Durch dieses starke Netz kann Coutts Consulting Group einen umfassenden, internationalen Service in Sachen Karrieremanagement und Personalberatung bieten. Fundierte Kenntnis und gezielte Berücksichtigung der örtlichen Marktbedingungen und kulturellen Unterschiede ermöglichen es Coutts Consulting Group, Projekte jeder Größe überall auf der Welt zu übernehmen.

Unser Serviceangebot, das gezielt auf die Anforderungen von Unternehmen und Einzelpersonen auf dem wettbewerbsorientierten, rasch veränderlichen Arbeitsmarkt von heute abgestimmt ist, umfasst:

- Leistungssteigerndes Mentoring und Coaching
- Kulturübergreifende Aspekte von Fusionen, Firmenübernahmen und Zusammenschlüssen
- Personalberatung in allen Fragen des personellen Veränderungsmanagements
- Beschäftigungsfähigkeit und persönliche Berufsentwicklung unter Abstimmung der Bedürfnisse des Einzelnen und der Organisation
- Personalbeurteilungs- und -entwicklungszentren für die Auswahl und Beförderung von Mitarbeitern und Teamentwicklung
- Stress-Management-, Lifebalance- und Mitarbeiterbetreuungs-Programme
- Outplacement und Transition

Engagement für langfristige Partnerschaften und ein breites Serviceangebot machen Coutts zum Ansprechpartner für Organisationen in allen Phasen tief greifender Veränderungsprojekte – von der ersten Planung über die strategische Umsetzung bis hin zur abschließenden praktischen Implementierung.

BELGIEN
Coutts Consulting Group
Boulevard Louis Schmidt 64
B-1040 Brussel

DEUTSCHLAND
Coutts Career Consultants
Saalburgstrasse 157
D-61350 Bad Homburg v.d H

FRANKREICH
Garon Bonvalot
9 Avenue Percier
F-75008 Paris

GROßBRITANNIEN
Coutts Consulting Group
New Zealand House
80 Haymarket
GB-London EC2M 4TP

IRLAND
PHI Transition
Construction House
Canal Road
IRL-Dublin 6

ITALIEN
Alternative Coutts
Via Pier Capponi 13
I-20145 Milano

LUXEMBURG
Coutts Alternative
19 Côte d'Eich
L-1450 Luxembourg

NIEDERLANDE
Coutts Alternative
Hobbemastraat 14
NL-1071 ZB Amsterdam

SCHWEIZ
Coutts Career Consultants
Hauserstrasse 14
CH-8032 Zürich

SPANIEN
Coutts Career Consultants
Paseo de la Castellana, 56
E-28046 Madrid

KANADA
Murray Axmith & Associates
130 Bloor Street West
Suite 800
Toronto ON M5S 1N5

JAPAN
Coutts Career Consultants
Kanda Ekimae SK Building
2-5-5 Kajicho
Chiyoda-ku
Tokyo 101-0044

Coutts Consulting Group – www.ccgplc.com